Acerca del Autor

Nacido en Alemania, Edgar Rothermich estudió música e Ingenie
prestigioso programa Tonmeister en la Universidad de Artes en I
de Maestría en 1989. Trabajó como compositor y productor mus
Los Ángeles en 1991, en donde continuó su trabajo en numerosos proyectos dentro de las industrias musical y fílmica ("The Celestine Prophesy", "Outer Limits", "Babylon 5", "What the Bleep do you know", "Fuel", "Big Money Rustlas").

Durante los últimos 20 años, Edgar ha tenido una sociedad musical exitosa con el pionero en música electrónica y miembro fundador del grupo "Tangerine Dream" Christopher Franke. Recientemente, además de su colaboración con Christopher, Edgar ha estado trabajando con otros artistas, así como en sus propios proyectos.

En 2010 comenzó a lanzar sus discos como solista en la serie "Why Not..." con diferentes estilos y géneros. Los lanzamientos actuales son "Why not Electrónica", "Why not Electronica Again", "Why not Solo Piano" y "Why Not 90s Electronica". Este álbum inédito fue producido en 1991/1992 por Christopher Franke. Estos discos están disponibles en Amazon y iTunes, incluyendo la re-grabación de la pista sonora de Blade Runner lanzada en 2012.

Además de componer música, Edgar Rothermich esta escribiendo manuales técnicos con un estilo único, enfocados en el uso de gráficas y diagramas abundantes para explicar conceptos y funcionalidad de aplicaciones de software en su popular serie de manuales GEM (Graphically Enhanced Manuals - Manuales Gráficamente Enriquecidos). Sus exitosos libros están disponibles en Amazon, en la iBookstore de Apple y como archivos pdf descargables de DingDingMusic.com

www.DingDingMusic.com GEM@DingDingMusic.com

Acerca de los manuales GEM (Graphically Enhanced Manual - Manual Gráficamente Enriquecido)

ENTENDER, no sólo APRENDER

¿Que son los Manuales Gráficamente Enriquecidos? Son un nuevo tipo de manual, con un acercamiento visual, que le ayuda a ENTENDER un programa, no sólo APRENDERLO. No necesita leer 500 páginas de un texto árido. Rico en gráficas y diagramas les ayudan a alcanzar ese efecto de "aha" y hacen fácil comprender conceptos difíciles. Los Manuales Gráficamente Enriquecidos les ayudan a dominar un programa más rápidamente y con una comprensión más profunda de conceptos, características y flujos de trabajo en una forma muy intuitiva que es fácil de entender.

Acerca del formato de las instrucciones

Texto de color verde indica comandos vía teclado. En este texto uso las siguientes abreviaciones: **sh** (tecla shift), **ctr** (tecla control), **opt** (tecla option), **cmd** (tecla command). Un signo de suma (+) entre las teclas significa que tiene que presionar todas esas teclas simultáneamente. *sh+opt+K* significa: Oprima simultáneamente las teclas shift, option y K..

Texto en café indica Comandos del Menú, seguido de un signo de mayor que (➤) indicando sub-menús.

Edit ➤ Source Media ➤ All significa: Haga clic en el menú Edit, baje el puntero, seleccione Source Media y seleccione el submenú All.

Las flechas azules indican que sucede si hace clic en un elemento o menú contextual. 

Final Cut Pro X - Como funciona

Este manual está basado en Final Cut Pro X v10.0.8
Título original: *Final Cut Pro X - How it Works*

Traducción al Español: *Final Cut Pro X - Como Funciona*

ISBN-13: 978-1491047439
ISBN-10: 1491047437
Registro ante INDAUTOR en tramite

fernando@cuadrocompleto.com

Índice

1 - Introducción

“Final Cut Pro X” es una actualización mayor al exitoso programa para edición de Apple, “Final Cut Pro”. Cuando fue liberado en el verano de 20011, generó gran sensación. Desafortunadamente no fue por su nuevo enfoque. Muchas de las características de edición profesionales faltaban en la versión original 10.0 y algunos de los nuevos conceptos no resonaron muy bien entre la base de usuarios. A pesar de que Apple mantuvo su promesa de que agregaría más características en próximas liberaciones, sigue habiendo algo de coraje en la comunidad de Final Cut y muchos usuarios cambiaron a diferente software o trataron de quedarse con FCP7, ahora descontinuado, el mayor tiempo posible.

Esto es muy desafortunado. Toda esa mala publicidad y discusiones acaloradas acerca del fin del software para video edición profesional de Apple, pasaron por alto un detalle muy importante:

Final Cut Pro X es una NUEVA pieza de software sorprendente.

Este manual les ayudará aprender y más importante, entender por completo los nuevos conceptos detrás de Final Cut Pro X.

Como lo explique en el prólogo, mi acercamiento para escribir manuales es de dar un entendimiento visual para crear unas bases mejores para el proceso de aprendizaje de la aplicación. Esto es aun más importante con un producto innovador como Final Cut Pro X.

Es común que sea más difícil aprender un software (o hardware) similar, que uno totalmente nuevo, dado que primero requiere “des-aprender” conceptos existentes y flujos de trabajo a los que se está acostumbrado. Esos conceptos erróneos causaron algunas de las frustraciones con los usuarios de FCP7. Por favor tengan en cuenta que FCPx no es similar a FCP7. ¡Es un programa totalmente nuevo! Es comprensible que Apple quisiera mantener el nombre registrado ya establecido de “Final Cut Pro” con su nueva versión, pero no enfatizaron lo suficiente el que FCPx no es sólo una actualización.

Lanzar un manual de FCPx que solo les indica donde hacer clic ahora, para hacer lo mismo que en FCP7 no sería justo. El tratar de usar un flujo de trabajo existente puede ser frustrante cuando no funciona con la nueva aplicación. Esto, normalmente no es culpa de la aplicación en sí. Espero mis diagramas les ayuden a entender “por que” tienen que hacer clic en algún lugar y no sólo “donde”. Si, requiere un poco de inversión en tiempo por parte del usuario, pero mi acercamiento visual hará fácil y divertido alcanzar ese nivel de entendimiento.

Una vez entendido, todo lo demás caerá en su lugar y ustedes podrán dominar Final Cut Pro X, percatándose así, de que esta es verdaderamente un programa profesional para editar.

Cuando usen los nuevos conceptos y características, puede que no sólo les gusten, sino que encuentren que pueden realizar su trabajo bastante más rápido.

Esta es la segunda edición de mi popular libro de FCPx, que incluye todas nuevas características que fueron introducidas en las actualizaciones importantes de FCPx, 10.0.3 y 10.0.6. Este hace obsoleto el tercer libro que liberé (**Final Cut Pro X - 10.0.3 New Features**”), porque todas esas características ya están incluidas en esta nueva edición.

Aun mantengo el contenido de FCPx repartido en dos libros:

- “**Final Cut Pro X - Como funciona**” cubre todo lo básico. Introduce los nuevos conceptos y elementos de interfaz, junto con las principales características de edición.

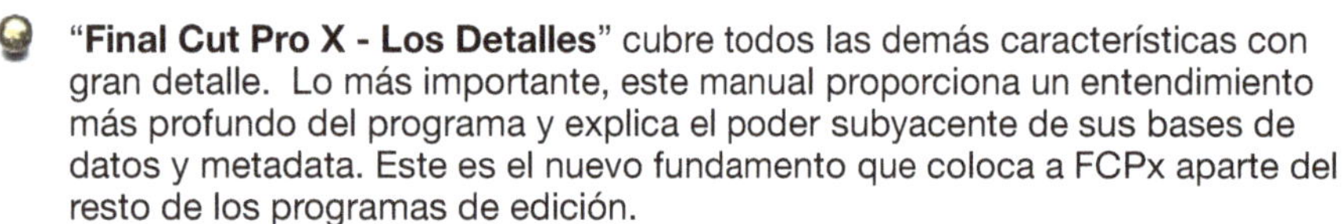

- “**Final Cut Pro X - Los Detalles**” cubre todos las demás características con gran detalle. Lo más importante, este manual proporciona un entendimiento más profundo del programa y explica el poder subyacente de sus bases de datos y metadata. Este es el nuevo fundamento que coloca a FCPx aparte del resto de los programas de edición.

Como podrán haberse dado cuenta, uso las abreviaciones “FCPx” y “FCP7” a lo lardo de los manuales.

Obtengan la aplicación

Junto con la nueva versión de FCPx vino una nueva forma de distribución para la aplicación (app).

Apple ya no vende su software en discos físicos. Todas sus apps están disponibles solamente a través del bajarlas de varias tiendas en linea de Apple (Apple Stores) o de su sitio Web.

Versión gratuita para pruebas

Antes de que compren FCPx, pueden ir al sitio Web de Apple y bajar una copia gratuita para prueba por 30 días de la versión completa de la app de FCPx.

http://www.apple.com/finalcutpro/

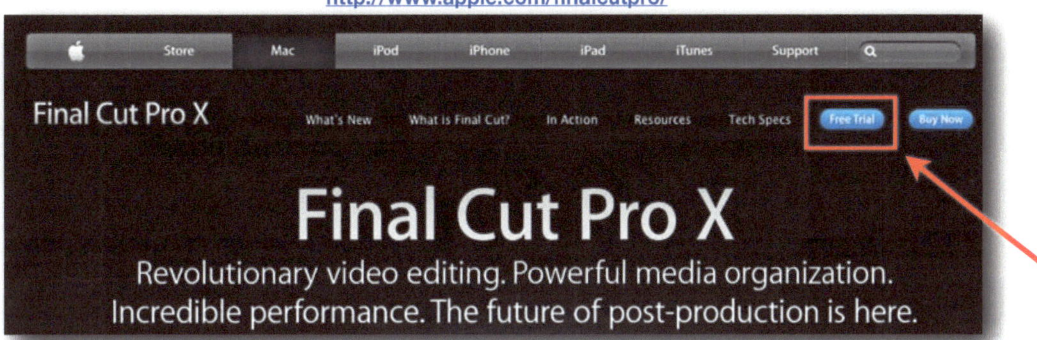

Compra desde la Mac App Store

Para comprar la app, pueden seguir los mismos pasos que para la adquisición de cualquier otra app de la App Store

- ☑ Vayan a la Mac App Store en su computadora ***Apple Menu ➤ App Store...***
- ☑ Dense de alta con su Apple ID.
- ☑ Hagan clic sobre el botón del precio y sigan los pasos.
- ☑ La app será bajada a su computadora.

Mac App Store

Una gran ventaja del sistema App Store es que su compra queda registrada a la cuenta Apple ID a la que hicieron la compra. Esto significa que pueden bajar al app a cualquier computadora en la que se den de alta con la misma Apple ID con le que hicieron la compra. Cualquier actualización disponible también estarán disponible en la aplicación de la App Store, lo que hace fácil estar al corriente con la última versión de cualquier app.

Descargas adicionales

Sin embargo, hay una desventaja del nuevo modelo de distribución en linea. Ya no reciben un manual impreso y tienen que bajarse archivos de decenas de gigabytes por el Internet.

➡ *Documentación*

La Documentación oficial de FCPx está disponible a través del centro de ayuda (desde el menú de Help interno de FCPx) y en la página Web de FCPx. Ambos requieren de una conexión a Internet.

El archivo pdf está disponible en http://manuals.info.apple.com/en_US/final_cut_pro_x_user_guide.pdf

Help Center

Help ➤ Final Cut Pro X Help

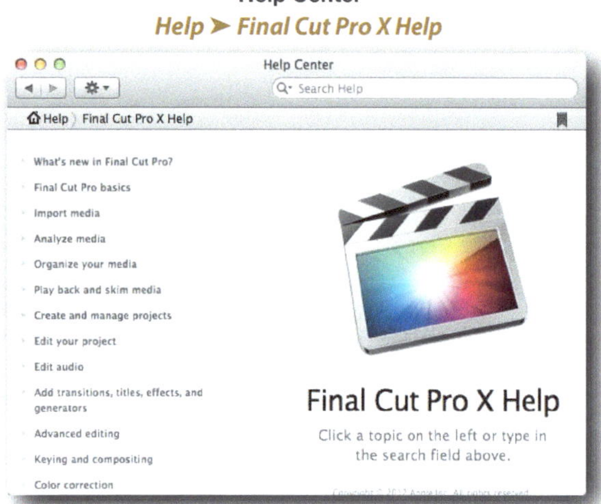

FCPx website

www.help.apple.com/finalcutpro/mac/10.0.6/

➡ *Contenido adicional*

El tamaño de la descarga inicial de FCPX es actualmente de 1.6GB. Cualquier archivo adicional, como efectos o codecs de video, pueden bajarse después, una vez que hayan lanzado la app. El menú de Final Cut Pro provee de un comando, "***Download Additional Content...***" que abre la aplicación App Store y despliega todos los archivos que haya disponibles para bajar.

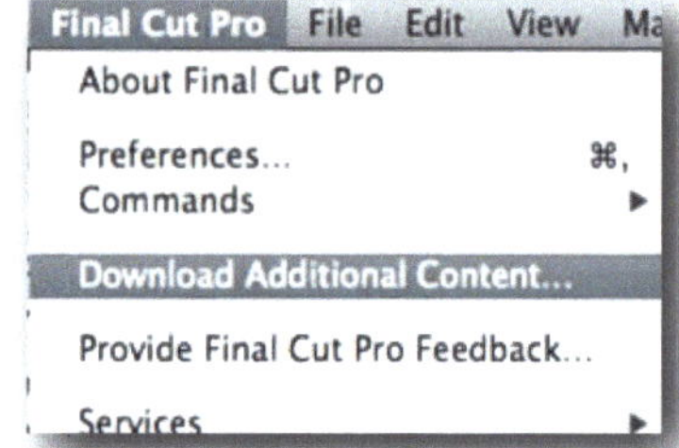

Requerimientos

Como sucede con cualquier app que hace uso intensivo del CPU, entre mejor sea su máquina, mejor será su experiencia. Estos son los requerimientos mínimos para correr FCPx.

- Computadora Mac con un procesador Intel Core 2 Duo o mejor.
- 2GB de RAM (se recomienda 4GB de RAM).
- Tarjeta gráfica capaz de manejar OpenCL o una tarjeta gráfica Intel HD Graphics 3000 o más nueva.
- 256MB de VRAM (se recomienda 512MB de VRAM).
- Pantalla con resolución de 1280-por-768 o mayor.
- OS X v10.6.8, OS X v10.7.5, OS X v10.8.2 o más reciente..
- 2.4GB de espacio en disco

Como en cualquier otra aplicación en Mac, la versión local está incorporada en la app y no requiere bajarse por separado. FCPx usa el idioma en que esté trabajando su OSX y despliega la aplicación en ese idioma. Los idiomas usados en la versión 10.0.8 son:

- Inglés, Alemán, Francés, Japonés, Chino
- ***Hasta esta versión, no maneja el Español.***

Concepto

Después de bajar FCPx y ejecutarlo por primera vez, se verá algo como esto.

Final Cut Pro X

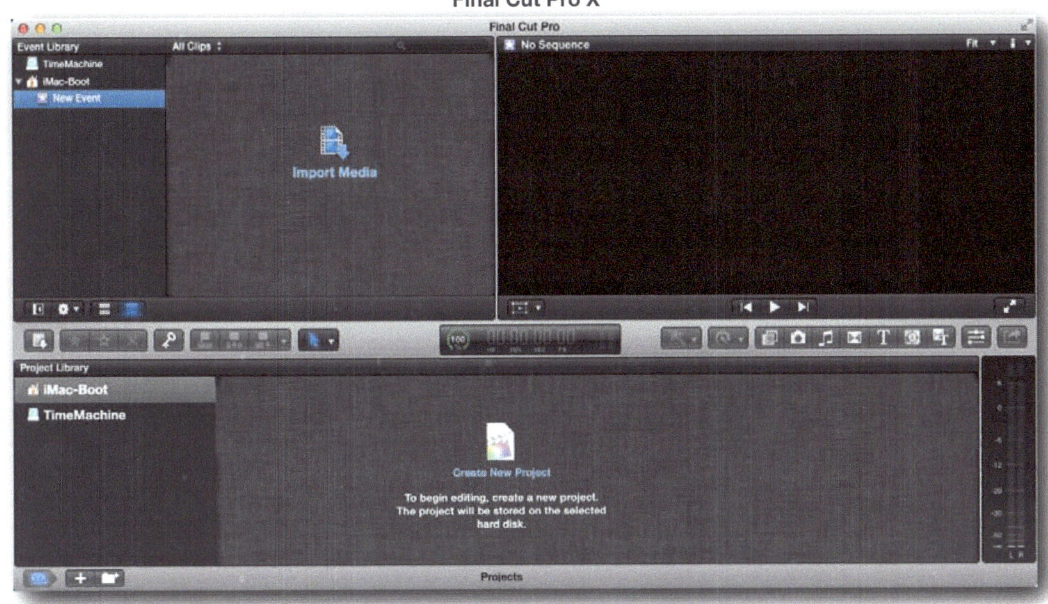

La interfaz con el usuario no será familiar para quienes hayan usado versiones anteriores de FCP. Como mencioné antes, FCPx introduce algunos conceptos y workflows nuevos, por eso quiero repasar primero algunos conceptos básicos.

Editor de Video Digital - Workflow

El workflow principal en FCPx es básicamente el mismo que el de cualquier Editor de Video Digital incluido FCP7. Lo podemos dividir en 5 etapas:

❶ **Importar** los Media Files a FCPx. Cualquiera que sea el material original que quieran usar (video, audio, imágenes) tendrá que ser importado primero a la aplicación. Los archivos se guardan ahora en un área llamada el "**Evento**".

❷ **Organizar** los Media Files (como Clips de Evento) en una forma específica que haga que sea fácil y rápido el revisar y seleccionar los Clips correctos. Esto se hace ahora en FCPx en la "ventana de **Evento**".

❸ **Colocar** los Clips elegidos en un Timeline, en una secuencia que se convertirá en su película. Esta área ahora se llama "**Proyecto**".

❹ **Editar** los Clips en el Timeline para afinar las secuencias usando efectos y otras herramientas creativas. Esperen grandes cambios aquí también.

❺ **Exportar (Compartir)** el Timeline como la película final.

Editando Video: Workflow de FCPx

Organizar sus Clips en el Browser de Eventos

Editar los Clips en el Timeline

Importar Media Files a FCPx ❶ → **Evento** ❷ → Seleccionar que Clips poner en el Timeline ❸ → **Proyecto** ❹ → Exportar la película final ❺

¿Donde están los Documentos?

El primer cambio y uno de los mas grande en FCPx es dentro de la aplicación en sí, o más precisamente "el tipo de aplicación" que es. Dado que este cambio tiene un gran impacto (algunos dirán limitación) cuando se usa FCPx, quiero ir primero un poco a los detalles.

Aunque todas las aplicaciones se ven iguales "por fuera" (hay un ícono en el folder de Aplicaciones al que le dan doble clic y la aplicación se lanza) hay dos tipos de **apps**, "**Basada en Documentos**" y "**No basada en Documentos**". La mayoría de las apps basadas en documentos les permiten crear "algo", como Word, Excel, Photoshop, FCP7, etc. Lo que tienen en común es que la app es una herramienta que le permite crear y editar algún tipo de documento, que está separado de la app, como sería un documento de Word, una hoja de calculo, una canción o incluso una película. En el segundo tipo de app no hay documento que abrir o salvar. Todo está contenido en la app. iTunes, iPhoto, o Calendar no tienen documentos que ustedes pueda abrir o salvar. Todos los datos existen como parte de la app y todo está ahí, cuando lanzan la app.

Este es un diagrama que muestra los documentos en relación con la aplicación que los creó.

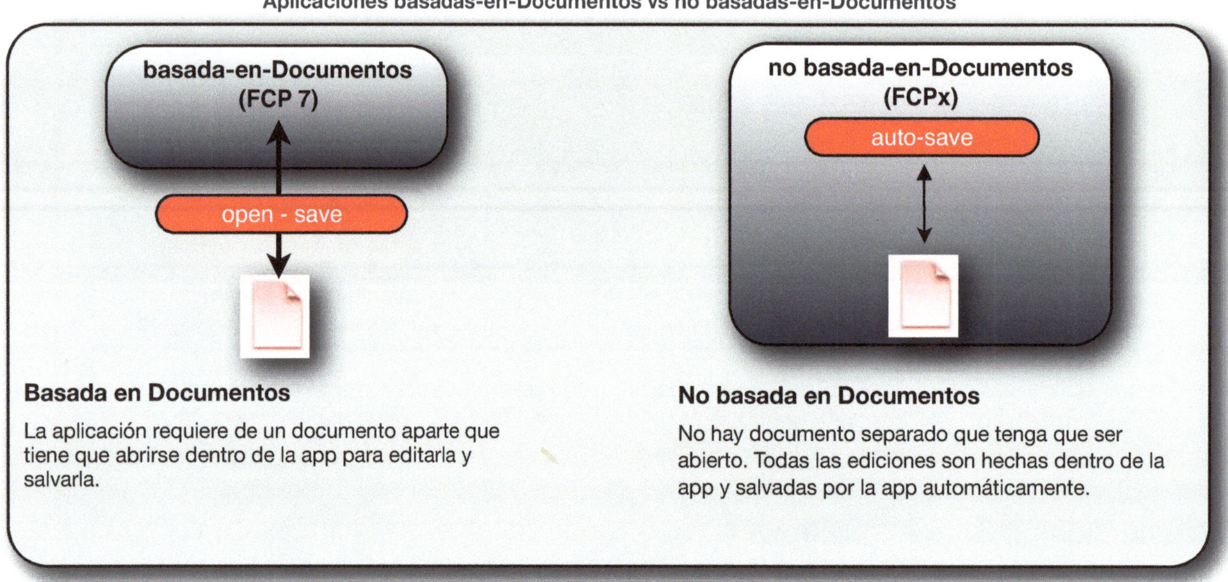

La razón por la que menciono el concepto de basadas-en´Documentos vs no basadas-en-Documentos, es para entender **porqué** FCPx trabaja de esa manera. El no tener archivos de Proyectos o comandos Open o Save, no es sólo una decisión acerca de características específicas, se basa en el cambio fundamental del concepto subyacente en FCPx comparado con FCP7 y otros software de edición de video.

➡ Auto Save

Cualquier cambio o edición que hagan en FCPx automáticamente será salvado en el Archivo de Proyecto "invisible". Sin embargo, esto no es un "Auto Save" típico. Otras apps basadas-en-Documentos proporcionan la función que automáticamente presiona el botón Save por ustedes para salvar un documento, la mayoría basados en un intervalo de tiempo.

Sin embargo, la funcionalidad de auto-save en FCPx es más como la función de "auto-save"en iTunes o iPhoto. Por ejemplo, cada que ustedes hacen cambios en iTunes (crear una lista de reproducción o agregar keywords a una canción), esos cambios son salvados. Sin embargo, no piensan en eso como un auto-save normal, sólo sucede y será salvado. Cada vez que cierran iTunes y lo abren nuevamente, todos los cambios que hicieron, estarán ahí. Esta es la forma en que deben pensar de esta funcionalidad de auto-save de FCPX.

Esta es una tabla comparativa de apps basadas-en-Documentos (FCP7) vs no basadas-en-Documentos (FCPx)

Basada-en-Document	no basada-en-Documentos
Al ejecutar la aplicación sólo lanza la app sin el documento.	Sólo se necesita lanzar la aplicación.
Ustedes tienen que abrir un documento, editarlo y salvarlo.	La app no tiene comandos de Open o Save.
Todos los cambios tienen que ser salvados a un documento.	Todos los cambios son salvados automáticamente a un archivo específico que la aplicación maneja sin la interacción del usuario.
Los documentos puedes ser guardados en cualquier parte del sistema. Sólo abra la ventana del diálogo de Open y navegue a cualquier ubicación de su disco	Los archivos que son requeridos por la app y manejados por la app normalmente deberán estar en un directorio específico. El usuario no tiene que saberlo porque no se espera que los altere.
Es fácil y transparente mover los archivos entre computadoras. El único requisito es que la computadora tenga instalada la app que se requiere para abrir el documento.	El mover los "documentos" al rededor, puede ser difícil porque están "escondidos" por la app.
Ejemplos: **FCP7**, Word, Excel, Pages.	Ejemplos: **FCPx**, iTunes, Stickies, iWeb, Address Book.

Manejo de Archivos: FCP7 vs FCPx

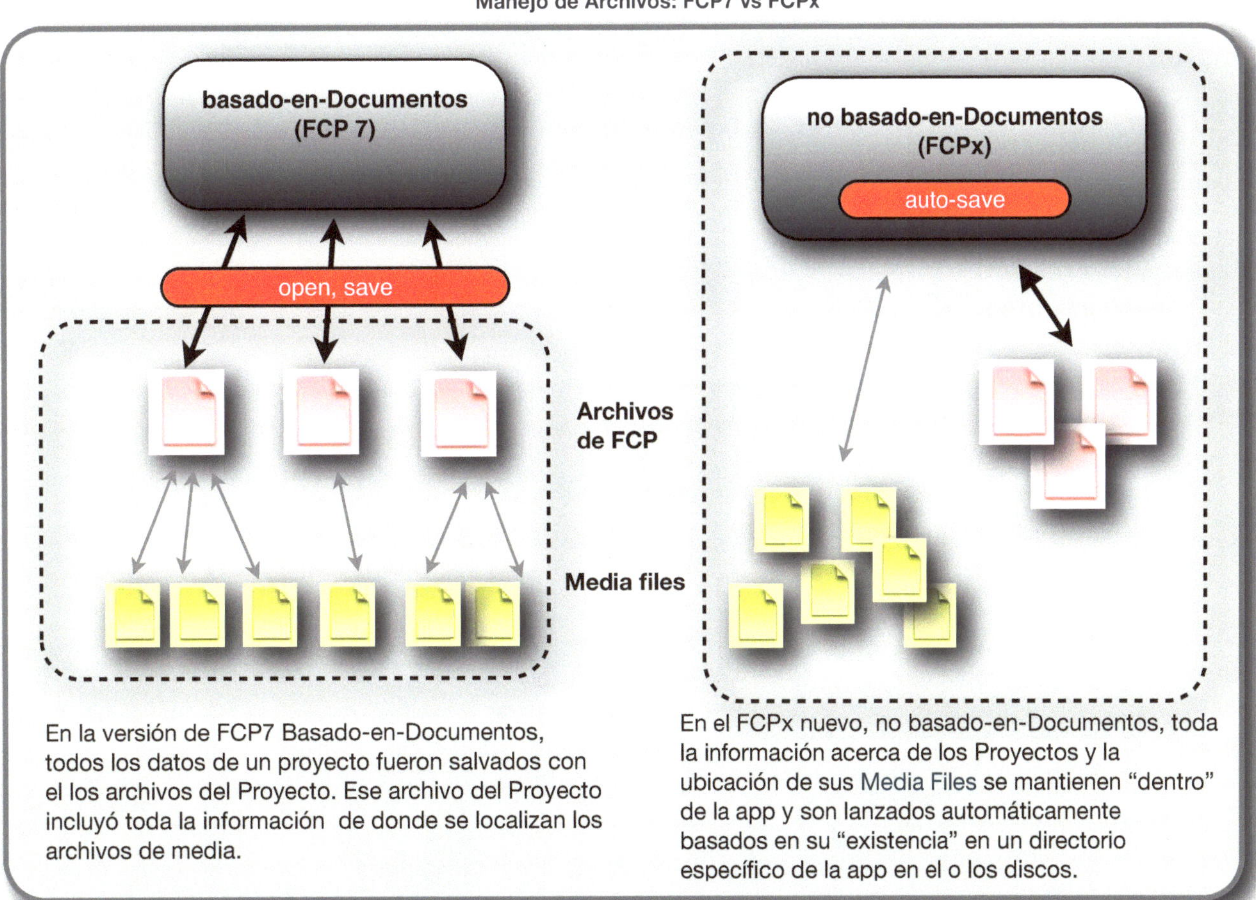

Concepto Básico

Después de entender que FCPx es ahora una aplicación no basada-en Documentos (casi como una base de datos), podemos ir al siguiente paso y ver el concepto básico de la aplicación.

Piensen en el FCPx como un ecosistema con dos componentes principales:

❶ La app FCPx en sí, representada por su Interfaz Gráfica de Usuario (GUI en inglés).

❷ El lugar específico de los archivos en los discos de FCPx.

Con estas "políticas impuestas estrictamente", FCPx les permite concentrarse en el primer elemento, el GUI. Todo se puede manejar desde aquí sin tener que ir al Finder para manejar los archivos fuera del GUI. Pueden permanecer "dentro" del GUI todo el tiempo ❶. Todos los Media Files en su disco duro que han importado a FCPx están ligados a un Evento dentro de FCPx y todo el trabajo que ustedes hacen dentro de FCPx se salva automáticamente al disco duro en carpetas específicas ❷. Incluso, tareas más complejas de manejo de archivos pueden ser realizadas posteriormente dentro del GUI de FCPx.

El procedimiento de Importar es la "entrada" a ese ecosistema. El procedimiento de Exportar es cuando "dejan" el sistema al terminan con su proyecto y salvan el video final a un archivo de video QuickTime para "compartirlo" a otro destino.

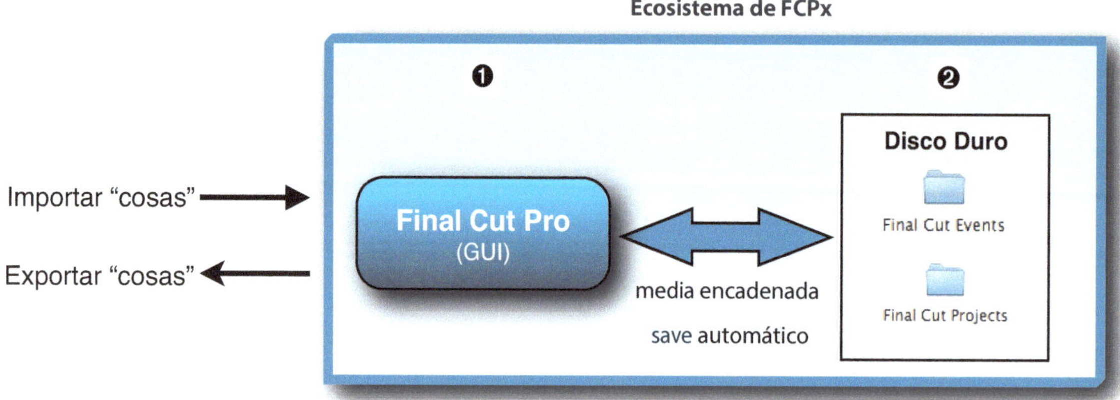

Elementos Básicos: Eventos - Proyectos

La imagen anterior muestra los dos folders que FCPx crea y usa para almacenar todos sus datos. FCPx está "conectado" a esos dos folders. Toda la data que maneja FCPx (invisible al usuario) se guarda en esos dos folders (veremos más tarde los detalles acerca de esto):

- **Final Cut Events**
- **Final Cut Projects**

Esos dos folders representan los dos elementos principales en FCPx y dominantes en la interfaz de usuario de FCPx:

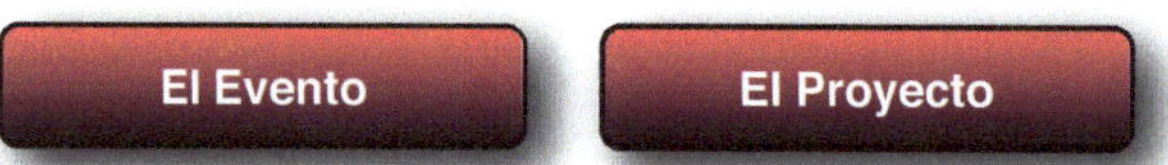

Este es el diagrama con el workflow básico, nuevamente mostrando esos dos elementos:

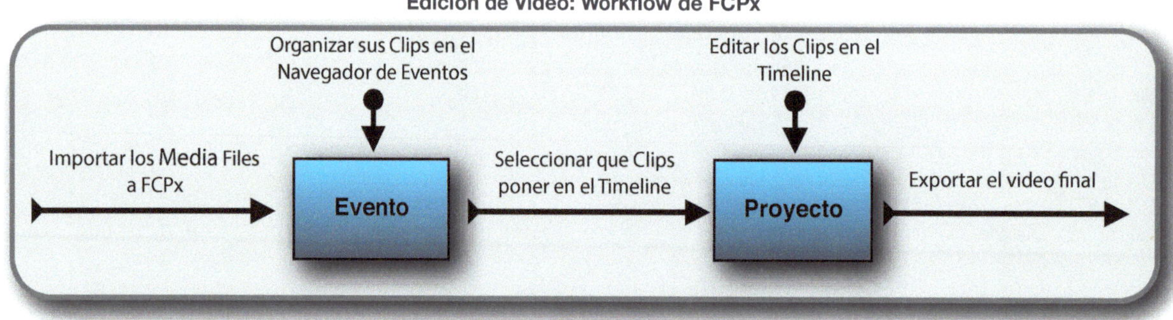

Las áreas de Eventos y de Proyectos son los dos elementos principales en FCPx. Constituyen la base del workflow de FCPx, por lo que es importante entender sus funciones específicas. Primero, estas son las reglas básicas y workflows que explicaré paso a paso a través del manual.

➡ *Evento*

- Los Media Files tienen que ser importados a un Evento como Clips. Cada Clip en FCPx tiene que pertenecer a un Evento.
- En el área de Eventos, organizan los Clips, los renombran y agregan información adicional (rollo, escenas, etc.).
- En el área de Eventos, agregan Metadata a los Clips (ratings, keywords, ...) para crear Subclips y keywords localizables.
- El área de Eventos es la fuente de los Clips para usarse en el Proyecto.

➡ *Proyecto*

- El Proyecto es el área en donde reside el Timeline de la película.
- Toman los Clips del área de Eventos y los colocan en ese Timeline.
- Editan los Clips en el Timeline recortándolos, usando efectos y otras herramientas creativas.
- Exportan el Timeline terminado (su película) a una nueva película quicktime u otro destino.

Eventos Múltiples - Proyectos Múltiples

- Dentro de FCPx pueden crear varios Eventos en el área de Eventos, basados en la forma en que quieran organizar su media fuente (Clips), por ejemplo, diferentes ocasiones, diferentes locaciones, diferentes días..
- Dentro de FCPx pueden crear varios Proyectos para diferentes películas, versiones alternativas o diferentes rollos.
- Ambos, Eventos y Proyectos son módulos independientes dentro de FCPx y la única conexión es: qué Clips (de que Evento) son usados en qué Proyecto. Cualquier Clip de cualquier Evento puede usarse en cualquier Proyecto, mientras estén disponibles.
- Y recuerden, no se requiere salvar ningún Evento o Proyecto. Todo lo que hagan dentro de FCPx, cualquier pequeño corte será salvado automáticamente y la siguiente vez que relancen FCPx, todo estará ahí.

Concepto Basico / Workflow

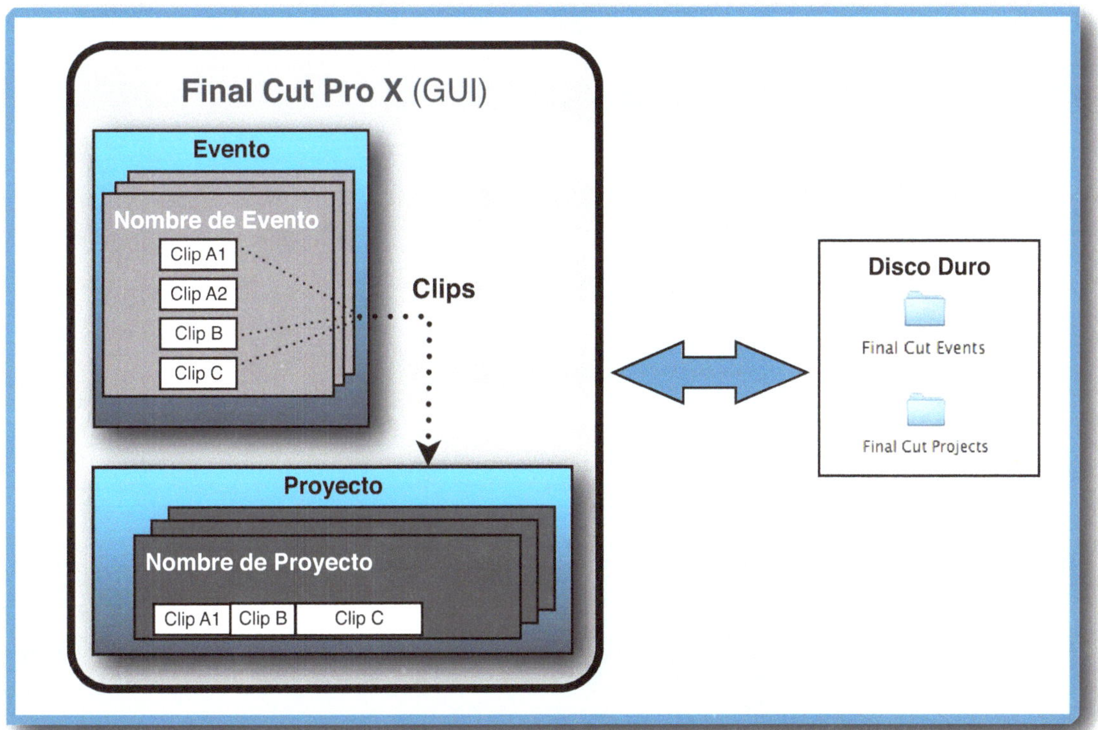

Interfaz del Usuario (GUI)

Veamos un aspecto más en este capítulo general de introducción, la nueva interfaz del usuario en FCPx.

Interfaz de ventana única

Esta interfaz de ventana única es otra de las grandes diferencias en FCPx cuando lo comparamos con FCP7. Muchas aplicaciones usan actualmente este método de interfaz:

- La aplicación, principalmente no basada-en-Documentos, es representada por una sola ventana principal.
- Esta ventana principal esta dividida en "páneles". Estos son secciones o áreas de la ventana que son siempre visibles o pueden desplegarse u ocultarse cuando es necesario.
- Hay pocas excepciones donde algunas ventanas pueden desplegarse como ventanas flotantes separadas (en su mayoría).

La ventana única de FCPx está compuesta por 3 páneles principales que están siempre visible y conectados. Estos son los dos elementos principales en FCPx que acabamos de discutir, el *Evento* y el *Browser*, además del *Viewer*.

❶ **Evento:** Contiene los Clips disponibles.

❷ **Proyecto:** Contiene el o los Timeline(s).

❸ **Viewer**: Les permite ver los Clips del Evento y el Proyecto.

❹ **Toolbar**: Esta es la banda en medio, sobre el Proyecto. No es un panel, sino un elemento fijo con varios controles y ventanas.

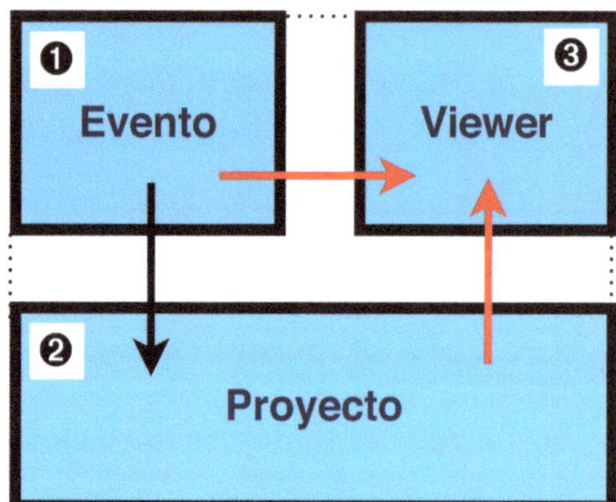

Aquí está una imagen de la pantalla principal de FCPx, que muestra sólo los tres páneles.

➡ *Cambiando el tamaño*

Cualquier otro panel en FCPx será compartido con uno de esos páneles principales. Ese panel mantiene su tamaño y no afecta a los otros dos páneles. Todo cambio de tamaño se realiza en "el interior" del panel. Por supuesto, ustedes pueden cambiar el tamaño de los páneles con las lineas divisorias que hay entre ellos. Cambiando el tamaño de la ventana principal cambiará el tamaño de todos los páneles en forma proporcional.

➡ *Ventana del Teclado (enfoque del teclado)*

Cuando se trabaja con varias ventanas (pantallas separadas o como partes de páneles), siempre es importante saber cual de las ventanas es la receptora de cualquier tecla pulsada en el teclado de su computadora. Esa pantalla es llamada *"Key Window"* o *"la que tiene el enfoque del teclado"*. La Key Window se indica con un poco de sombra más ligero que el fondo de la ventana negra (a menudo difícil de ver). Esto es especialmente importante más tarde, cuando trabajen con el Inspector.

➡ *Modo de Pantalla completa (Full Screen)*

El modo de Full Screen es común en más y más aplicaciones, pero hay unos pocos detalles de los que deben estar conscientes en FCPx. Tiene dos modos de Full Screen:

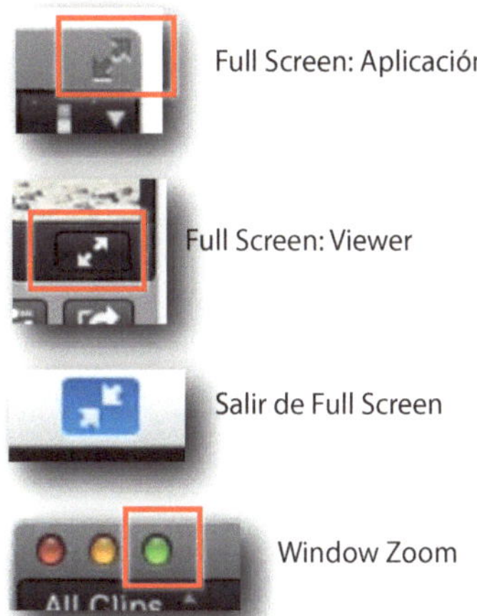

Modo de Full Screen para toda la aplicación

La flecha doble en la esquina superior derecha de la ventana principal expande la pantalla principal a modo de Full Screen y oculta la Barra del Menú.

Modo de Full Screen para ventana del Viewer

La flecha doble en la equina inferior derecha de la ventana del Viewer expande sólo la ventana del Viewer a Full Screen, ocultando todo lo demás. Esto iniciará automáticamente la reproducción.

Al mover el mouse a la esquina superior derecha de la pantalla de la computadora mostrará la flecha azul doble para salir del modo de Full Screen (el pulsar la tecla de *Esc* sólo funciona para salir del modo de Full Screen de Viewer).

Zoom de la Ventana

Esto es sólo "una especie de modo de Full Screen". Un clic en el círculo verde de la ventana (o el comando de Menú *Window ➤ Zoom*) cambia el Zoom de la ventana. Esto cambia el tamaño de la ventana principal al máximo tamaño, sin ocultar la barra de Menú.

Navegación del Menú Window

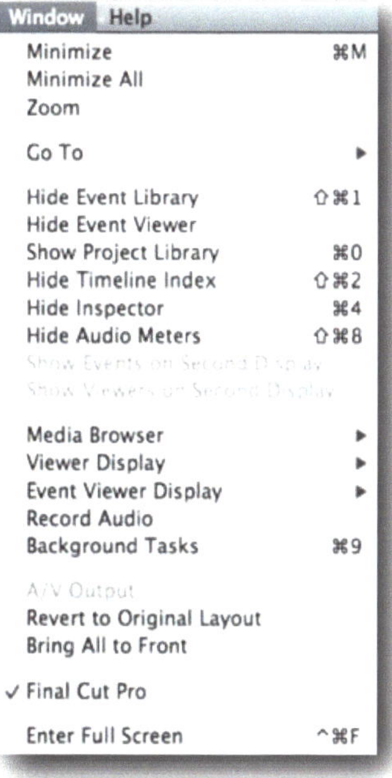

Todos los comandos para navegar entre los páneles y el cambio de elementos adicionales de las ventanas están listados dentro del Menú Window. La mayoría de los comandos también están disponibles como Comandos de Teclado. Tengan en cuenta la diferencia de los dos tipos de comandos.

Go To a un Panel

El comando *Go To* cambia a un panel específico. Si esa ventana no está visible, se hará visible primero.

Cambiar un Panel

El comando *Toggle* cambia la visibilidad de esa ventana. *Show* si está oculta o *Hide* si esta visible. El estado actual se muestra en el comando (Show ... o Hide...) o con una casilla al lado del comando.

Viewer de Evento

La versión 10.0.6 de FCPx agregó el Viewer de Evento. Esta es una segunda ventana de Viewer que muestra sólo el Clip seleccionado en el Browser de Evento. Tiene exactamente los mismos controles que que el Viewer principal (excepto Transform, Crop y Distort).

Este panel no forma parte de ninguna de los tres páneles (siempre visibles). Si se selecciona, se insertará entre los dos paneles principales Evento y Viewer y cambiará el tamaño de ambos dependiendo del espacio disponible.

Esta es una visión general de los páneles de la ventana única de FCPx con sus correspondientes Comandos de Teclado:

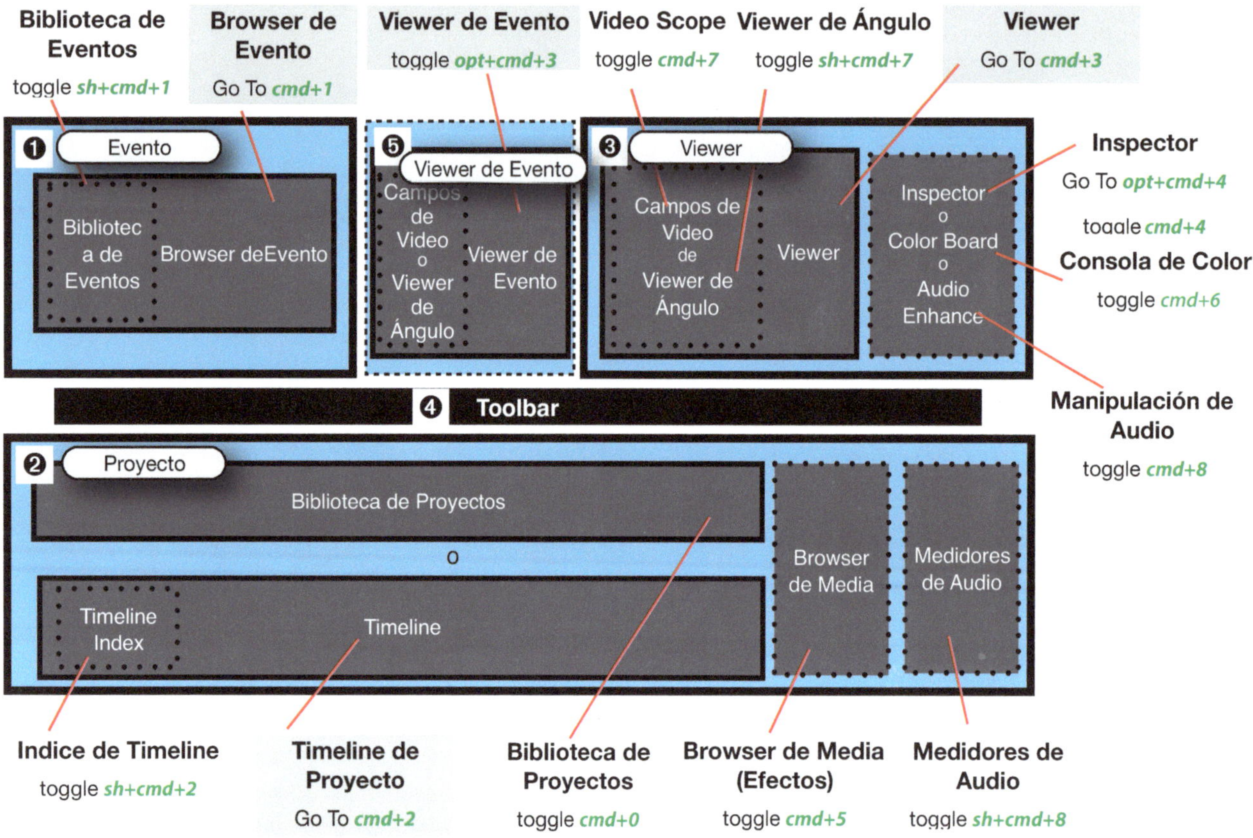

Y aquí una imagen de la pantalla cuando todos los páneles son visibles como parte de las ventanas principales de FCPx

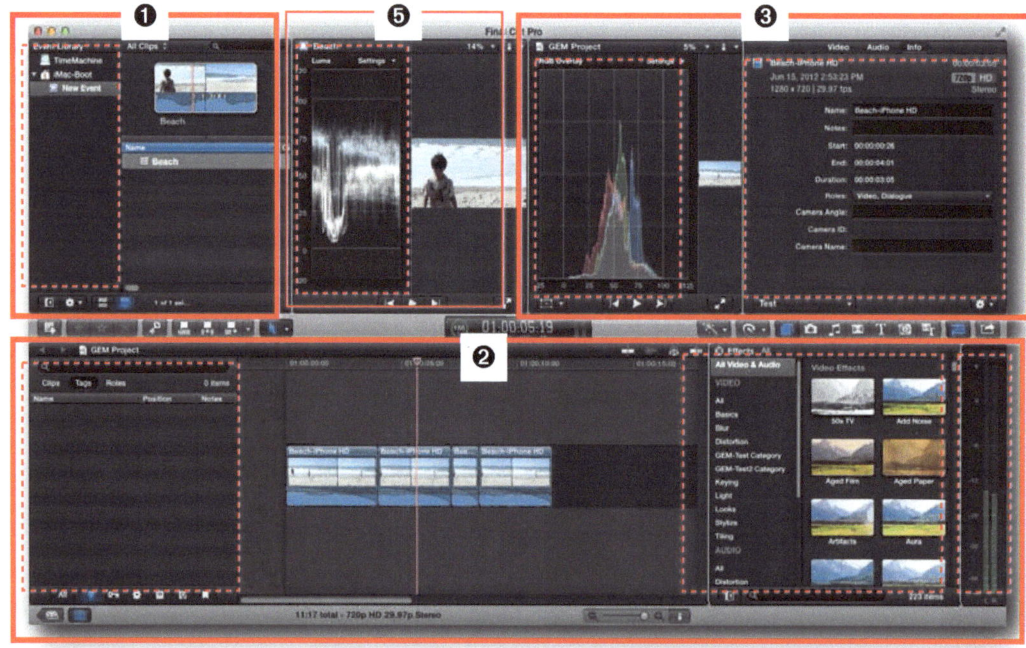

Esto fue solo una visión general e iré al detalle en cada ventana y su funcionalidad a través de los manuales.

2 - Media Files

El siguiente paso, después de entender el concepto básico e interfaz de usuario en FCPx, es ver el material fuente que usamos para crear nuestro video - los Media Files.

Los Media Files Fuente son los ladrillos de construcción, la materia prima que ustedes usan para ensamblar su video.

Algunos de los Media Files principales son:

- **Archivo de Video**: Conteniendo vídeo y audio
- **Archivo de Audio**: Conteniendo sólo audio
- **Archivo de Imagen**: Conteniendo sólo imágenes fijas

Las Tres Encarnaciones

Un Media Files existe en realidad en tres "encarnaciones" cuando trabajan con FCPx.. Es muy importante entender su relación y su función en FCPx:

Mientras el Media File Original es el archivo real en el disco, el Clip de Evento y el Clip de Timeline, por otra parte, son elementos dentro de FCPx que sólo representan el Media File Original.

Este es un diagrama simple que muestra a donde "pertenece" cada una de las tres encarnaciones (los Media Files, los Clips de Evento y los Clips de Timeline) en el ecosistema de FCPx.

- **Media File Original**: Finder
- **Clip de Evento**: Browser de Evento de FCPx
- **Clip de Timeline**: Timeline del Proyecto de FCPx

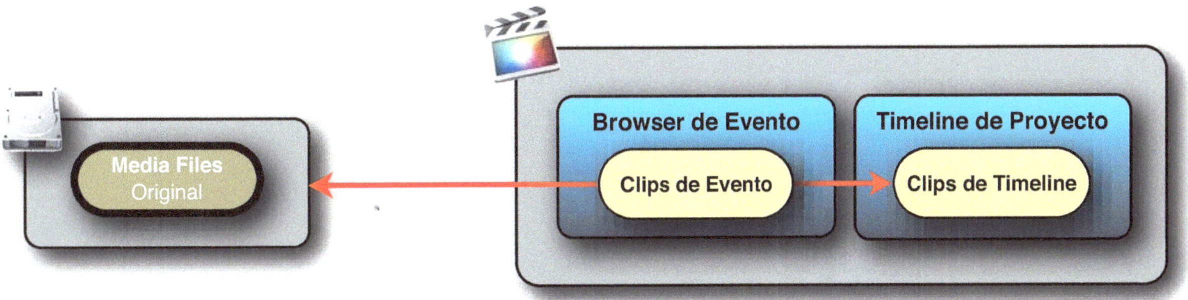

❶ Disco Duro (Finder) ➠ Media Files

Los Media Files deben estar almacenado en algún lugar de su disco duro (o cámara) para que FCPx los pueda accesar para el proceso de importación inicial. Cuando ustedes "importan" archivos a FCPx, sólo generan una referencia a esos archivos almacenando su vía de acceso. Todo el trabajo que hagan a los archivos son ediciones "no destructivas", lo que significa que FCPx NUNCA altera los archivos originales en sus discos.

Como pueden ver, en importante **NO MOVER** un Media File después de importarlo en FCPx; de otra forma, habrá una liga rota y FCPx no podrá encontrar el archivo

❷ Browser de Evento ➠ Clips (y Subclips) de Evento

Para usar un Media File en FCPx, tienen primero que importar los archivos a un Evento en FCPx. Cuando importan un archivo, FCPx crea un "Clip" que es una representación del Media File original. Todos los Clips importados que están listados en el "Browser de Evento" sólo contienen el camino hacia la ubicación del archivo en el disco. Cuando ustedes corren el "Clip" en el Browser de Evento, FCPx corre el Media File Original al que está ligado. El Browser de Evento funciona como un contenedor, manteniendo todos los Clips que están disponibles para el Timeline del Proyecto.

El Clip no sólo guarda el acceso a su Media File, sino también todas sus Propiedades (formato, longitud, etc). También pueden agregarle otra información al Clip (etiquetas, información) para manejar mejor sus Clips.

Los Clips en el Browser de Evento también se conocen como *Clips de Evento*. Los Subclips son diferentes secciones de un Clip de Evento.

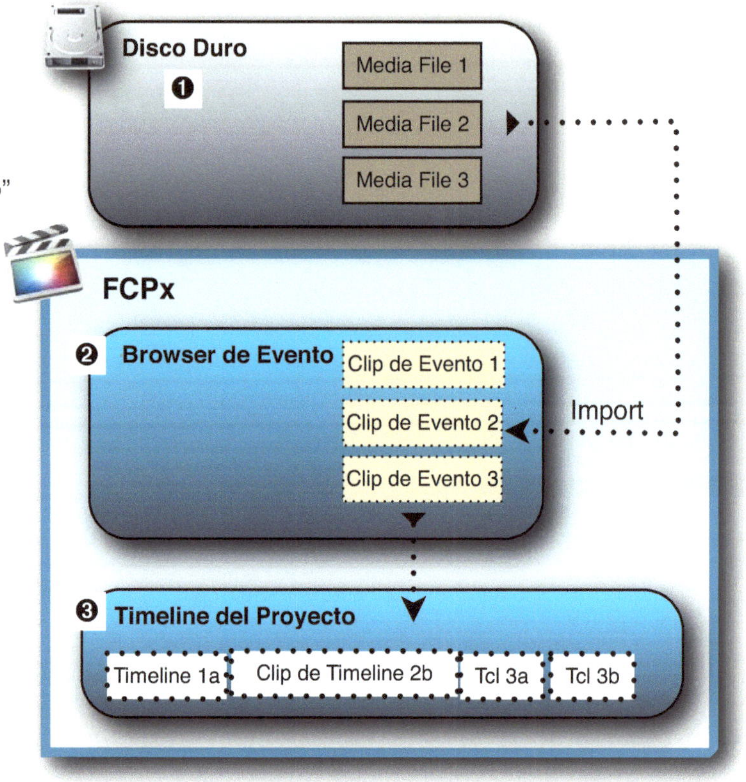

❸ Timeline del Proyecto ➠ Clips de Timeline

Todos los Clips de Evento en el Browser de Evento se vuelven ahora en el material original (ladrillos) para el video que quieran crear. Ese video es creado en el Timeline del Proyecto.

Arrastrando un Clip de Evento desde el Browser de Evento al Timeline del Proyecto, están generando un Clip nuevo, el Clip de Timeline, que es una referencia al Clip de Evento. Aunque el Clip de Timeline está ligado al Clip de Evento (que a su vez está ligado al Media File en el disco), contiene su propio conjunto de propiedades adicionales, p. e. reproducir sólo los últimos 5 segundos de cada Clip de Evento, o reproducir el Clip en blanco y negro o al doble de rápido, etc.

Como pueden ver, es importante NO remover un Clip del Browser de Evento una vez que ha sido usado en el Timeline del Proyecto, ya que de otra manera, habrá una liga rota y FCPx no podrá encontrar el archivo.

Propiedades

Cada archivo tiene sus Propiedades (settings, características, etc). Un archivo de video, por ejemplo, tiene un formato específico, frecuencia de muestreo y resolución nativa. Un archivo de audio tiene un formato específico, frecuencia de muestreo, y profundidad de bits o metadata incrustada, como artista, compositor, género, etc.

No sólo el Media File en sí, si no cada una de las tres "encarnaciones" (**Media File - Clip de Evento - Clip de Timeline**) tienen sus propiedades independientes. Acabo de mencionar que el reproducir un Clip de Evento o un Clip de Timeline es sólo una instrucción para reproducir su Media File ligado (dejemos fuera los Archivos Rendereados por el momento). Las propiedades individuales de los Clips actúan como capas que se sobreponen a las propiedades de ejecución del Media File original con las propiedades del Clip durante su proyección. La instrucción del Clip podría ser:

- "Reproduce el Media File, pero a la mitad de su velocidad"
- "Reproduce el Media File en blanco y negro y baja el audio en 6dB"

El diagrama siguiente ilustra la conexión entre **Media File** - **Clip de Evento** y **Clip de Timeline** en cuanto a sus propiedades:

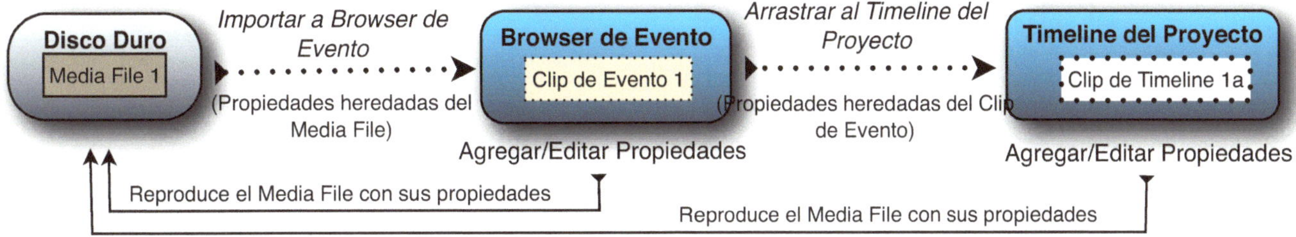

Media File

Cuando reproducen un Media File con el QuickView del Finder, correrá basado en sus propiedades originales.

Clip de Evento

Cuando importan un Media File, FCPx genera un Clip de Evento y le hereda las propiedades del Media File. El Inspector (un panel adicional en FCPx) muestra esas propiedades.

FCPx les permite cambiar dichas propiedades en el Inspector e inclusive agregar propiedades adicionales a ese Clip de Evento. Tengan en mente que esos settings cambiados o agregados son ahora las propiedades del Clip de Evento y son almacenados dentro del Event File que crea FCPx. El Media File Original no se altera. El propósito de esas propiedades adicionales, es principalmente para gestionar y organizar los Clips de Evento, para que puedan buscar y encontrar un Clip específico posteriormente entre cientos o quizá miles de Clips de Evento en el Browser de Evento. Alguna de estas propiedades podrían ser:

- Información adicional: Número de Rollo, Número de Escena, Fecha, Locación.
- Etiquetas: Calificaciones, Marcadores.
- Keywords: Palabras o frases descriptivas.
- Data analizada (realizado automáticamente por FCPx): Exceso de vibración. cuantas personas en la toma, etc.

Clips de Timeline

Cuando arrastran un Clip de Evento (o una fracción de él, llamada Subclip) desde el Browser de Evento al Timeline de Proyecto, se creará un Clip de Timeline que heredará todas las propiedades del Clip de Evento al momento del "arrastrado". Cuando abran el Inspector para el Clip de Timeline nuevo, verá esos mismos settings.

Pero ahora podrán aplicar toda clase de cambios visuales o acústicos al Clip agregando Efectos al Clip de Timeline. Nótese que esos cambios sólo afectarán a ese Clip de Timeline específico en el Timeline y no al Clip de Evento o incluso a los Media Files Originales. Y nuevamente, todos los settings sólo son settings de reproducción no destructiva.

Mostrar en el Finder - en el Browser de Evento

Ustedes pueden encontrar el Media File Original o el Clip de Evento Original.

- Seleccione un Clip de Evento o Clip de Timeline y usen cualquiera de los comandos:
  - Comando de Teclado sh+cmd+R
  - Menú Contextual *Reveal in Finder*
- Seleccione un Clip de Timeline y use cualquiera de los comandos:
  - Comando de Teclado sh+F
  - Menú Contextual *Reveal in Event Browser*

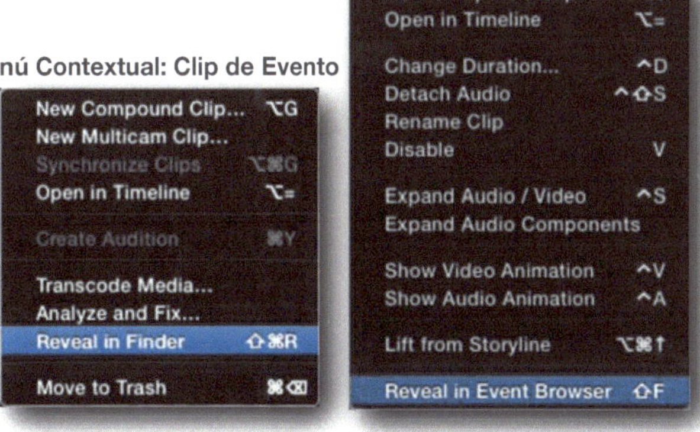

Inspector

El concepto de un Inspector se usa en muchas aplicaciones. Ustedes seleccionan un objeto dentro de la app (procesador de palabras, app de gráficas) y la ventana del Inspector despliega las propiedades (settings) de ese objeto y les permite cambiar esos settings.

FCPx usa el mimo concepto. Pueden abrir la ventana del Inspector en FCPx como parte de la ventana única UI con el comando *cmd+4* o el botón Inspector en la Barra de herramientas . Ahora cuando ustedes seleccionan un Clip de Evento o Clip de Timeline (o incluso el Proyecto) la ventana:

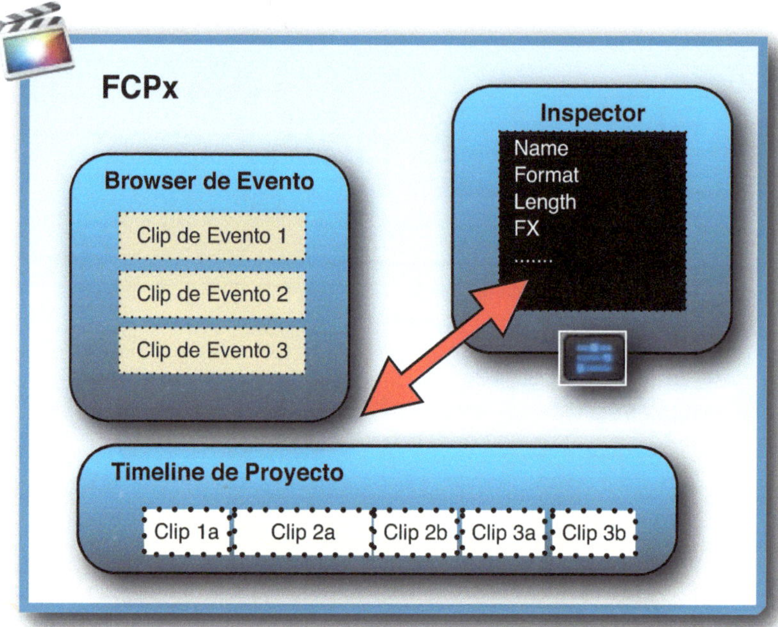

- ... mostrará las propiedades del Clip seleccionado.
- ... permitirá que hagan cambios a las propiedades del Clip seleccionado.
- Incluso pueden seleccionar varios Clips. El Inspector indicará entonces si un parámetro específico es diferente entre los Clips seleccionados.

El inspector cambia sus pestañas y el contenido de las pestañas dependiendo de qué objeto se selecciona:

- **Info** contiene la información principal del archivo, Metadata solo de lectura y campos adicionales escribibles. Incluso pueden crear sus propios campos personalizados. Y por supuesto, puede buscar por esos campos como en una mini base de datos..
- **Audio** contiene todas las propiedades relativas al audio. Todos los efectos de audio aplicados estarán listados aquí y podrán ser editados. Cada modulo de efecto puede anularse.
- **Video** Contiene todas las propiedades relativas al video. Todos los efectos de video aplicados estarán listados aquí y pueden ser editados. Cada módulo de efecto podrá anularse.
- **Share** Les permite aplicar un conjunto de atributos que se agregan al archivo exportado cuando comparten un Proyecto o un Clip.

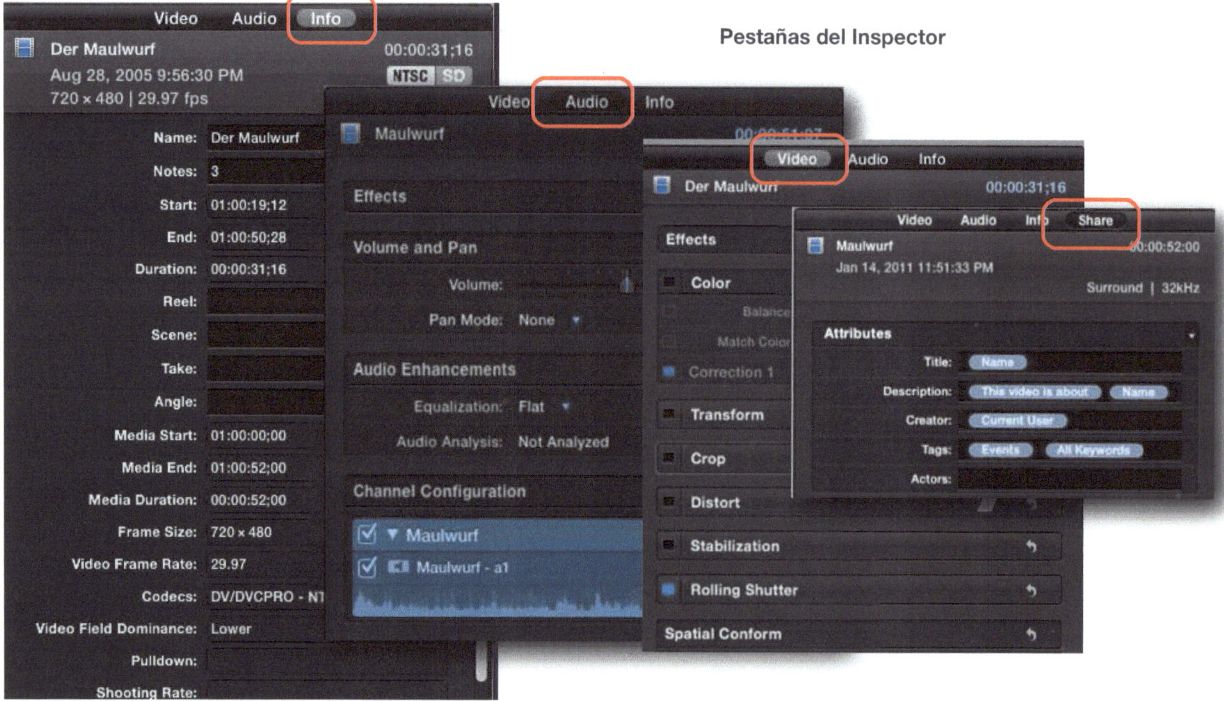

Pestañas del Inspector

Otros objetos, como Títulos o el Proyecto, tienen diferentes pestañas y settings, pero el concepto es básicamente el mismo.

Importar a Eventos

Como vimos antes, el primer paso para crear un video es importar los Archivos de Media a FCPx, a un **Evento**, para ser específicos

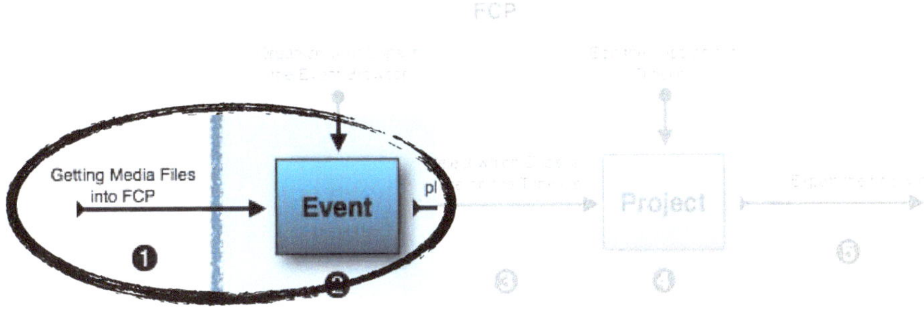

Esta es la nueva regla:

Los Media Files tienen que ser importados a un Evento

Esta es una de las diferencias fundamentales con las versiones anteriores de FCP, en donde podían simplemente arrastrar los archivos a un bin y mover los Clips al rededor.

FCPX es mucho más restringido. Cada Media File Original tiene que pertenecer a un Evento específico, que es como un contenedor de Clips. No puede haber un sólo Clip en FCPx que no esté asignado a un Evento. Pueden crear sin embargo, diferentes Eventos, mover Clips entre ellos o importar el mismo Media File a varios Eventos.

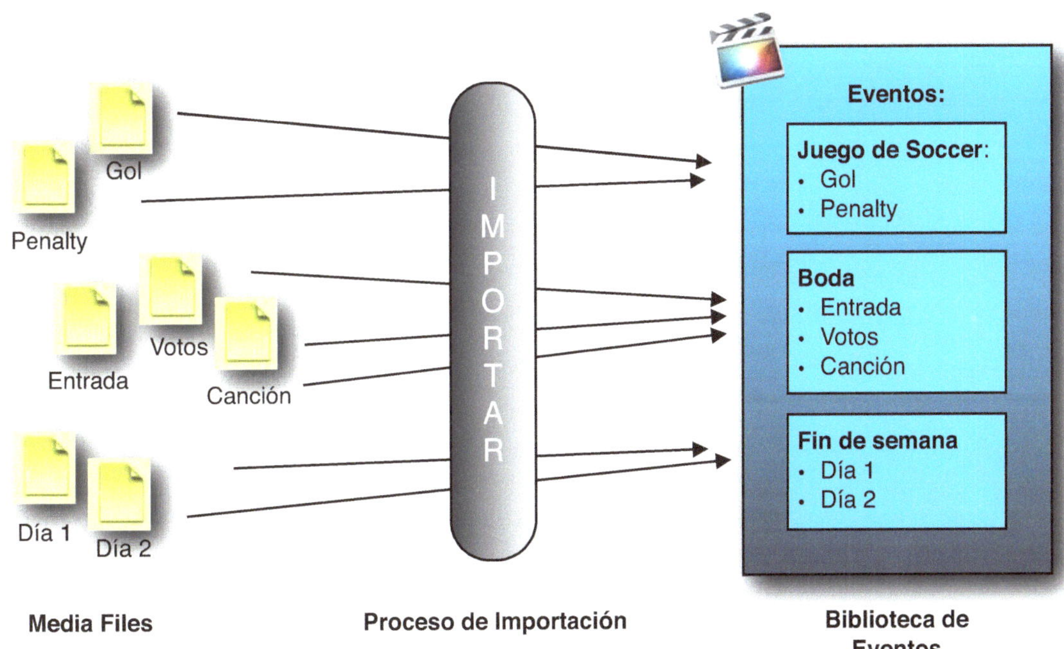

Interfaz (GUI) de Evento

Basado en el rol fundamental de el Evento en FCPx, se le ha asignado su propio panel, una de las tres ventanas más importantes , que está siempre presente en la ventana única de la GUI; las otras dos ventanas son *Proyecto* y *Viewer*.

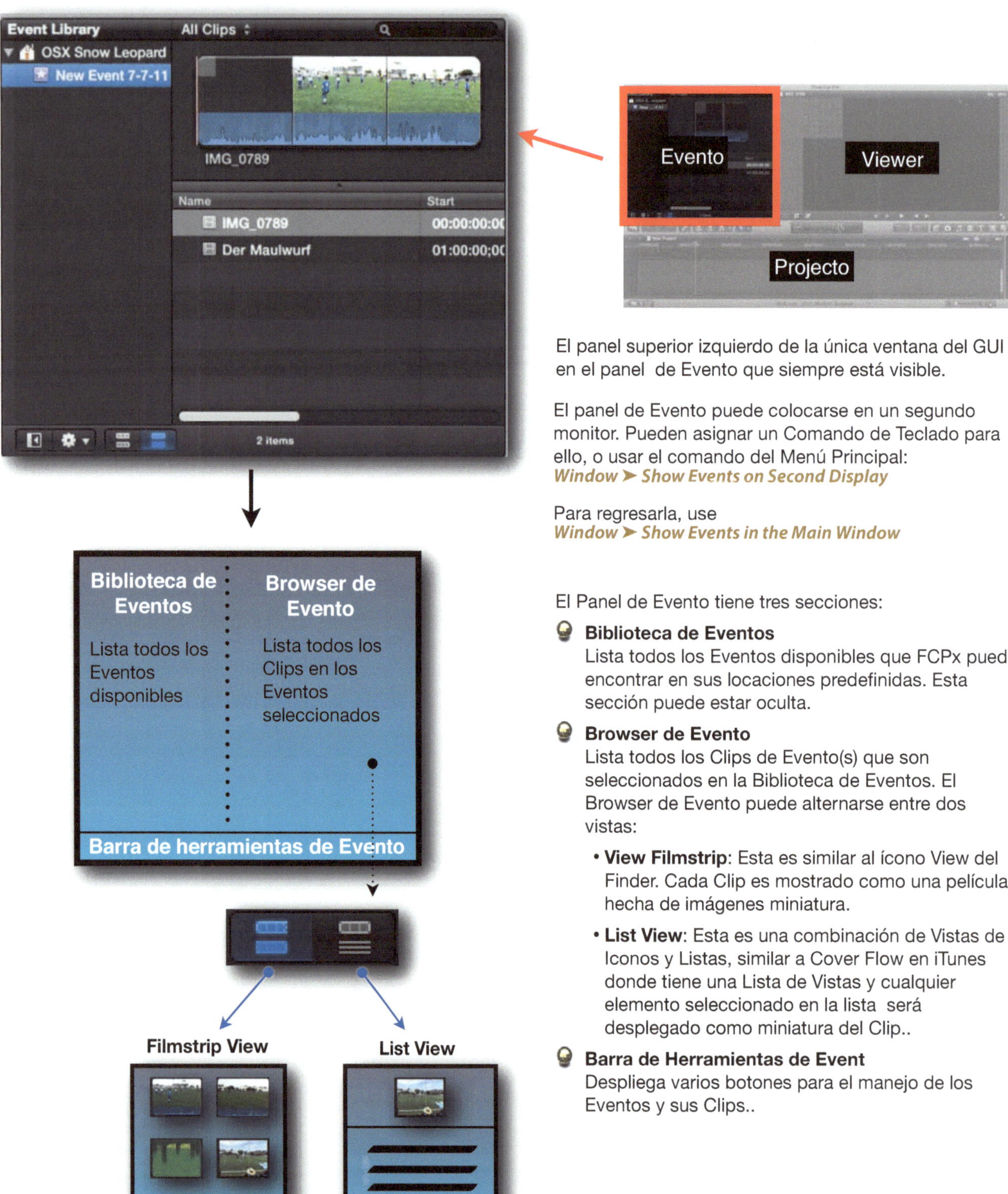

El panel superior izquierdo de la única ventana del GUI en el panel de Evento que siempre está visible.

El panel de Evento puede colocarse en un segundo monitor. Pueden asignar un Comando de Teclado para ello, o usar el comando del Menú Principal:
Window ➤ Show Events on Second Display

Para regresarla, use
Window ➤ Show Events in the Main Window

El Panel de Evento tiene tres secciones:

- **Biblioteca de Eventos**
  Lista todos los Eventos disponibles que FCPx pueda encontrar en sus locaciones predefinidas. Esta sección puede estar oculta.
- **Browser de Evento**
  Lista todos los Clips de Evento(s) que son seleccionados en la Biblioteca de Eventos. El Browser de Evento puede alternarse entre dos vistas:
  - **View Filmstrip**: Esta es similar al ícono View del Finder. Cada Clip es mostrado como una película hecha de imágenes miniatura.
  - **List View**: Esta es una combinación de Vistas de Iconos y Listas, similar a Cover Flow en iTunes donde tiene una Lista de Vistas y cualquier elemento seleccionado en la lista será desplegado como miniatura del Clip..
- **Barra de Herramientas de Event**
  Despliega varios botones para el manejo de los Eventos y sus Clips..

La Ventana de Eventos provee de varios menús contextuales y menús de Shortcut (abiertos con **ctr+clic** en el elemento específico o la pantalla de fondo).

La imagen siguiente, es un ejemplo de un arreglo muy simple con sólo un Evento que contiene dos Clips. Cuando se trabaja con más Eventos y Clips, y la introducción de Metadata, la interface se vuelve más compleja pero también más poderosa.

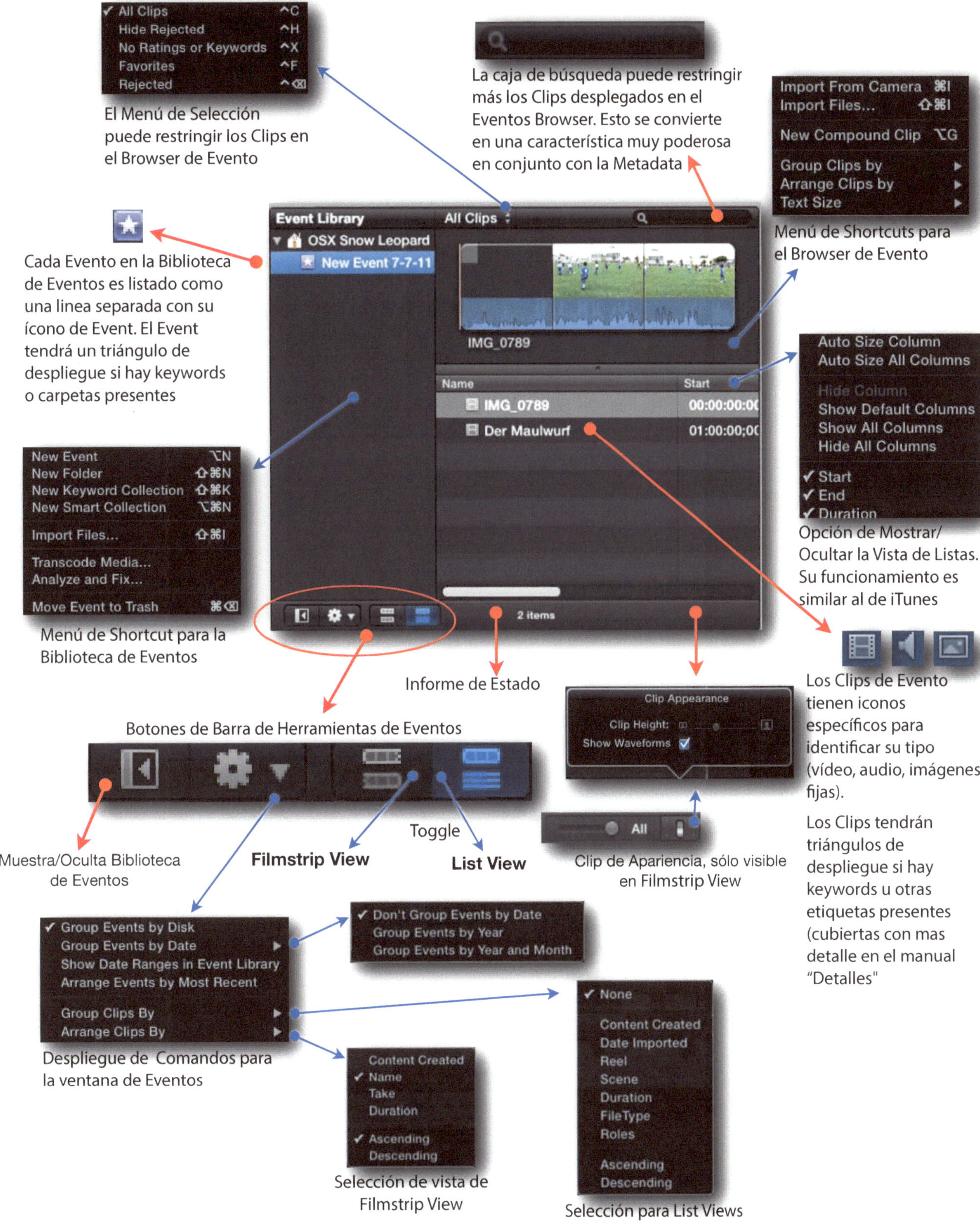

Administración de Eventos

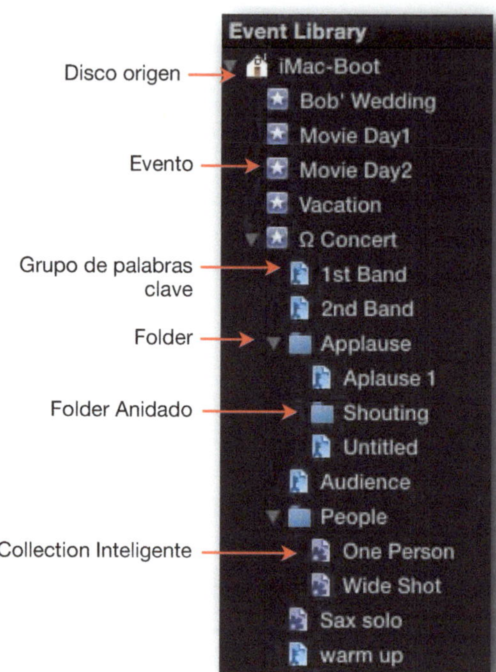

Estas son las reglas básicas para la Biblioteca de Eventos:

- Todos los Eventos que FCPx puede "ver" en sus folders dedicados están listados en la Biblioteca de Eventos.
- Ustedes no pueden crear subfolders en Eventos para organizarlos. Ni en el Evento en el folder "*Final Cut Events*". Es una lista"plana".
- Hay un número limitado de opciones de clasificación disponibles para listar los Eventos en la Biblioteca de Eventos, en subfolders por año y mes o por disco.
- El Evento en sí, puede contener dos clases de Colecciones (Key Collections y Smart Collection) y también Folders. Un triángulo de descripción puede mostrarlos u ocultarlos. Por favor tomen en cuenta que estos son folders para guardar Colecciones, no Folders.
- Folders (dentro de un Evento) pueden crearse manualmente para organizar Colecciones.
- Colecciones y Folders pueden moverse alrededor (creando folders anidados) e incluso copiados a diferentes (drag-and-drop).

Aunque los Eventos están muy restringidos, hay una variedad de comandos en el menú File para manejar los Eventos. Cualquier cambio al Evento en la Biblioteca de Eventos también modificará el Folder de Eventos y su contenido en el disco. Dado que los Eventos listados en la Biblioteca de Eventos son la representación de un folder real con el mismo nombre en el directorio "*Final Cut Events*", podrían hacer algo de "administración" de Eventos directamente en el Finder - si son valientes y saben lo que están haciendo. De otra forma, aténganse a los siguientes comandos:

Duplicate Event...

Hacer un duplicado del Evento (para fácil respaldo). Una Ventana de Diálogo les da la opción para nombrarlo y seleccionar la localización del disco (si está montado otro disco). Igual que ***opt+ arrastrar*** a un nuevo disco en la Biblioteca de Eventos.

Menú File

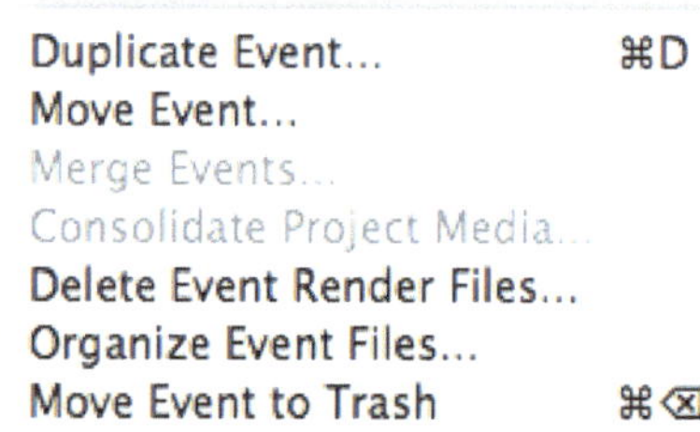

Move Event...

Sólo posible si se monta otro disco para usarse como disco de destino. Una Ventana de Diálogo les permite seleccionar un nuevo disco.
Igual que ***cmd+ arrastrar*** a una nueva unidad en la Biblioteca de Eventos.

Merge Events...

Seleccionen dos o más Eventos en la Biblioteca de Eventos y escojan aquel comando para unirlos en un Evento nuevo. También pueden ***arrastrar*** uno o varios Eventos sobre otro Evento en la Biblioteca de Eventos para unirlos.

Delete Event Render Files...

Una Ventana de Dialogo les permitirá escoger entre "All Render Files" o "Unused Render Files Only".

Organize Event Files...

Este comando copia todos los Media File Originales al Folder de Eventos que tenía sólo Alias Files antes. Esto es importante para evitar la ruptura potencial de enlaces con Media Files que estén ubicados fuera del Folder de Eventos.

Move Event to Trash

Esto remueve el Evento de la Biblioteca de Eventos y mueve el Folder de Eventos actual al basurero del Finer.

Copiar Clips de Evento entre Eventos

También pueden copiar Clips de Evento individuales entre Eventos. Sólo ***arrastren*** un Clip de Evento del Browser de Evento a Evento diferente en la Biblioteca de Eventos.

Reveal in Finder

Este comando está disponible en el Shortcut Menu de cada Clip. Abre el Folder de Eventos en el Finder para desplegar el Media File Original. Si el archivo no se copió durante la importación, entonces despliega el archivo Alias.

4 - Importando Media

En la versión 10.0.6 de FCPx se introdujo un workflow nuevo para importar Media Files. En lugar de manejar las cámaras y los discos como diferentes fuentes, cada uno con su propio procedimiento para importar, todo fue simplificado en una sola pantalla de interfaz .

Resumen

Menú File ➤ Import

❶ Media... ⌘I
❷ iMovie Project...
iMovie Event Library
Reimport from Camera/Archive... ❹
❸ XML...

Todas las opciones de Import están listadas en el Menú principal ***File ➤ Import***

❶ Import Media

Esta es la opción principal para Importar.

❷ Import iMovie (Project, Library)

Esta opción les permite importar todos los Media Files de una Biblioteca de Eventos de iMovie o el Proyecto completo de iMovie con todos sus Media Files.

❸ Import XML

Esta es una opción para importar especial que les permite importar archivos que fueron codificados como archivos XML (Extensive Markup Language).

❹ Re-Import missing Media

Esta es una opción que les permite re-importar Media Files importados previamente que FCPx no puede encontrar. Probablemente no están, fueron movidos de lugar o se corrompieron.

En este capítulo sólo cubro la opción principal, importando Media Files.

Import Media

Cada vez que se trate de la importación de Media Files, tengan en cuenta que existen dos procedimientos diferentes.

Ventana Media Import

➡ *Media Import window*

Importen los Media File(s) a través de la ventana Media Import.

➡ *Drag-and-Drop*

Importen los Media File(s) directamente con drag-and-drop.
Hay dos variantes:

- **Finder**: Importen los Media Files arrastrándolos directamente del Finder a la ventana abierta de FCPx.
- **Media Browser**: Importen los Media Files desde FCPx con drag-and-drop, usando su Media Browser interno.

botones del Media Browser

Proceso para Importar

➡ *Ventana de Media Import*

Este es un resumen básico de los pasos del proceso para importar cuando usan la pantalla Media Import.

Qué importa

- Cualquier Media File que esté almacenado en un disco o tarjeta de memoria montado.
- Cualquier Media File que esté almacenado en una cámara (en archivos o en cinta)
- Un “Archive File” . Es un tipo especial de importación de cámara, un archivo que crea FCPx.

Comandos Import

- **File ➤ Import ➤ Media**
- ***Cmd+I***
- Clic el botón Import en la Barra de Herramientas
- Creen un Evento nuevo y clic el botón "Import Media" en el Browser de Evento

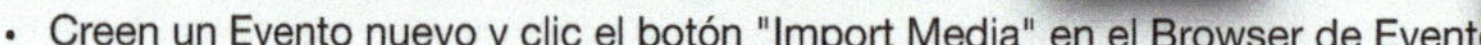

- Usen el comando "***Import Media***" del Menú de Shortcuts Browser de Evento

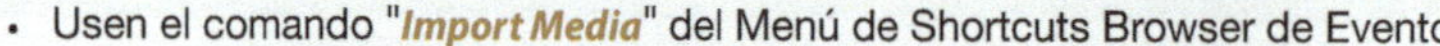

Import Media

Ventana de Media Import

Hoja de settings de importación

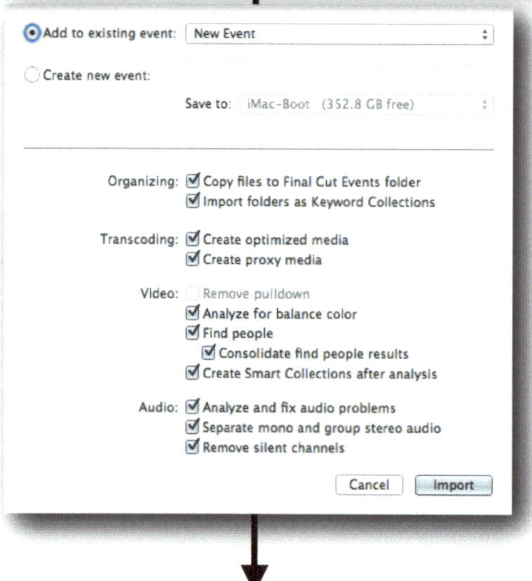

➡ *Drag-and-Drop*

Y este es un resumen básico de los pasos del procedimiento para importar mediante el proceso drag-and-drop.

Nótese que el proceso drag-and-drop para importar no abre la ventana settings de Import.
Sin embargo, la ventana ***Preferences ➤ Import*** en FCPx provee exactamente los mismos settings con las mismas cajas para checar y esos settings se aplican a todas las importaciones drag-and-drop automáticamente en el fondo.

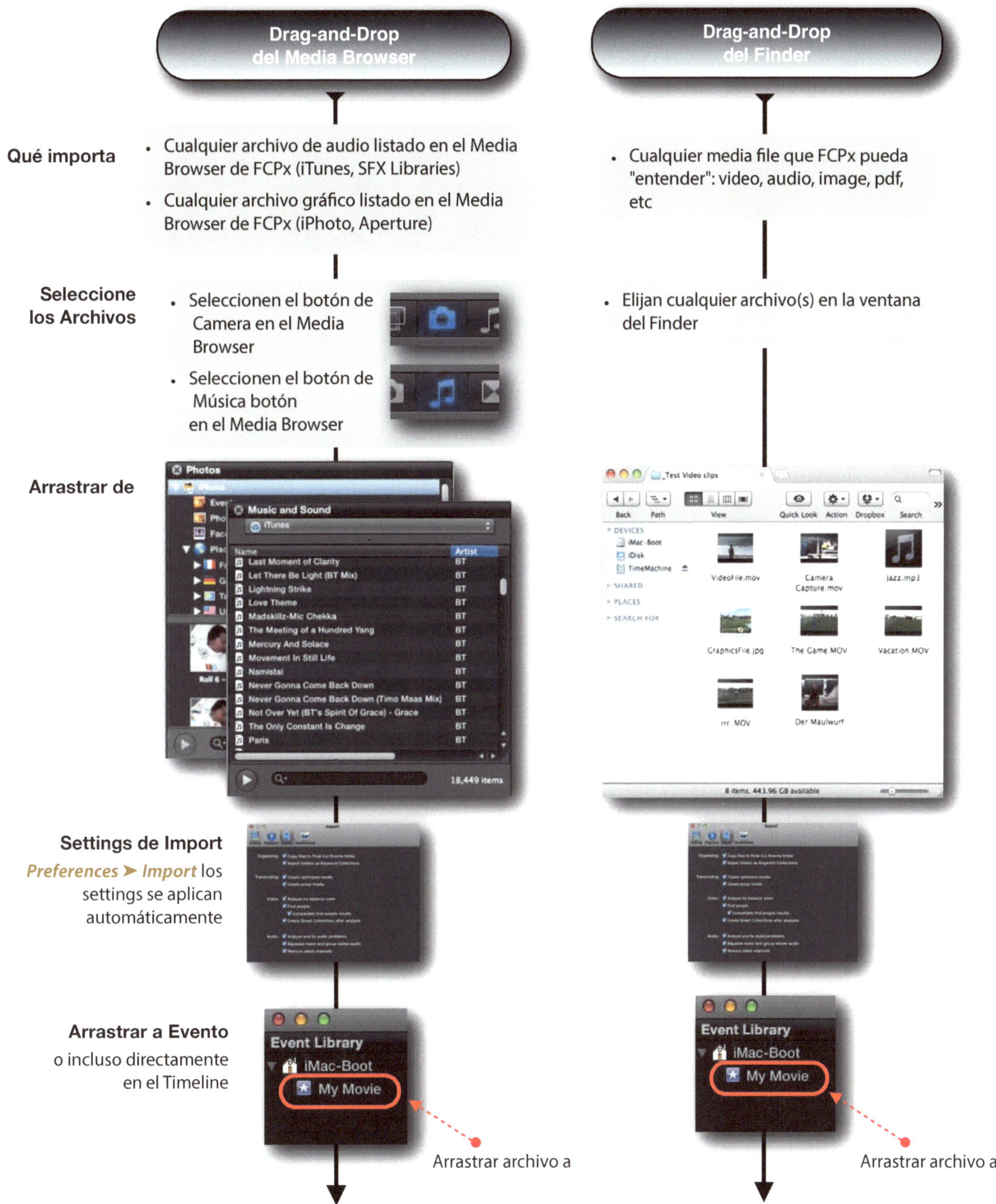

Settings de Importación

Asignar un Evento

Como hemos visto, FCPx requiere que todos los Media File estén asignados a por lo menos un Evento. Esto significa que, antes de oprimir el botón Import, tenemos que indicarle a FCPx que Evento existente queremos asignar la media importada ❶ o tenemos que crear un Evento nuevo ❷ ahí mismo. No hay forma de evitarlo.

Ventana de Media Importada

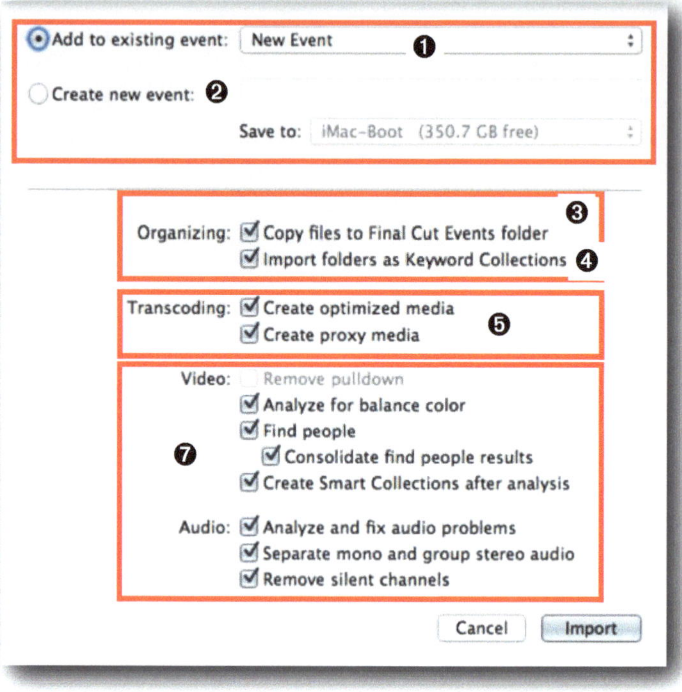

Crear un Folder Event (opcional)

Si creamos un Evento nuevo, FCPx también creará un folder nuevo con el mismo nombre en la carpeta "Final Cut Events" dentro del directorio Movies del usuario en su disco. Todos los archivos relacionados a ese Evento son guardados en esa carpeta.

~/Movies/Final Cut Events/"My Movie"/

Copia del Archivo Fuente

FCPx genera ahora un folder "Original Media" dentro del folder Event. Ahí es donde copia los Media Files. Durante la importación de Media tienen una casilla en la ventana de Import ❸ donde pueden checar ese procedimiento. Si no la marca, FCPx sólo creará un Alias del archivo fuente en la carpeta "Original Media", dejando el archivo fuente en su locación original.

Un Alias File no incrementará el tamaño de su folder Event con copias adicionales, pero es peligroso si remueve el archivo original mas tarde, sin saber que se estaba usando en un Evento de FCPx. (Pueden remplazar el Alias File por su original más tarde).

La segunda casilla, "Import folders as Keyword Collections" ❹," asigna Keywords a los Clips cuando importan un folder con Clips (aun folders anidados). FCPx mantiene esa "información organizacional" creando una Keywords para cada nombre de folder. Esa Keywords es una representación del nombre del folder del archivo "padre". Para cada Keywords, FCPx creará también una Colección de Keywords en la Biblioteca de Eventos. Los Media File serán copiados "flat" al folder Events, todo en esa sola carpeta sin ninguna carpeta anidada. Más sobre Keywords y Colección de Keywords lo encontrarán en el manual "Detalles".

Creación de un Clip de Evento

Como hemos visto en un capítulo anterior sobre las tres encarnaciones de los Media Files, FCPx crea un Clip de Evento durante la importación que es una representación del Media File Original. El Clip de Evento vive dentro del Evento, con sus propias propiedades.

Ejecución de la Transcodificación

FCPx no depende de la resolución. Pueden mezclar y unir audio y video de diferentes formatos y los transcodifica al vuelo.

Para optimizar su desempeño, FCPx puede usar hasta 3 diferentes versiones de un sólo Clip. Al reproducir el Clip en FCPx, puede usar:

- **Original Media** File: Ese es el archivo original que copia al folder de Event durante el proceso de importar.
- **Optimized Media** File: Este es un formato de alta resolución Apple ProRes para operaciones más suaves.
- **Proxy Media** File: Un formato de baja resolución Apple ProRes para menor demanda de operaciones del CPU y un archivo de menor tamaño.

Las dos copias extras trancodificadas del archivo original pueden ser creadas durante el proceso de importación marcando las casillas adecuadas ❺. Tengan en mente que estos archivos pueden crecer bastante. También pueden hacer el proceso de transcodificación más tarde.

En la ventana de Preferencias de FCPx ❻ puede indicar cual de los tres Media Files será usado en su reproducción en FCPx.

➡ *Análisis de desempeño*

FCPx puede analizar los archivos de Media durante la importación (también puede iniciarse más tarde en cualquier momento).

Analiza los segmentos de Vídeo y Audio ❼ del archivo y proporciona dicha información en dos formas:

- **Keywords**: FCPx puede guardar Keywords junto con el Clip de Evento. Las Keywords pueden ser buscadas después para previsualizar rápidamente Subclips que tengan esas keywords. Por ejemplo:
  - Muestra sólo las porciones de un Clip que contengan una o dos personas en la toma; o
  - No muestres Clips con demasiadas sacudidas de cámara.
- **Settings**: FCPx puede detectar posibles problemas y proveer de los settings que puedan ser activados más tarde en el Timeline para ayudar a corregir los mismos. (Nuevamente, todo es no-destructivo, sólo para reproducción). Por ejemplo:
  - Reducir el ruido de fondo
  - Remover pistas de audio que no tienen señal.

➡ *¿Donde está todo esto?*

Como ya comentamos anteriormente, cada Evento se refiere a su propio folder dentro del folder "*Final Cut Events*" en su disco. El nombre del folder hereda el nombre que le dieron al Evento y cuando renombre el Evento en FCPx, automáticamente renombrará ese folder en el Finder.

El Browser de Evento muestra el contenido de ese folder de Event.

Todo lo que se relacione con el Evento también se almacenará dentro del folder Event y FCPx espera encontrar estos archivos exactamente donde los puso con exactamente el mismo nombre que les dio. Por lo tanto, no se metan con el contenido de ese folder en el Finder, a menos que sepan exactamente lo que están haciendo.

Todos los archivos que se crearon al importarlos, pueden encontrarse aquí, dentro del folder Event.

- **Final Cut Events** contiene una carpeta por cada Evento.
  - "**My Video**" es el nombre de mi Evento.
    - **CurrentVersion.fcpevent**: Este es el el archivo principal que contiene los datos del Evento (como el del archivo del Proyecto).
    - **Original Media**: El folder que contiene los Media Files importados o los Alias que se vinculan a los Media Files originales.
    - **Transcoded Media:** Contiene dos subfolders con las versiones Transcodificadas de los Media Files:
      - **High Quality Media:** Contiene la versión en alta resolución.
      - **Proxy Media**: Contiene la versión en baja resolución.
    - **Analysis Files**: Son subfolders que agrupan los datos analizados:
      - **Color Adjustment Files** Archivos de ajuste de color.
      - **Find People Files** Archivos de búsqueda de personas.
    - **Render Files** contiene más subfolders con archivos rendereados.
    - *Cualquier otro dato relacionado a Eventos.*

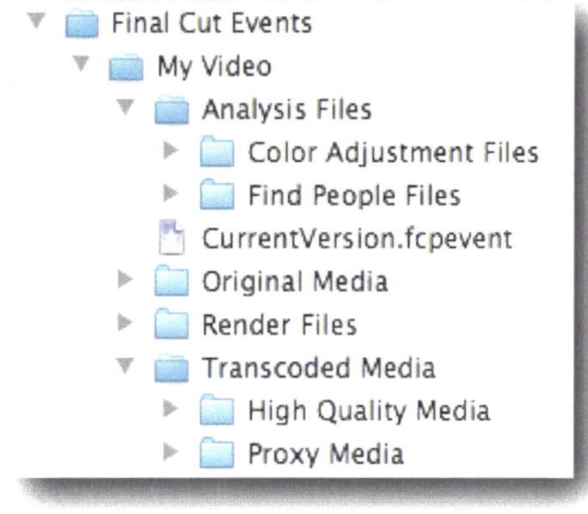

El folder *Final Cut Events* será almacenada automáticamente en los directorios siguientes:

- En el disco de Sistema: En la carpeta Movies del usuario
  "*~/Movies/Final Cut Events/*"
- En cualquier otro disco: En su directorio raíz
  "*/Final Cut Events/*"
- En SAN, en cualquier directorio.

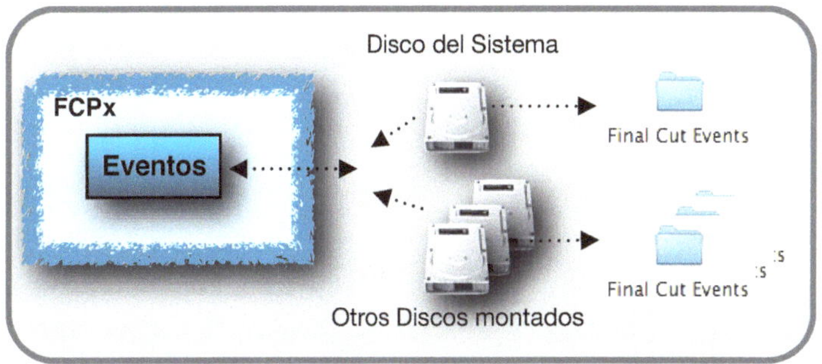

Comparación de importación

Este un repaso de las tres de opciones de importación de Media Files.

A pesar de que pueden arrastrar y tirar un archivo directamente en el Timeline del Proyecto sin importarlo antes, FCPx ejecuta el proceso de importación adecuado en el trasfondo basado en los settings de Import Preferences (***Preferences➤Import***) y también crea el Clip de Evento en el Browser de Evento, estableciendo la liga adecuada entre Evento-Proyecto para dicho Clip.

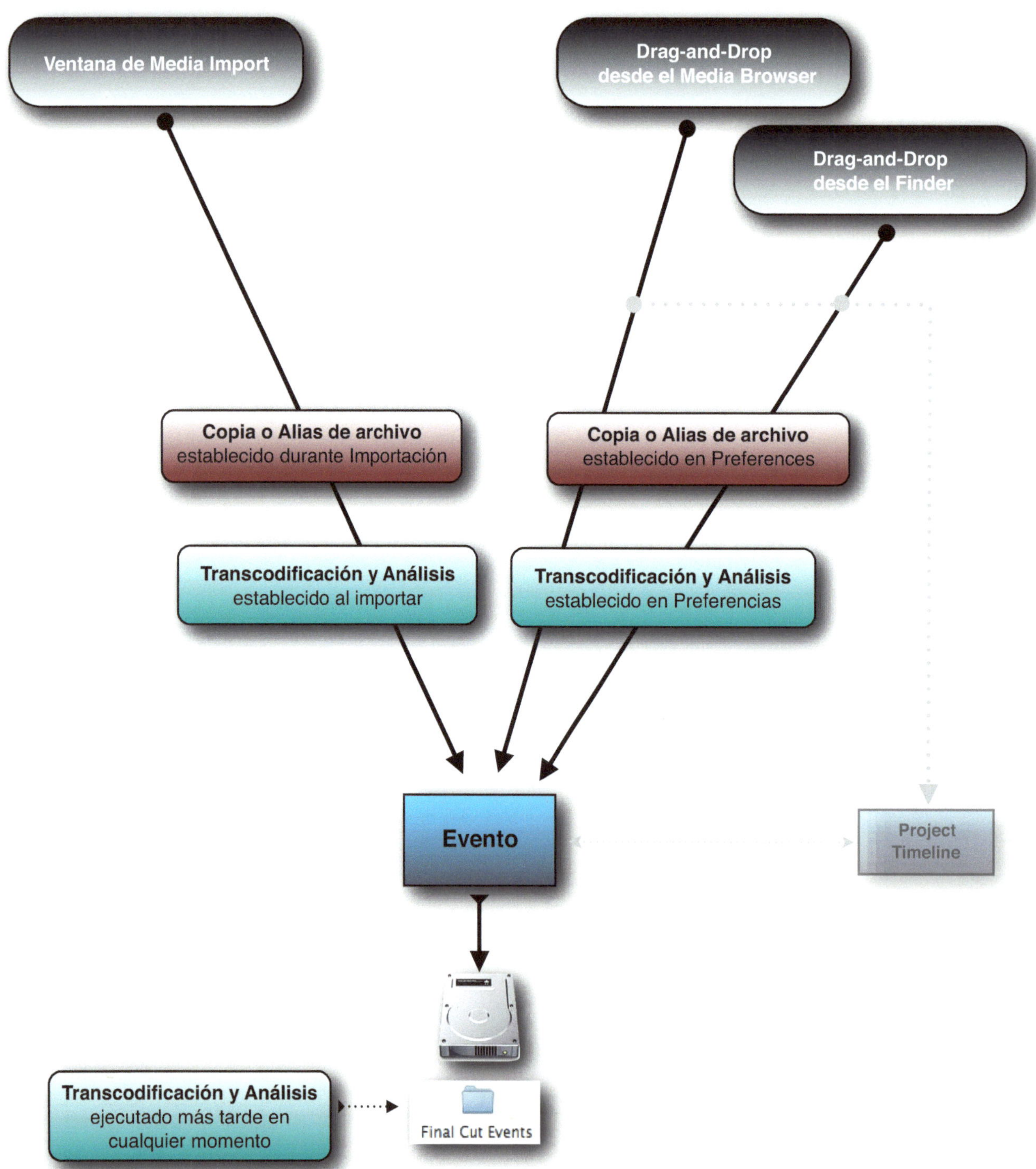

Archivos de Cámara

FCPx proporciona un tipo especial de importación para Cámaras que es diferente de la importación estándar.

Importación Estándar vs **Importación Archivada**

Importación Estándar

Como acabamos de ver, estos son los pasos durante una importación regular.

- FCPx almacena los archivos importados en el disco duro en el folder dedicado "Final Cut Events",
- Genera Clips de Evento a partir de esos archivos.
- Agrega los Clips de Evento al Evento seleccionado en el Browser de Evento.

Importación Archivada

Una Importación Archivada funciona diferente. FCPx actúa ahora como una utilería de captura solamente para accesar el pietaje/archivo de la cámara para uso posterior. No se crearán Clips y nada se agregará al Browser de Evento. Estos son los pasos:

- FCPx captura y guarda todos los Media Files en un archivo especial Archive ❶ con la extensión *.fcarch* y el ícono de un rollo plateado.

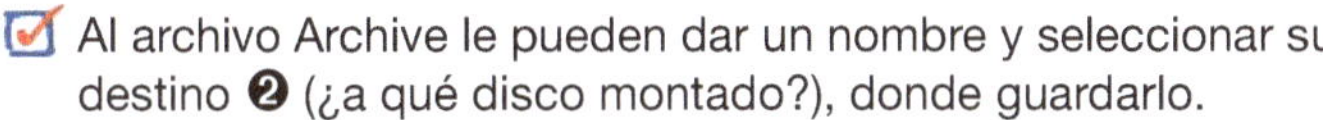

- Al archivo Archive le pueden dar un nombre y seleccionar su destino ❷ (¿a qué disco montado?), donde guardarlo.
- El archivo Archaive se guarda en el disco duro seleccionado en el folder dedicado "Final Cut Camera Archives" ❸ que crea FCPX cuando crean su primer importación de archivo. El folder es colocado en el mismo directorio que el folder "Final Cut Events".
- Un archivo Archive es en realidad un archivo Package que ustedes pueden abrir en el Finder (Show Package Content).

Ventana Media Import

- La ventana Media Import es el lugar en que crea un Archive File (almacena Media Files dentro de un Archive File) con el comando "Create Archive...".
- La ventana de Meda Import también es el lugar donde más tarde importan (extraen) esos Media Files de un Archive File a un Evento en FCPx.

Ventana Media Import

Veamos ahora de cerca la ventana Media Import. Primero, estos son los comandos que abren la ventana :

Toolbar

- Menú Principal ***File ➤ Import ➤ Media...***
- Key Command ***cmd+I***
- ***Clic*** en el botón Importar Media en la barra de herramientas.
- Menú de Shortcuts en la Biblioteca de Eventos ***Import Media***
- Seleccionando un Evento vacío en la Biblioteca de Eventos desplegará el botón "Import Media" en el Browser de Evento

Evento Vacío

La ventana Media Import está dividida en cinco secciones principales. El aspecto y la disponibilidad de la sección 2-4 depende del elemento escogido. Pueden cambiar el tamaño de la secciones jalando sus lineas divisorias.

➊ **Barra Lateral**: Todas las fuentes disponibles en su computadora, desde donde pueden importar Media Files, están listadas aquí, agrupadas por categorías: Cámaras - Dispositivos - Archivos de Camera - Favoritos.

➋ **Browser**: Esta sección les permite navegar en el contenido de los elementos seleccionados (archivos) en la Barra Lateral.

➌ **Filmstrip**: Esta sección es opcional y sólo se muestra si el elemento seleccionado es un archivo de video.

➍ **Viewer**: Esta sección es el visor del elemento seleccionado.puede tener controles adicionales de reproducción si el elemento seleccionado es un archivo de video.

➎ **Commands**: En la parte inferior de la ventana están los botones para los comandos de importar.

Ventana de Media Import

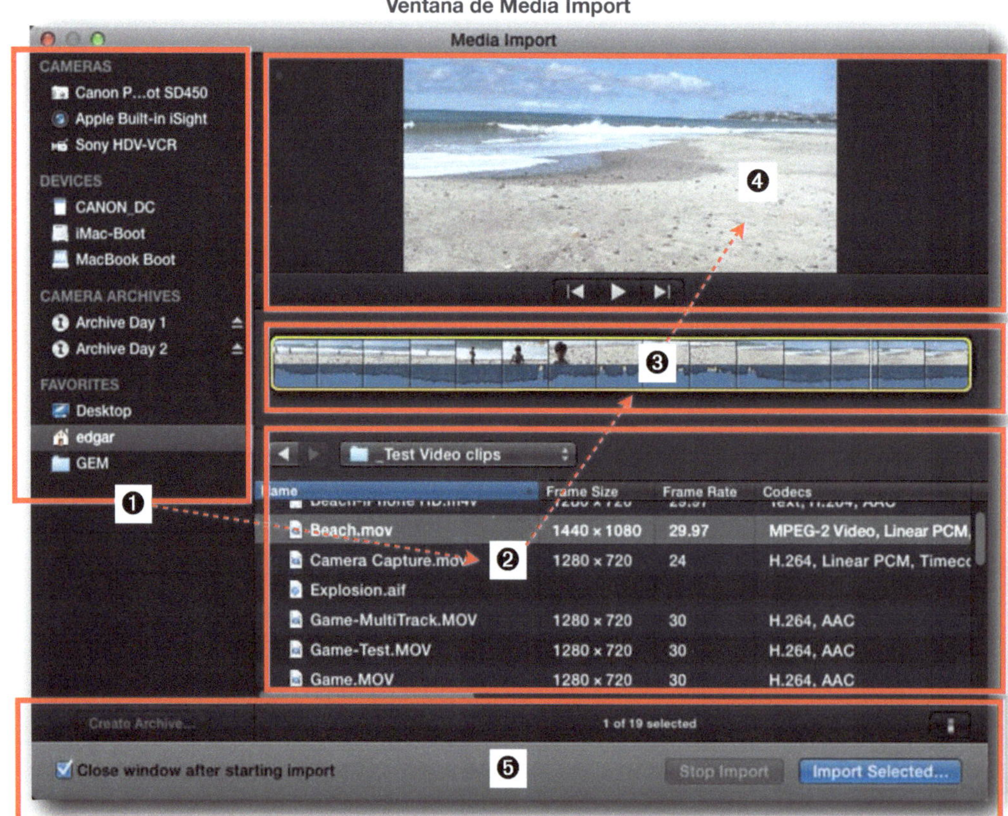

Ahora vamos a echar un vistazo más de cerca a cada sección y su funcionalidad.

Barra Lateral

La Barra Lateral se ve y funciona parecida a la del Finder o de iTunes. En ella lista todas las posibles fuentes de donde pueden importar Media Files. Esas fuentes están agrupadas en cuatro secciones.

➡ *Cameras*

Cualquier cámara, de cinta o archivos, que esté conectada a sus computadoras, aparecerá en esta sección, incluyendo la cámara iSight de sus computadoras.

Barra Lateral

CAMERAS
Canon P...ot SD450
Apple Built-in iSight
Sony HDV-VCR
DEVICES
CANON_DC
iMac-Boot
MacBook Boot
CAMERA ARCHIVES
Archive Day 1
Archive Day 2
FAVORITES
Desktop
edgar
GEM

Menús de Shortcut

Eject
Reveal in Finder
Rename
Revert to Original Name
Create Archive...

Reveal in Finder

Eject
Reveal in Finder
Rename
Revert to Original Name
Create Archive...

Remove from Sidebar
Reveal in Finder

➡ *Devices*

Esta sección lista todos los dispositivos de almacenamiento montados. Esto incluye:

- Discos montados locales.
- Discos montados en red.
- Tarjetas de memoria montadas (insertadas).

➡ *Camera Archives*

Esta sección lista todos los Camera Archives disponibles.

➡ *Favorites*

Esta sección no es una fuente de Media File posibles. Si tienen folders en sus discos montados que accesan continuamente para importar media, pueden ***arrastrar*** esos folders (desde el área de contenido) a esta sección (arrástrenlos sobre la palabra "Favorites"). Ese folder será listado desde ahora en esta sección de Favoritos y les permitirá accesarlos sin tener que escarbar en la estructura de folders de un dispositivo seleccionado. Arrastren cualquier ubicación fuera de la Barra Lateral para removerla de la lista.

Contenido - Filmstrip - Viewer

Mientras que la apariencia de la Barra Lateral a la izquierda no cambia mucho, la derecha de la ventana de Media Import es muy dinámica. Su apariencia dependerá en que elemento está seleccionado en la Barra Lateral y que archivo específico está seleccionado.

El valor predeterminado es *List View*, pero algunas selecciones permiten cambiar a *Filmstrip View*. La elección va de abajo hacia arriba. Eso significa que lo que sea seleccionado aparecerá en la sección de arriba.

List View

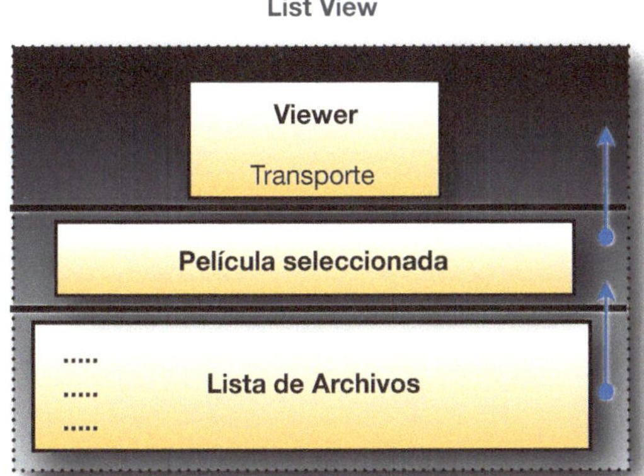

Filmstrip View

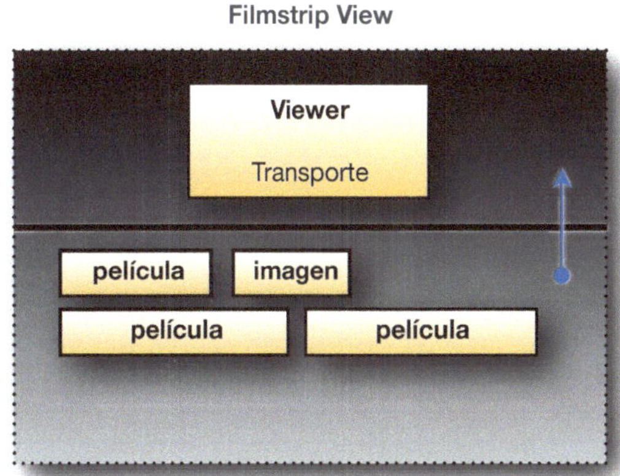

Aquí están los detalles sobre las diferentes Vistas dependiendo de los elementos seleccionados en la Barra Lateral.

➡ *Devices*

Seleccionar en la Barra Lateral cualquier Dispositivo montado muestra todos los archivos ❶ de ese directorio. Esto es como List View en el Finder.

- Cualquier archivo de media seleccionado en la lista será mostrado arriba como una sola película ❷.
- el archivo también se mostrará en el Visor superior ❸.
- Si el archivo seleccionado es un archivo de video, entonces el Visor mostrará los controles de reproducción ❹.
- La película al centro puede ser "halada" ❺ cuando *arrastren* el mouse sobre ella. Una etiqueta de info del Skimmer nuestra el nombre y posición del Clip. El visor superior sigue la posición del skimmer.
- El interruptor ❻ en la esquina inferior derecha abre la ventana *Clip Appearance* que les permite mostrar/ocultar la forma de onda de la película.
- El Navegador lista los elementos con columnas de Metadata que funcionan en una forma estándar. Haga *clic* en el encabezado de una columna para ordenar los elementos, mover o redimensionar las columnas y *ctr+clic* en el encabezado para traer la ventana para mostrar/ocultar columnas de metadata especificas ❼.
- Seleccionen archivos individuales o múltiples. Aplica el comando de selección estándar. *Sh+clic* para seleccionar elementos contiguos o *cmd+clic* para seleccionar (desseleccionar) elementos múltiples no contiguos. *Cmd+A* selecciona todos los elementos.
- *Clic* el botón *Import Selected...* o *Import All...* para halar la hoja Import Settings ❽.
- Seleccionen la configuración deseada y den *clic* al botón de Import ❾ para empezar el proceso de importar.
- Noten que no pueden importar un rango seleccionado de un Clip (Subclip). Sólo pueden importar Clips completos.

Media Import: Devices

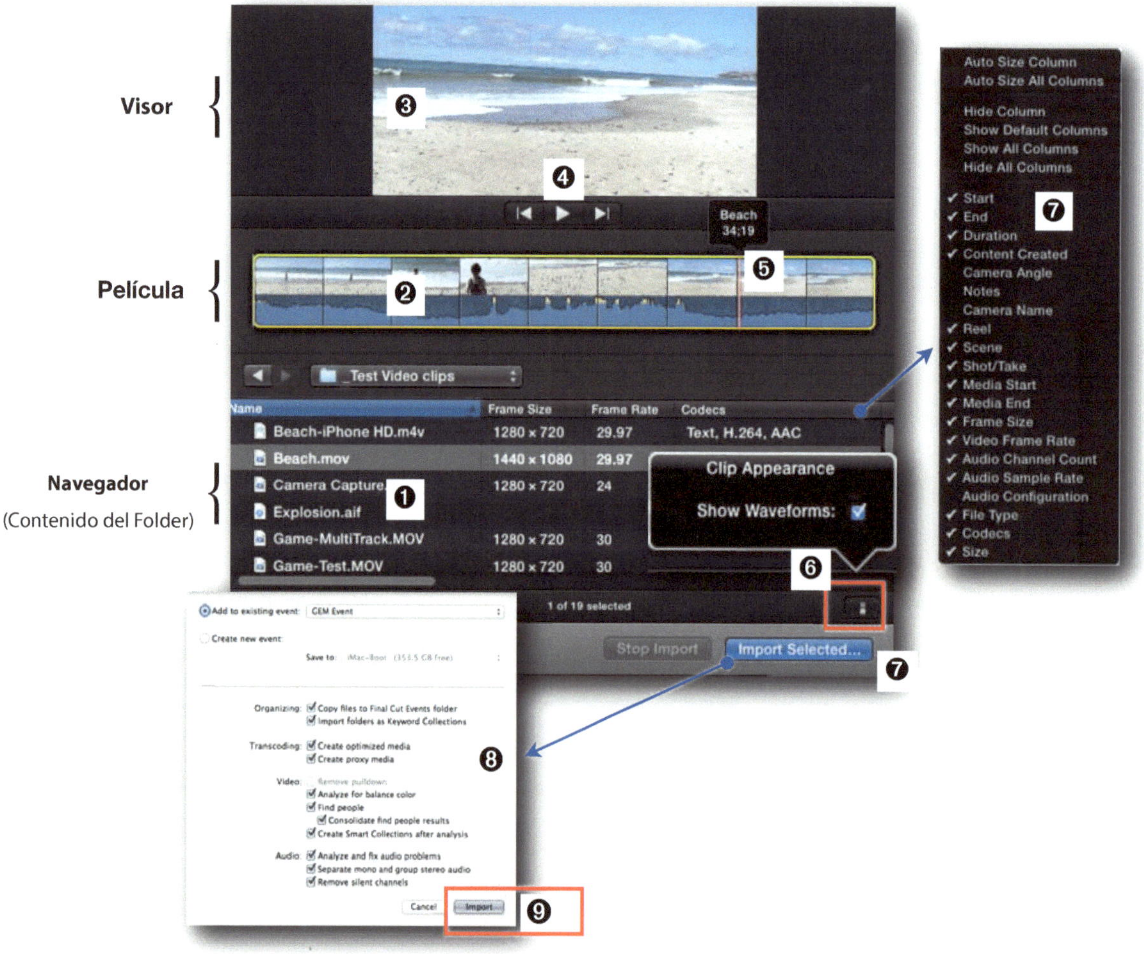

Visor

Película

Navegador
(Contenido del Folder)

➡ *Archives*

La ventana Media Import monta automáticamente cualquier Archive File de todos los dispositivos montados que pueda encontrar en la locación de su folder dedicado (indicado por su botón de Eject visible). *Clic* en cualquier archivo Archive no montado en la Barra Lateral para montarlo.

Seleccionando un Camera Archive de la Barra Lateral muestra todos los archivos de media que se capturaron con anterioridad en dicho archivo Archive.

El contenido puede mostrarse en dos diferentes Views. El botón View ❶ intercambia entre ellos:

- **List View**

  Esta es la misma vista que acabamos de ver en el de Devices. Funciona en la misma forma.

- **Filmstrip View**

  El Filmstrip View sólo tiene dos secciones. La parte baja muestra todos los archivos como películas ❷ y la superior , el Viewer ❸ con los controles de transporte. El skimming de las películas funciona en misma forma que la película individual en List View.

  El interruptor abre la ventana Clip Appearance ❹ que les permite establecer la Clip Height. El control deslizante ❺ a la izquierda les permite ajustar la longitud visible de la película.

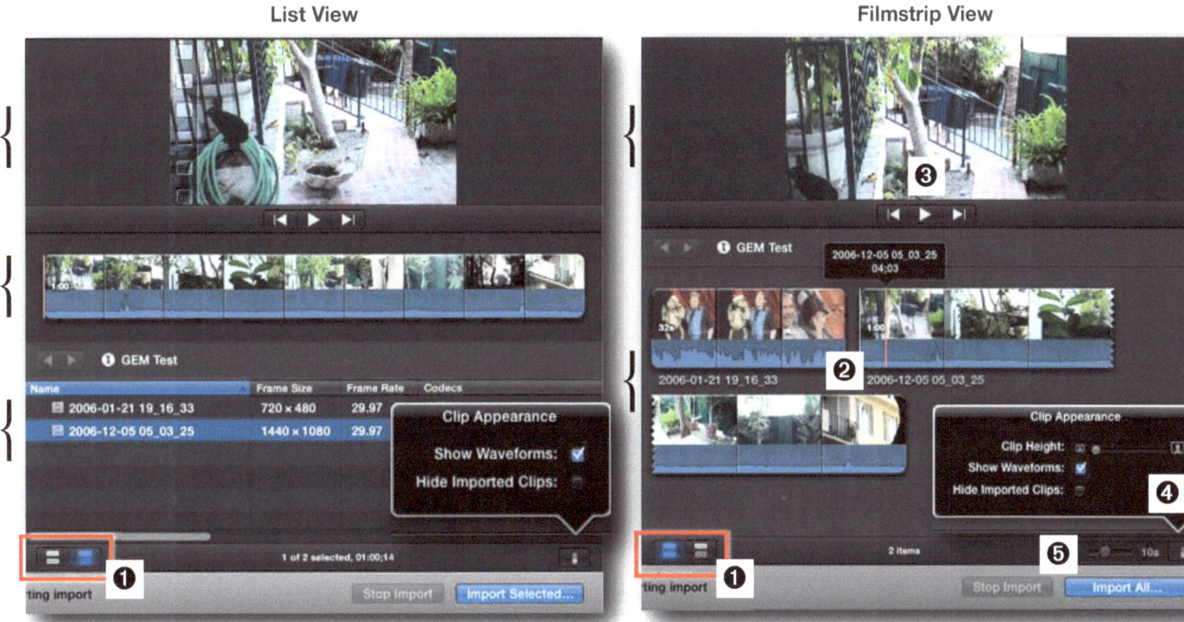

Importación de Subclips

Pueden seleccionar una o varias porciones de un Clip (Subclip) para importar. *Arrastren* (selección individual) o *cmd+drag* (selección múltiple) en la película, aun seleccionando porciones en diferentes películas. pueden cambiar entre List View ❻ y Filmstrip View ❼ y recuerda las selecciones.

El rango seleccionado es marcado con un marco amarillo ❽ que pueden recortar mediante *cmd+dragging* los bordes izquierdo y derecho.

Cmd+clic directamente en el cuadro, desactiva la selección así que no será en la importación. El cuadro visible es atenuado ❾. *Cmd+clic* nuevamente lo activa. La selección no se perdió.

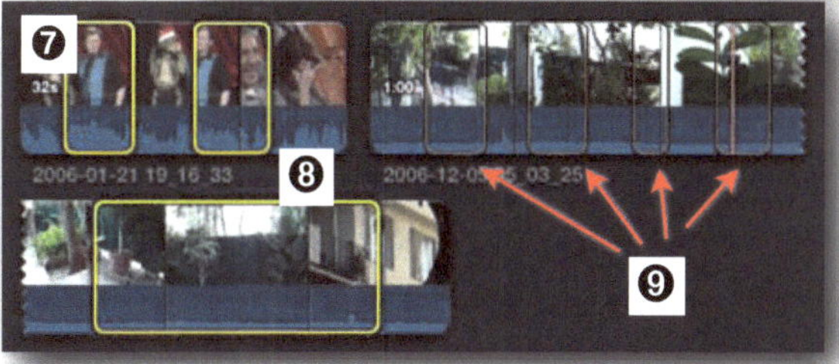

➡ *Camera (basada en archivos)*

Existe una gran cantidad de cámaras que pueden conectarse a su computadora. La visión de la ventana de Media Import depende en el tipo de media que están viendo/importando de una cámara en particular.

- Cámara basada en archivos.
- Cámara basada en cinta.
- Cámara iSight (señal de video en vivo).

Veamos primero las Cámaras del tipo basadas en archivos.

FCPx soporta el protocolo Picture-Transfer-Protocol (PTP) que les permite mostrar todos los archivos en una cámara conectada directamente en la ventana de Media Import, donde los podrán seleccionar e importar. Los archivos podrán mostrarse en dos vistas diferentes. El botón de vistas ❶ Alterna entre ellas:

List View

Esta es la vista que acabamos de ver en la vista para Devices. Funciona en la misma manera.

Filmstrip View

El Filmstrip View nuevamente tiene dos secciones. La parte inferior muestra todos los archivos de media disponibles como películas ❷ y la parte superior, el Viewer ❸ con los controles de transporte. El arrastre funciona en todas las películas igual que las películas sencillas en List View.

El interruptor abre la ventana Clip Appearance ❹ que les permite establecer la Clip Height. El botón deslizable ❺ a la izquierda les permite ajustar la longitud visible de la película.

Archive File

Aunque es posible importar los archivos directamente de la cámara a FCPx y respaldar los archivos con su sistema, es más seguro crear un Camera Archive primero. Esos archivos son fáciles de mover en el Finder y pueden ser respaldados en cualquier otro dispositivo de almacenamiento.

Para crear un Camera Archive

- ☑ Seleccione los archivos en la ventana Media Import.
- ☑ Clic el botón *Create Archive...* abajo, en la Barra Lateral.
- ☑ Seleccione un nombre, un destino de clic en OK para crear el archivo Archive.

➡ *Camera (basada en cinta)*

- La ventana de Media Import muestra sólo el Viewer ❶ Cuando esta conectado a una cámara de cinta.
- Los controles de reproducción ❷ en la parte inferior permite el control remoto de la cámara. El estado de reproducción y el timecode se mostrarán en la parte superior.
- *Clic* el botón *Import...* ❸ que abre la página Import Settings ❹ para configurarlos settings para la importación.
- *Clic* el botón *Import* ❺ para iniciar a importar desde la posición en que este la cinta.
- *Clic* el botón *Stop Import* ❻ para detener el proceso de importación. Esto guardará el Media File nuevo en el folder Final Cut Events, crea un Clip de Evento del archivo y lo coloca en el Evento seleccionado dentro de FCPx.

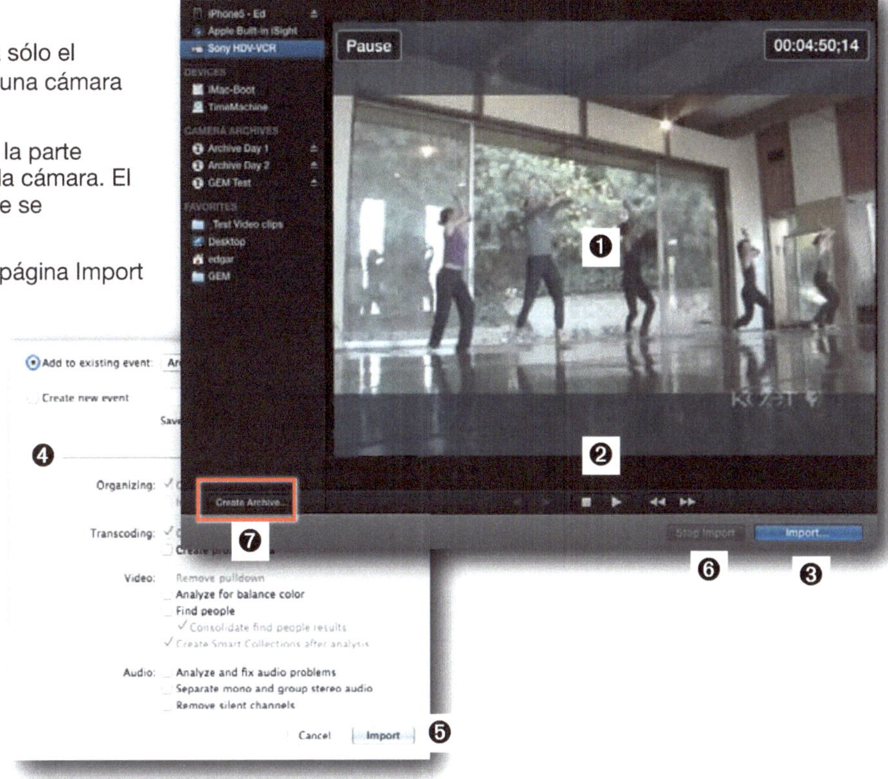

Archive File

El crear un archivo Archive del video antes de importarlo a FCPx tiene varias ventajas. ademas de los beneficios de un respaldo, la importación de un Archive File es mas flexible.

- ☑ *Clic* el botón *Create Archive...* ❼.
- ☑ La cinta se rebobina automáticamente e importa desde el principio.
- ☑ Pueden detener la importación para abortarla o para guardar el material importado hasta el momento.
- ☑ La importación genera Media Files individuales cada que detecta las diferentes secciones de grabación en la cinta.

➡ *Camera (en vivo)*

"Importar" una señal de video en vivo desde una cámara iSight conectada o cualquier otra cámara que envíe una señal de video significa que están "grabando" video directamente a FCPx.

- ☑ La ventana Media Import muestra sólo el Viewer, que es la señal de la cámara.
- ☑ *Clic* el botón *Import...* que abre la página de Import Settings primero.
- ☑ hagan los ajustes necesarios.
- ☑ *Clic Import* para empezar a grabar.
- ☑ Opriman el botón *Stop Import* para parar la grabación.

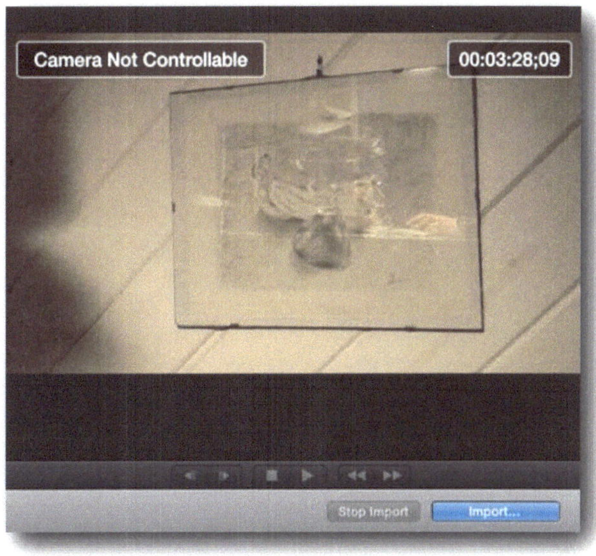

Página de Settings de Importación

Revisemos los diferentes settings de la página Import Settings que aparece cada vez antes de una importación.

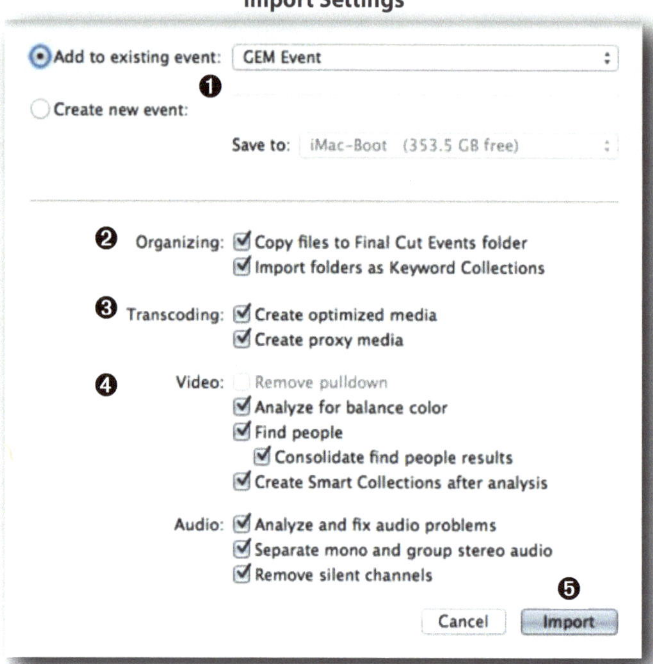

❶ Asignación de Evento

Esta es la parte donde FCPx los fuerza a asignar un Evento específico para los Media Files que están por importar..

- **Add to existing event:**
  Un menú contextual lista todos los Eventos existentes que están disponibles en ese momento en FCPx.
- **Create new event:**
  Pueden crear un nuevo Evento en este momento sin tener que ir al panel de Evento. Introduzcan un nombre de Evento y seleccionen en que disco montado quieren salvar dicho Evento.

❷ Organizing

Marquen para copiar el archivo a los folders de Evento o desmarquen para crear un alias. Marquen para crear Keywords del nombre de los folders anidados.

Copy files es marcado automáticamente cuando se importa de una cámara basada en cinta y de cámaras en vivo.

❸ Transcoding

Aquí es donde activan si quieren que FCPx genere los dos archivos adicionales para cada Media File (alta o baja resolución).

Automáticamente checa Optimized Media cuando se importa de Cámaras de cinta y de video en vivo.

❹ Análisis

Aquí ustedes marcan si FCPx debe analizar los archivos importados y crear y almacenar Keywords y Settings con el Clip: Video tembloroso, balance de color, hum o volumen excesivo, tomas cerradas o abiertas, número de personas en la toma, etc.

❺ Import:

El pulsar estos botones llevará a cabo la importación de archivos basada en la configuración anterior.

- ☑ FCPx genera un Evento nuevo (si se selecciona).
- ☑ FCPx Crea un Clip de Evento para cada Media File importado y lo asigna al Evento seleccionado.
- ☑ FCPx ejecuta las dos transcodificaciones de cada Media File (si se selecciona).
- ☑ FCPx hace el Análisis del Video y el Audio, guardando las keywords y settings con el Clip de Evento generado.

Importación Drag-and-Drop

Drag-and-Drop desde el Media Browser

❶ Seleccionen las Fotos

Desde la barra de herramientas central de FCPX seleccionen el botón de "Fotos" para abrir el Media Browser mostrando las Fotos disponibles.

- Pueden buscar en su biblioteca actual de IPhoto dentro de FCPx.
- Pueden buscar en su biblioteca actual de Aperture dentro de FCPx.

❷ Seleccionen la Música o Efectos sonoros

Desde la barra de herramientas central seleccionen el botón de "Música" para abrir el Media Browser mostrando los archivos de Música y sonido disponibles.

- Pueden buscar y previsualizar la biblioteca de iTunes.
- Pueden buscar y previsualizar cualquier Biblioteca instalada de sonido (FCPx, Soundtrack).

❸ Arrastren el Archivo al Evento

Para importar un archivo de foto o audio a un Evento, sólo ***arrastren*** el archivo del Media Browser al Evento en la Biblioteca de Eventos (¡no al Browser de Evento!) También pueden arrastrar los archivos directamente al Timeline.

❹ Importen

Mediante el arrastre de un archivo desde el Media Browser al Evento, FCPx importa los archivos en el Evento basado en los settings de "Organizing, Transcoding, Analysis" en la ventana ***Preferences ➤ Import*** ❺.

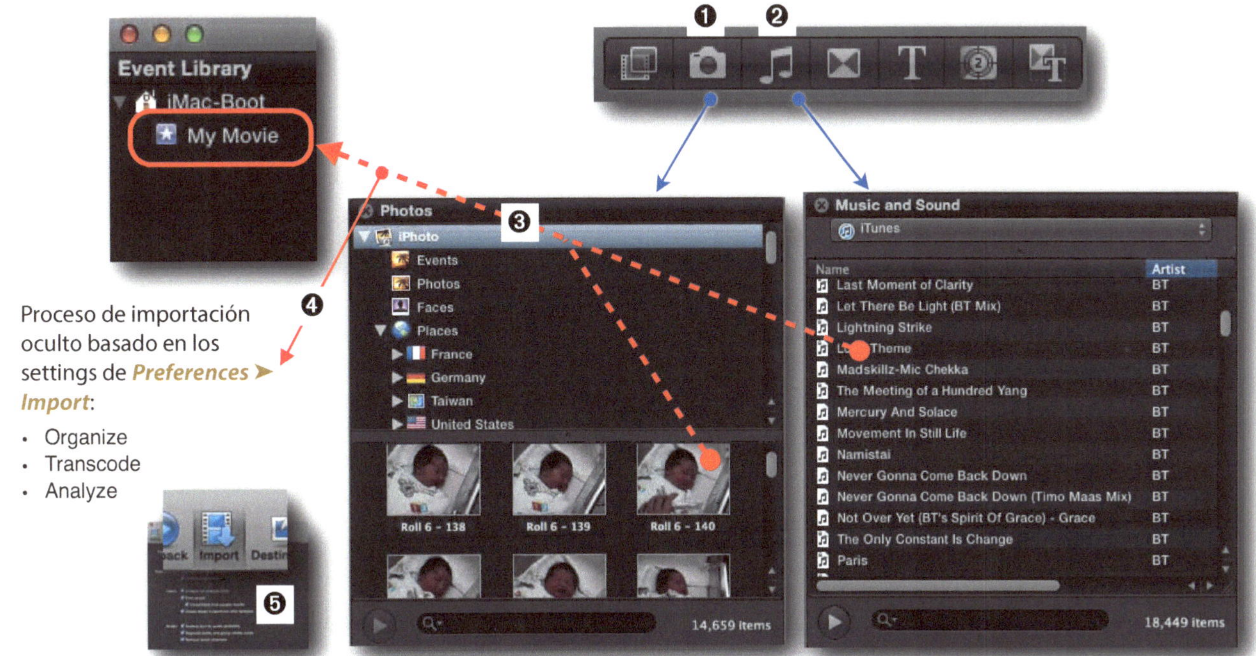

Pueden buscar y previsualizar media files directamente en el Media Browser

Drag-and-Drop desde el Finder

Importar Media File desde el Finder es el paso más sencillo para agregar archivos a su proyecto en FCPx.

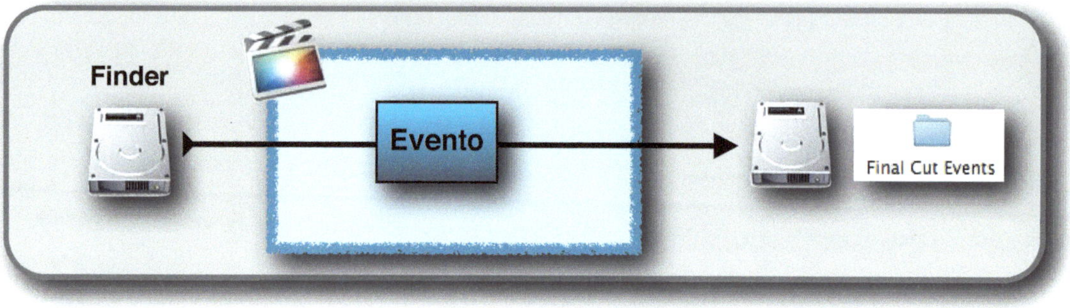

El drag-and-drop desde el Finder es una forma rápida de introducir Media a FCPx de cualquier parte de sus discos:

❶ Seleccionen cualquier Media File(s) en una ventana del Finder.

❷ **Arrastre** el o los archivos a un Evento existente en la Biblioteca de Eventos de FCPx (también pueden arrastrarlo directamente al Timeline).

❸ El proceso de importación se hace “tras bambalinas” basado en los settings de la ventana ***Preferences ➤ Import***.

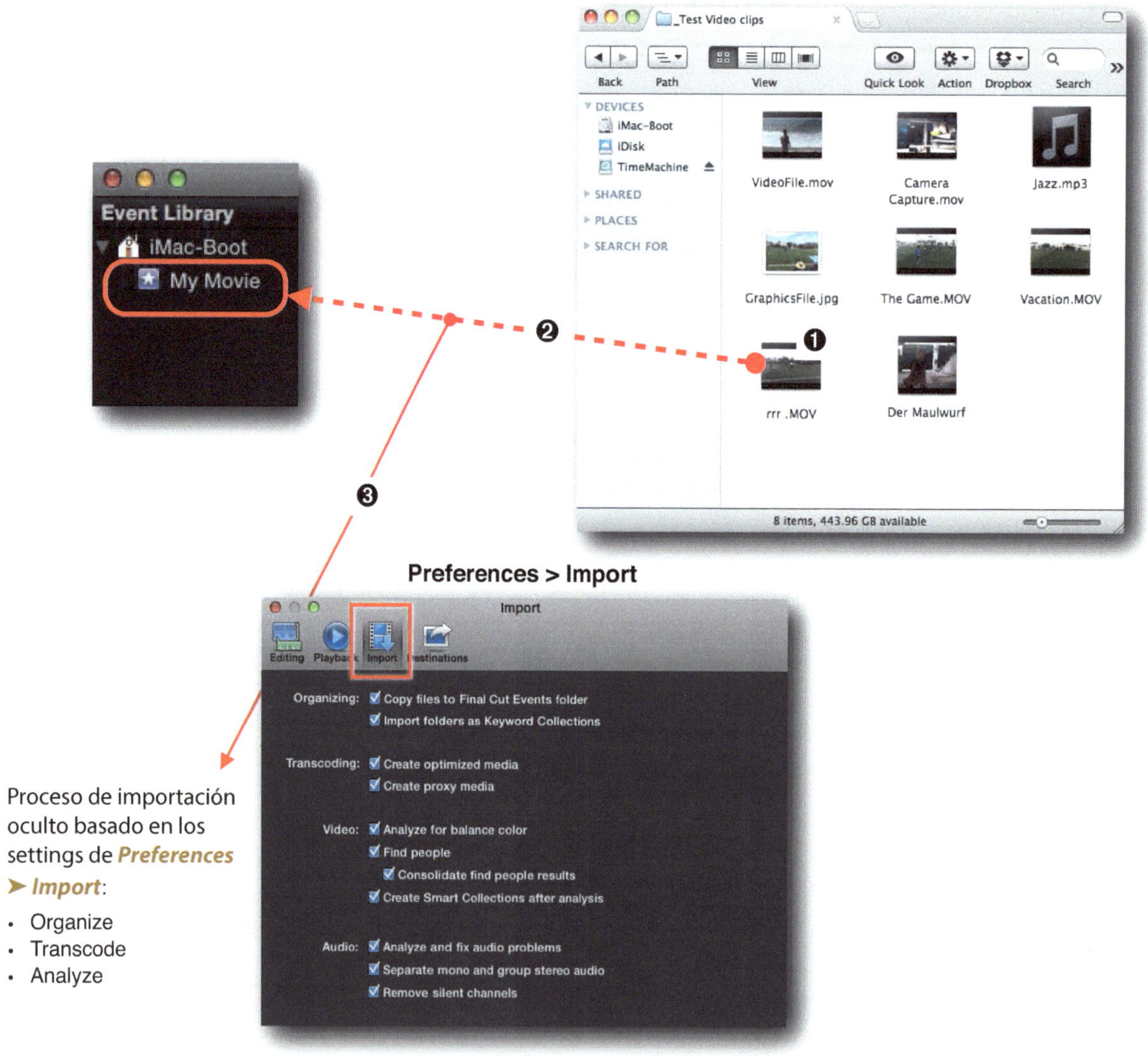

Preferences > Import

Proceso de importación oculto basado en los settings de ***Preferences ➤ Import***:

- Organize
- Transcode
- Analyze

5 - Proyectos

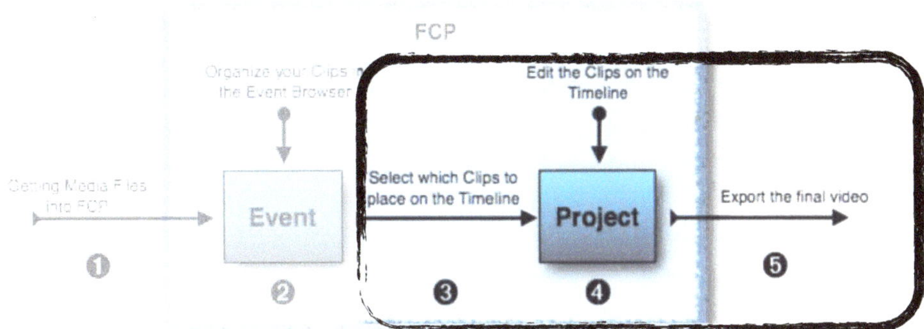

El Concepto

Ahora que tienen una comprensión básica del primer gran componente en FCPx, el Evento y como cargar la media en él, veamos el otro componente, el Proyecto.

La tarea principal del Evento es colectar (importar) los media fiiles, organizarlos y prepararlos para su uso en el nuevo video. Proporciona el material fuente para crear nuestro video. Sin embargo, la creación real se hace en el Proyecto. Los pasos principales son:

- Tomen los Clips escogidos del Evento y organícenlos en secuencia en el Timeline.
- Editen la secuencia: Recorten los Clips, agreguen efectos y otros tratamientos creativos.
- Cuando terminen, exporten el video final como un archivo quicktime nuevo.

Pueden trabajar días o semanas en el área de Evento, creando Eventos y organizando sus Clips sin haber empezado un sólo Proyecto. Recuerden que están capturando Media Files sin preocuparse de sus diferentes formatos. Más tarde, cuando empiecen el Proyecto, FCPx ajustará el tamaño del cuadro, su velocidad o frecuencia de muestreo a un Formato de Render único, que podemos seleccionar e incluso cambiar cuando sea (con algunas restricciones menores).

Nota: El Proyecto en sí no almacena ningún Media File o alias del mismo (eso es trabajo del Evento).

El Proyecto sólo guarda referencias al Clip de Evento en un Evento y ese Clip de Evento tiene una referencia al Media File Original Original.

Así como un Clip importado no puede existir sin una referencia a por lo menos un Evento, un Proyecto tampoco puede existir sin una referencia a por lo menos un Evento. FCPx no les permitirá crear un Proyecto sin una referencia a un *Evento Default*.

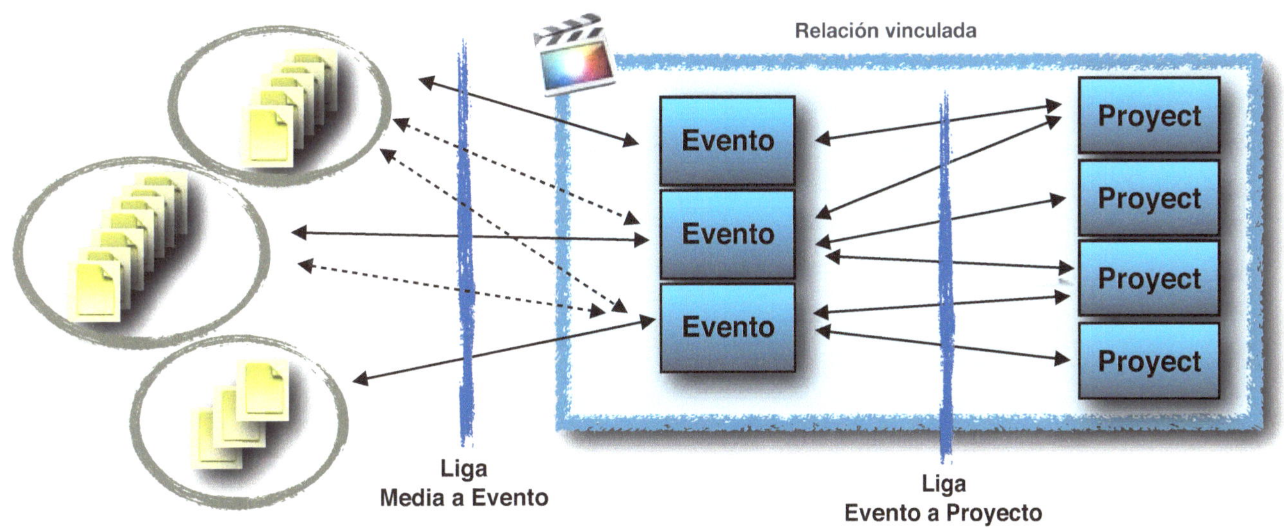

Interfaz (GUI) de Proyecto

Como ya sabemos, el panel de Proyecto es una de las tres secciones principales de la ventana en FCPx que siempre están visibles.

Mientras cualquier otra ventana tiene su sección principal con elementos adicionales que pueden mostrarse u ocultarse, el panel de Proyecto es diferente y único. Tiene una doble identidad mostrando dos vistas diferentes:

- **Project Library**: Esta es la primera vista cuando no se ha creado aun un Proyecto. Les pide que creen su primer Proyecto. Ese Proyecto y cualquier otro que se cree posteriormente (que FCPx encuentre en en su folder específico "*Final Cut Projects*") será mostrado aquí.
- **Timeline**: Esta ventana es el lugar de trabajo donde ustedes arman su video. El Timeline View tiene un elemento de ventana opcional que puede ser mostrado/ocultado, el *Timeline Index*.

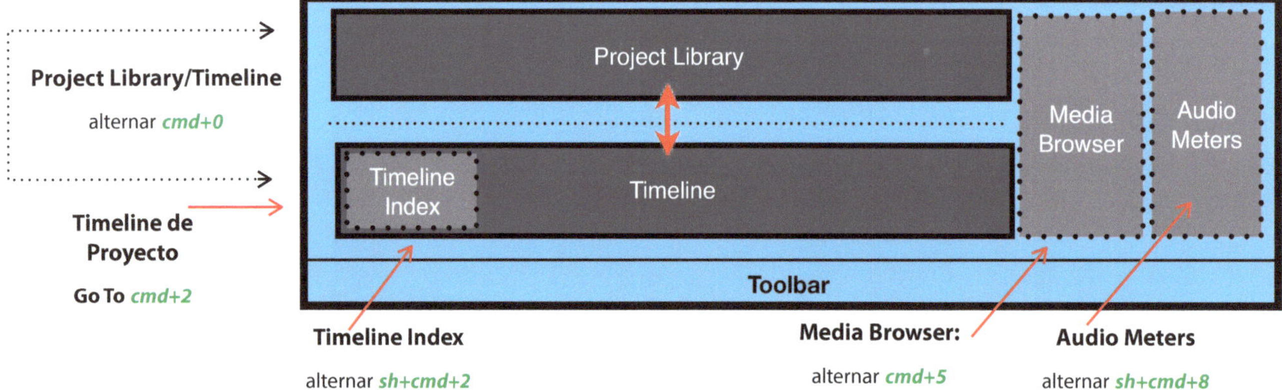

Ustedes pueden alternar entre las dos vistas de Proyecto con el Comando de Teclado *cmd+0* o el botón con el rollo de film en la esquina inferior izquierda en la Barra de Herramientas del Proyecto.

Se muestra Project Library: Se muestra Timeline de Proyecto:

El Media Browser y Audio Meters pueden alternarse independientemente del la Biblioteca de Proyectos y la pantalla de Timeline.

La Barra de Herramientas del Proyecto es la barra inferior del panel de Proyecto que muestra varios botones, controles e información dependiendo en la ventana de Biblioteca de Proyectos o Timeline del Proyecto que estén viendo:

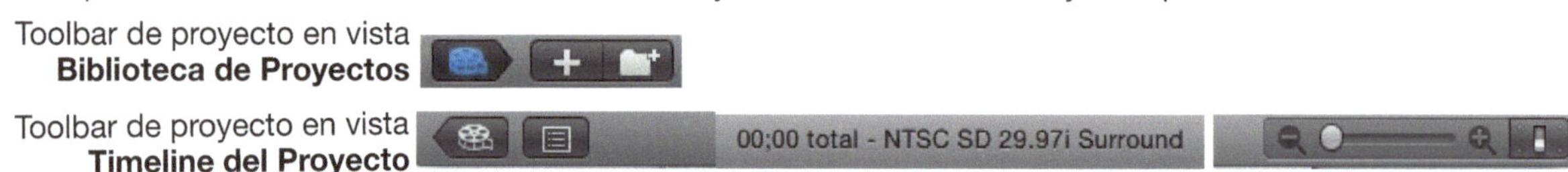

Biblioteca de Proyectos

Es importante recalcarl: Los Proyectos no pueden cargarse manualmente a FCPx. FCPX automáticamente "lista" todos los Proyectos que puede encontrar en las locaciones de dispositivos predefinidos, el folder "*Final Cut Projects*". Tampoco existe el comando "Save Project". Cualquier cambio hecho al Proyecto se salva automática e inmediatamente a varios archivos en su folder de Proyecto.

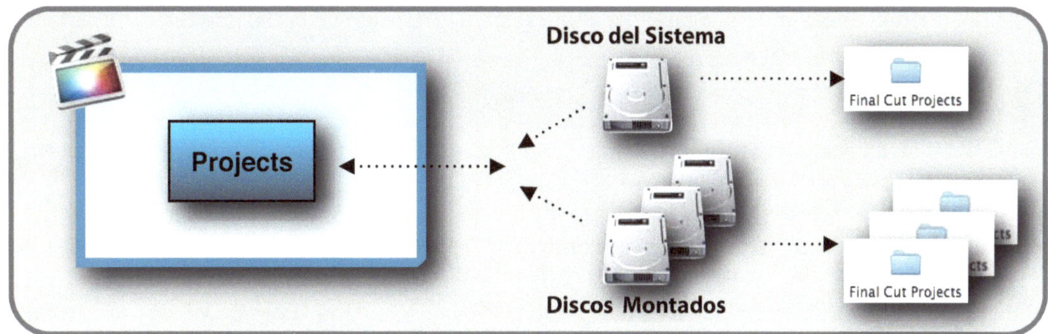

El folder de *Final Cut Projects* Será guardado automáticamente en los siguientes directorios (si son seleccionados):

- En el Disco del Sistema: En el folder Movies del usuario "*~/Movies/Final Cut Projects/*"
- En cualquier otro Disco Montado: En el directorio raíz "*/Final Cut Projects/*"
- En un disco compartido SAN, en cualquier directorio

Cada Proyecto en FCPx está representado por un folder con nombre idéntico dentro de ese folder "*Final Cut Projects*" o en un subfolder anidado. Aquí hay una gran diferencia. Recuerden que los Eventos sólo pueden existir a un nivel en la ventana Biblioteca de Eventos. Proyectos por el otro lado, pueden ser organizados en subfolders en la ventana de Biblioteca de Proyectos.

La ventana de Biblioteca de Proyectos en FCPx lista cada uno de los Proyecto que puede encontrar en cualquiera de los folders *Final Cut Projects* como una sola tira de película con un encabezado a la izquierda con el nombre del Proyecto, duración, última actualización y también su localización relativa dentro del folder *Final Cut Project* del disco.

Junto al encabezado la tira larga de película mostrando el estado del Proyecto actual con una serie de imágenes pequeñas del Proyecto. Esas películas representan el Timeline completo de cada Proyecto. Usted puede hojear a lo largo de la tira de película moviendo el mouse sobre ella y presione la tecla de ***espacio*** para empezar a correr el Proyecto desde la posición del skimmer rojo. Prenda Skimming de Audio on/off con el comando ***sh+S*** o el Comando de Menú ***View ➤ Audio Skimming.***

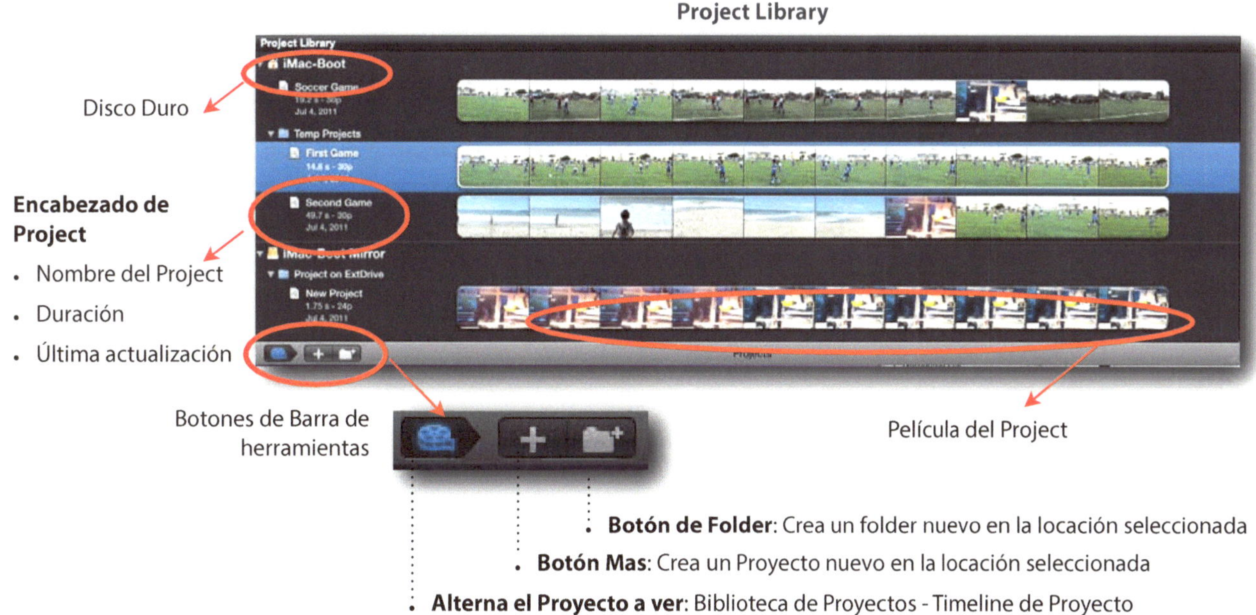

Creación de un Proyecto

Antes de empezar a crear un video en el Timeline, veamos primero la creación del Proyecto.

El botón + en la barra de herramientas de la Biblioteca de Proyectos les permite crear un nuevo Proyecto. Es importante seleccionar primero el disco o subfolder correcto en la Biblioteca de Proyectos porque será la locación de su nuevo Proyecto (en el Browser y en disco). Si desean colocar el Proyecto en un subfolder pueden crear los folders primero con el botón de Folder. Sin embargo, pueden arrastrar más tarde Proyectos y folders libremente en la Biblioteca de Proyectos.

Al hacer clic en el botón +, se abrirá una hoja de settings donde se establecen las propiedades para el Proyecto nuevo. El botón en la esquina inferior izquierda alterna entre las vistas de dos configuraciones: "*Automatic Settings* ❶" (Stereo, 48kHz, ProRes 422, SMPTE 1:0:0:0) y "*Custom Settings* ❷".

❸ **Name**: Esto establecerá el nombre del Proyecto así como el del folder del Proyecto en el folder "*Final Cut Projects*" en su disco. Ustedes pueden renombrar el Proyecto en cualquier momento.

❹ **Default Event**: Tienen que asignar por lo menos un Evento al Proyecto llamado "*Evento Default*". Sin embargo, pueden usar Clips más tarde de cualquiera de los otros Eventos disponibles. Esos otros "Eventos usados" se llaman "*Referenced Events*".

❺ **Starting Timecode**: Establezcan el tiempo de inicio del SMPTE para el Timeline del Proyecto.

❻ **Video Properties**: Cuando se dejan los settings de default, FCPx no establece las Propiedades del Proyecto. Más tarde, cuando arrastren su primer Clip de Evento al Timeline del Proyecto, FCPx verá las propiedades del video del primer Clip y usará esos como las Propiedades del Proyecto. Escogiendo el botón *Custom* abre la ventana donde pueden establecer el Format, Resolution y Frame Rate manualmente.

❼ **Audio Properties:** Lo pueden dejar en las propiedades default (Stereo, 48k) o escoger *Custom* para seleccionar los menús pop-up.

❽ **Render Properties**: Pueden dejar los settings default (Apple ProRes 422) o escoger *Custom* para seleccionar diferentes settings. Esto elige el codec para el render en segundo plano de su Proyecto.

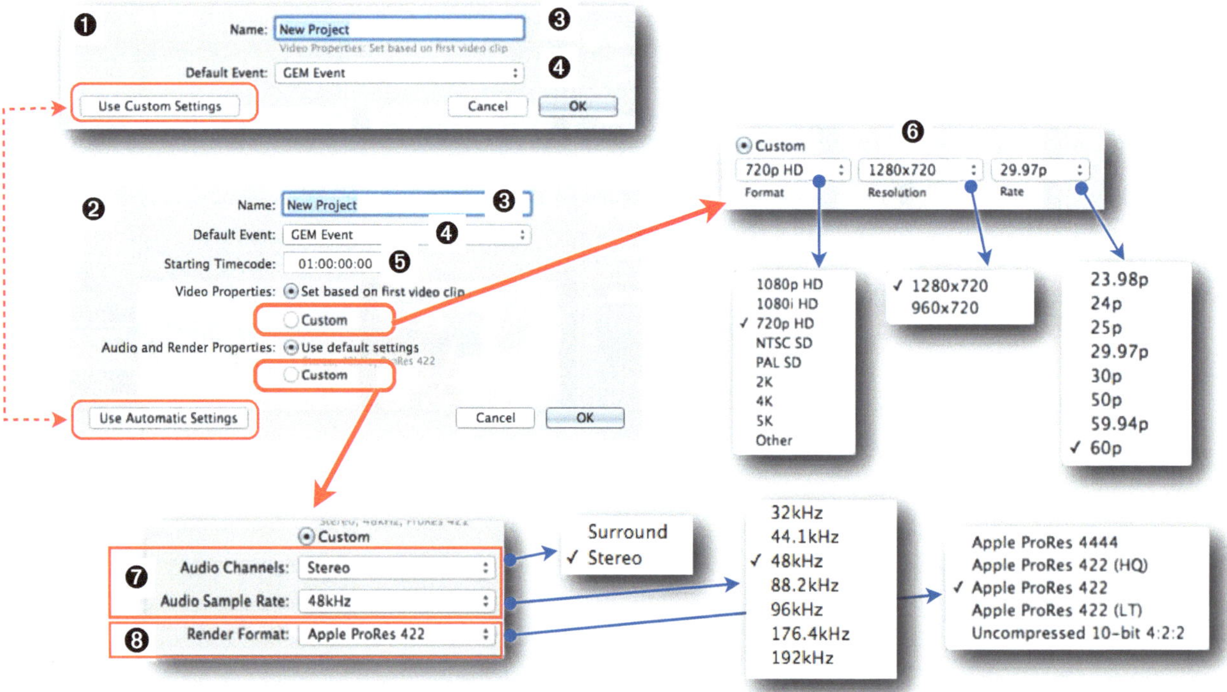

Es buena idea escoger los settings basados en el formato que piensan usar para la salida final de su video. Sin embargo, todos esos settings pueden ser cambiados en cualquier momento sin problema, excepto el frame rate que podría hacer que sus Clips se corrieran en el Timeline.

Cambio de Propiedades del Proyecto

Inspector: Proyecto

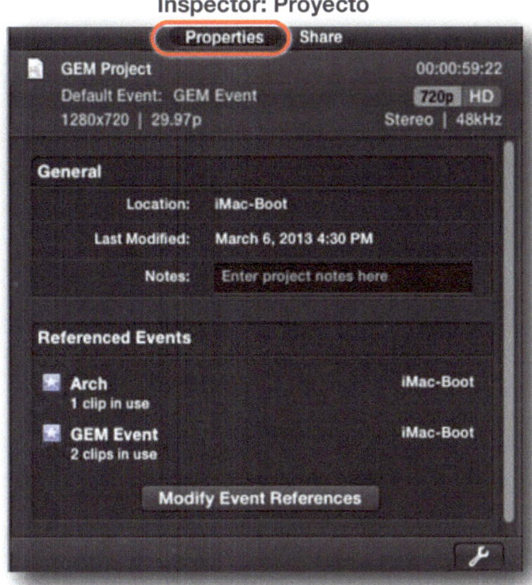

Pueden cambiar las Propiedades del Proyecto en cualquier momento seleccionando el Proyecto en la Biblioteca de Proyectos y abrir el Inspector con *cmd+4* o haciendo clic al botón de Inspector en la Barra de Herramientas .

La pestaña de *Properties* muestra la siguiente información:

- El nombre del Evento Default y las demás Propiedades del Proyecto.
- La sección *General* muestra la ubicación y fecha de la del Proyecto y les permite introducir algunas notas.
- Otros Eventos que son usados por este Proyecto están listados bajo "*Referenced Events*". El botón "Modify Event References" abre una hoja de settings donde pueden cambiar el orden de los Eventos y por lo tanto su prioridad si tienen varios en su Proyecto que se ligan al mismo Media File.
- La Llave (*Botón de Propiedades del Proyecto*): Este botón en la esquina inferior derecha abre la ventana Configuración Propiedades del Proyecto con los mismos settings que hemos visto cuando creamos inicialmente un Proyecto. Ahora ustedes pueden cambiar esas Propiedades del Proyecto (quizá no el Frame Rate).

Administración de Proyectos

Menú Contextual

New Project ⌘N
New Folder ⇧⌘N
Project Properties ⌘J
Play Full Screen ⇧⌘F
Duplicate Project... ⌘D
Consolidate Project Media...
Relink Project Files...
Move Project to Trash ⌘⌫

- **Renombren** Proyectos o Folders haciendo *clic* en su nombre en la Biblioteca de Proyectos. Esto también renombrará el folder del o el folder anidado en su disco.
- **Mover** Proyectos o Folders: Sólo *drag-and-drop* los Proyectos o Folders en la Biblioteca de Proyectos. Esto también moverá el folder del Proyecto o folder anidado en su disco.
- Tres acciones más están disponibles en el menú contextual de Biblioteca de Proyectos: *Ctr+clic* o seleccione del Menú File, si los proyectos tienen elemento clave. Tenga en cuenta que el menú File cambia su contenido en base al objeto o ventana seleccionado (Evento o Biblioteca de Proyectos).
    - **Duplicate Project ...** abre una hoja de configuración (ver imagen abajo).
    - **Consolidate Project Media ...** abre una hoja de configuración (ver imagen abajo).
    - **Move Project to Trash** remueve el Proyecto o Folder de la Biblioteca de Proyectos y mueve sus archivos correspondientes al basurero del Finder.
- El File Menu lista los mismos comandos y tres más:
    - **Move Project ...** a diferente disco.
    - **Organize Project Files ...** reinicia un proceso de administración de media interrumpido.
    - **Delete Project Render Files ...** para ahorrar. Pueden ser rendereados de nuevo.

File Menu

Duplicate Project... ⌘D
Move Project...
Merge Events...
Consolidate Project Media...
Delete Project Render Files...
Organize Project Files...
Move Project to Trash ⌘⌫

Duplicate Projects - Settings

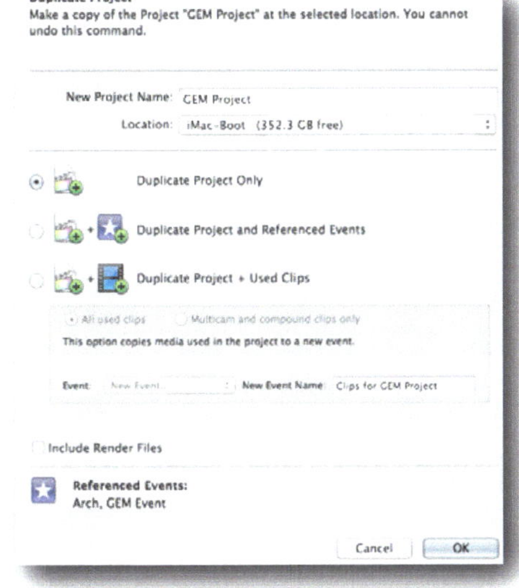

Consolidate Projects Media - Settings

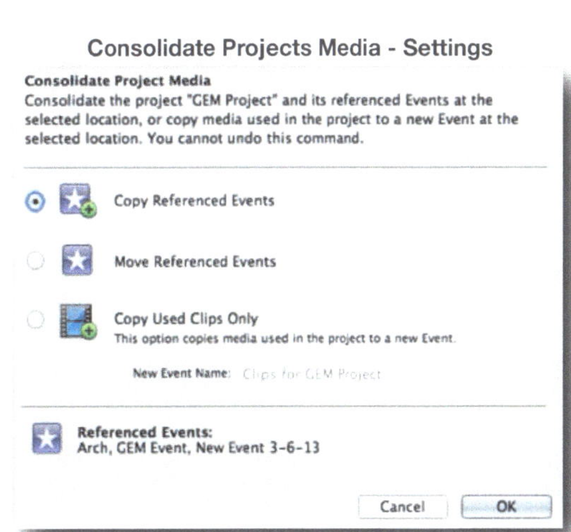

Timeline del Proyecto

Hachemos un vistazo al Timeline, la pieza central de su trabajo, donde crean su nuevo video. FCPx usa un enfoque ligeramente diferente a otros software de Edición de Video, incluyendo a su predecesor FCP7.

GUI (Interfaz)

El centro del GUI del Timeline del Proyecto es por supuesto el Timeline en donde colocan los Clips.

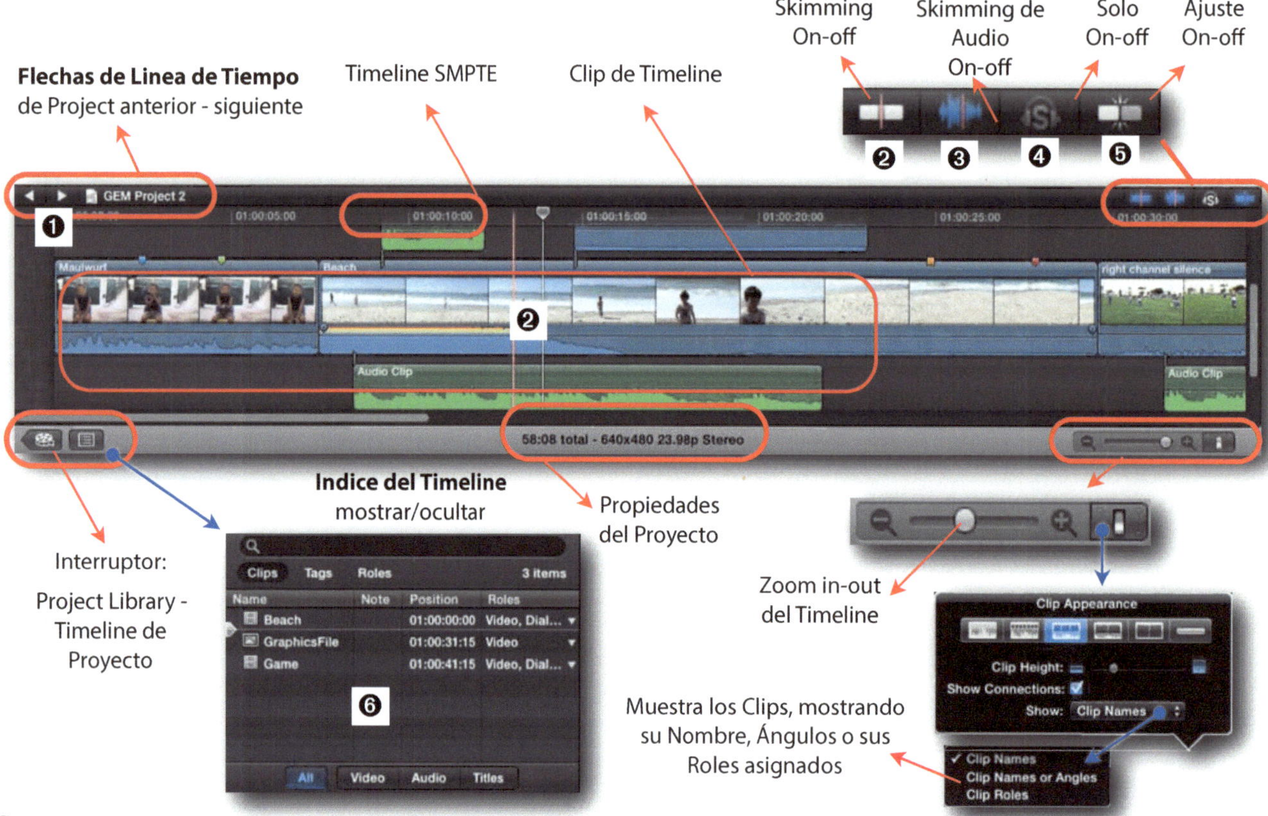

Historia del Timeline

Estas flechas ❶ les permite cambiar rápidamente al Proyecto anterior o siguiente sin pasar a la ventana de la Biblioteca de Proyectos. Pueden pasar sólo a los proyectos que han sido seleccionados (tipo de "activos en segundo plano") después de iniciar FCPx. El nombre del Proyecto visible se muestra junto a las flechas.

Skimming

Esta es una característica de depuración, donde se mueve el mouse sobre un clip y este se reproduce correspondiendo a la posición del puntero y la velocidad del movimiento del mouse. La posición de reproducción se indica mediante una barra roja sobre el Clip ❷.

Skimming de Audio

Esto permite prender o apagar el barrido de audio ❸ si requieren sólo de la referencia visual sin el “ruido”.

Solo

Esto aisla la porción del audio ❹ del Clip seleccionado. Se apagan los Audios de otros Clips no seleccionados.

Snap

Cuando lo activan ❺, los objetos arrastrados, la Cabeza Reproductora o de barrido se ajustarán al objeto más cercano.

Indice del Timeline

El Indice del Timeline es un panel ❻ que se desliza de la izquierda de la ventana del Timeline. Lista todos los Clips usados en el Proyecto mostrado. Usen los botones de filtro y cajón de búsqueda para restringir la lista a mostrar. Seleccionen la etiqueta *“Tags”* para mostrar sólo las Keywords, Ratings y Marcadores que se usan en los Clips actuales. Seleccione la pestaña "Roles" para el uso de la poderosa función de Roles (véase el manual “Detalles”). El elemento seleccionado en la lista se indicará en el Timeline con un borde blanco al rededor del alcance del Clip.

No Más Secuencias

Antes de FCPx, cada Proyecto (el video de la boda, de sus vacaciones, o de su próxima película de éxito) era representada por un archivo que podrían abrir, salvar y cerrar como un documento de texto en un procesador de palabras. Cada Proyecto contenía todos los archivos de media relacionados y editaban su video en un Timeline normal. Cada Proyecto podía tener varios Timelines, llamados Secuencias. Cuando querían editar una diferente versión de su proyecto (versión corta, tomas, alternativas), sólo creaban una secuencia nueva que les daba un Timeline nuevo para esa edición alterna. Todo se quedaba con ese Proyecto único y cuando lo salvaban, todas las secuencias se salvaban con él.

En FCPx es una historia totalmente diferente. **Un Proyecto - UN Timeline**. ¡Y ya no hay Secuencias!. Como ya hemos aprendido, FCPx muestra automáticamente todos los Proyectos que "ve" en sus discos. Todos sus Media Files disponibles, organizados en Eventos, están disponibles ahí. Básicamente están trabajando en "*EL Proyecto*". Si desean empezar un Timeline nuevo (antes conocido como Secuencia) para crear una versión alterna, tienen que crear un Proyecto nuevo. Una opción para imitar el concepto de Secuencias es organizar los Proyectos en folders anidados, pero aun Un Proyecto - Un Timeline.

Cada Timeline es una Secuencia que vive dentro de un Proyecto

Cada Timeline individual representa sólo a un Project

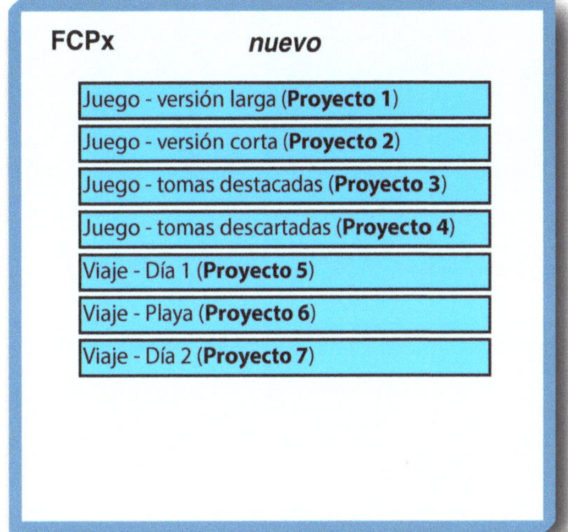

Argumento Primario - Clips Conectados

E aquí un nuevo enfoque en FCPx: Las aplicaciones estándar de edición de vídeo funcionan con el concepto de las pistas en un Timeline. Usando ese enfoque, podrían crear unas cuantas pistas de video e incluso más pistas de audio para posicionar sus Clips de audio y video y y colocarlos en el orden correcto.

Pero FCPx usa un nuevo enfoque con un sólo **Argumento** y **Clips Conectados.**

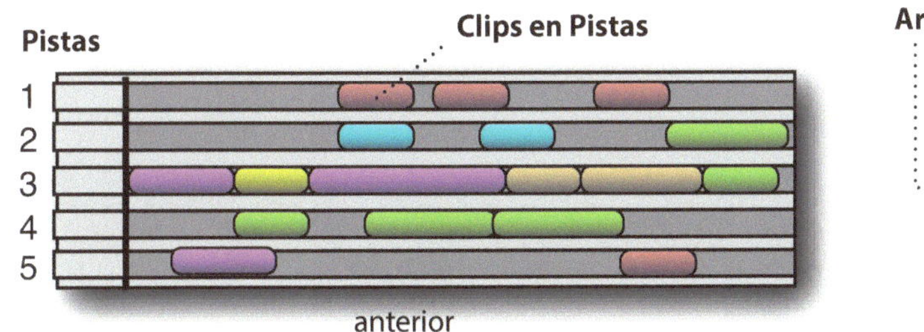

anterior

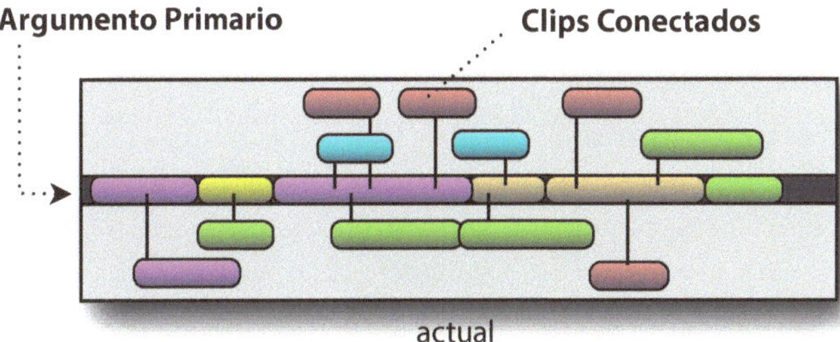

actual

Éstos son algunos de los cambios fundamentales:

- En lugar de varias pistas en el Timeline, sólo hay una "pista", llamada el **Argumento Primario**.
- Ya no hay diferencia entre las pistas de video y audio. Conviven juntas identificadas por su código de color.
- Clips en capas no se colocan en pistas paralelas, ahora están conectadas al Clip en el Argumento Principal, convirtiéndose en **Clips Conectados**. Cuando mueven un Clip En el Argumento Primario, todos sus Clips conectados se mueven con él, manteniéndose en perfecta sincronía.
- Clips de video que incluyen pistas de audio no tienen que dividirse en sus contenidos de video y audio. Pueden tratarse (colocados, movidos, recortados) como un Clip compuesto. Pueden ser extraídos y editados por separado si se necesita.

Así que los Clips no los colocan en pistas. En cambio, ellos "viven" en dos áreas principales:

- **En el Argumento Primario**

  Técnicamente es una sola pista o una pista principal donde colocan sus Clips.

- **Fuera del Argumento Primario** (arriba o abajo)

  Cualquier Clip adicional, de video o audio, Se colocará paralelamente al argumento, no en una pista separada. Esto los conectará al Clip en la pista principal, el Argumento Primario.

Argumento Primario y Clips Conectados

- Los Clips Conectados tienen una "***Linea de Conexión***" que muestra en donde están unidos a su Clip matriz en el Argumento Primario. Ese punto de conexión en el Clip matriz se moverá cuando muevan el Clip Conectado. El punto de conexión en el Clip Conectado siempre empieza en su primer cuadro de forma predeterminada, pero puede moverse con ***opt+cmd+clic*** a donde sea en el Clip Conectado (ambos Clips se mantienen sincronizados, sólo la posición de la linea es la que cambia).
- Cuando mueven el Clip en el Argumento Primario, todos los Clips Conectados que están unidos a él se moverán con él y se mantendrán en sincronía, una gran mejora del flujo de trabajo (con algunos peligros ocultos).
- Clips Conectados que se sobreponen, se apilan automáticamente uno sobre otro manteniendo su linea de conexión al Clip principal. Visualmente, todo se está moviendo con elegancia fuera del camino y en su lugar en caso necesario.
- Un Clip de video que tiene pistas de audio anidadas ahora puede ser tratado como un Clip único para garantizar mejor la sincronización entre su contenido de vídeo y audio.
- El Clip en el Argumento Primario no tiene que ser un clip de video, puede ser también de audio.
- Hay una prioridad de "arriba hacia abajo" para los Clips de video. El Clip de video o imagen superior bloquea cualquier video o imagen abajo, sin importar si están en el Argumento Primario o son Clips Conectados (otra historia que con la transparencia).
- Los traks de audio de Clips de audio o video siempre se mezclan cuando se apilan una sobre otro.
- Los Clips del Argumento Primario tienen que estar unidos entre sí. No puede haber huecos entre Clips como en versiones anteriores de FCP. Cualquier hueco posible será cerrado automáticamente ("***Magnetic Timeline***") o será sustituido por un "*Gap Clip*".

Funciones Avanzadas del Timeline

Hay muchas otras características y conceptos nuevos del Timeline en FCPx que cubro en mi segundo libro "*Final Cut Pro X - Los Detalles*".

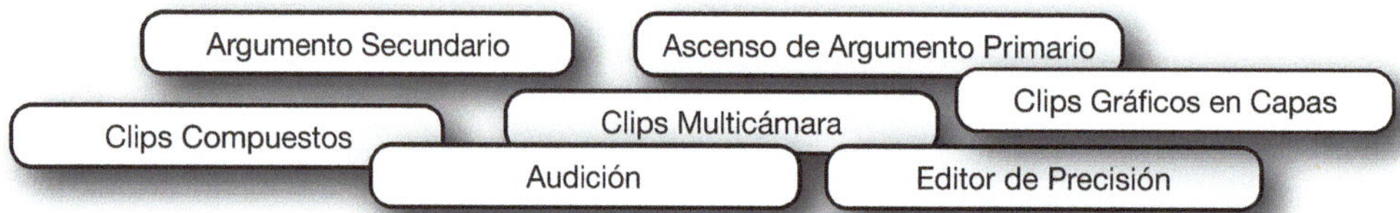

6 - Clips

Antes de entrar en el proceso de edición, entendamos los Clips un poco mejor, así como el tercer panel en el GUI que de hecho nos permite visualizar los clips, el Viewer.

El Viewer

Originalmente FCPx tenía sólo un Viewer, pero desde la versión 10.0.6 proporciona un segundo Viewer llamado *Event Viewer*.

Event Viewer	Viewer
El panel puede ser agregado con el comando "Show/Hide Event Viewer"	Siempre está visible como parte de los tres páneles principales.
Sólo se muestra el Clip de Evento seleccionado en el Browser de Evento	Muestra el Clip de Evento o el Tiempo seleccionado. Si el Viewer de Evento está visible, entonces muestra el Timeline solamente
Proporciona todos los controles del Viewer con la excepción de Transform, Crop, Distort	Proporciona todos los controles del Viewer
Puede verse en modo de Pantalla Completa.	Puede verse en modo de Pantalla Completa.
Ambos Viewers pueden ser colocados juntos en una segunda pantalla con el comando "Show Viewers on Second Screen"	

Si el Event Viewer está oculto

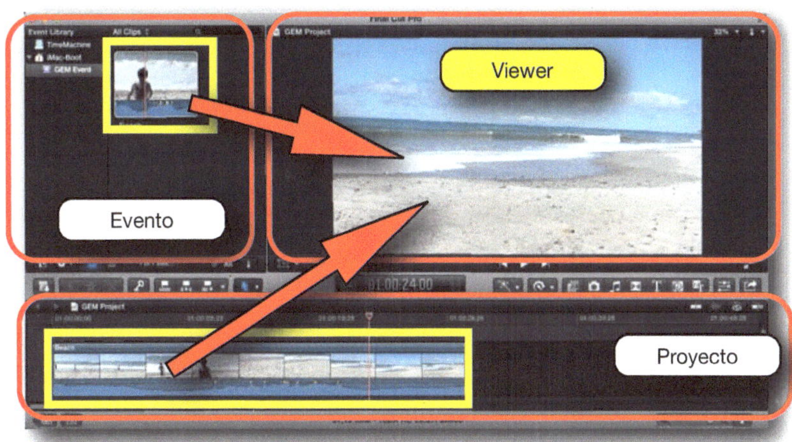

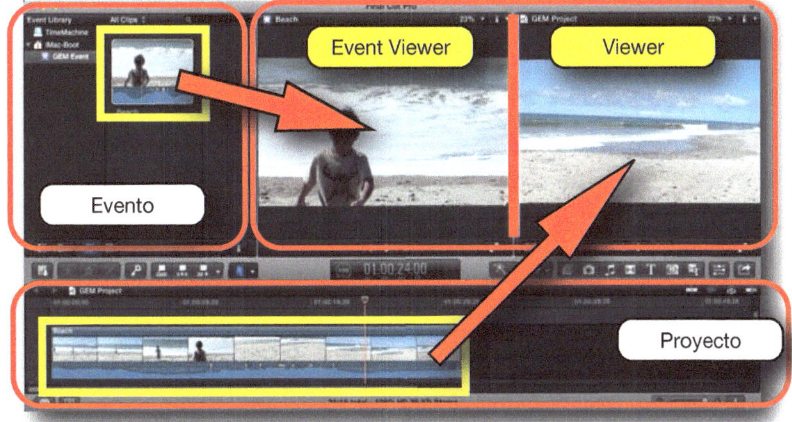

Si el Event Viewer está visible

¿Qué se está Reproduciendo Donde?

Cuando se preguntan qué Clip se están viendo o qué Clip se está reproduciendo en un Viewer específico tienen que estar conscientes del concepto de OSX "*Key Window*" o "*la ventana activa*". Esta es la ventana de destino, el destinatario, de todo lo que escriban en el teclado de su computadora, un atajo de teclado o una entrada de texto.

Solamente Viewer

Si sólo es visible el Viewer, entonces se muestra el Evento o el Proyecto, que esté en el key focus (ventana seleccionada). El comando de Inicio, ***barra de espacio***, reproducirá ya sea el Clip seleccionado si el Evento tiene el key focus, o el Timeline del Proyecto seleccionado (sin importar que Clip del Timeline se seleccione en el Timeline) si el Proyecto tiene el key focus. El Título del Viewer con su ícono en la esquina superior izquierda, indica cuál está seleccionado o de cual se "alimenta" el Viewer.

Viewer y Viewer de Evento

Si ambos Viewers son visibles, también es importante saber que ventana está seleccionada cuando de oprima la Barra de Espacio. Sin embargo, el video correrá, ya sea en el Viewer (Proyecto seleccionado) o el Viewer de Evento (Evento seleccionado).

Esta es un repaso rápido de los elementos de control en el Viewer.

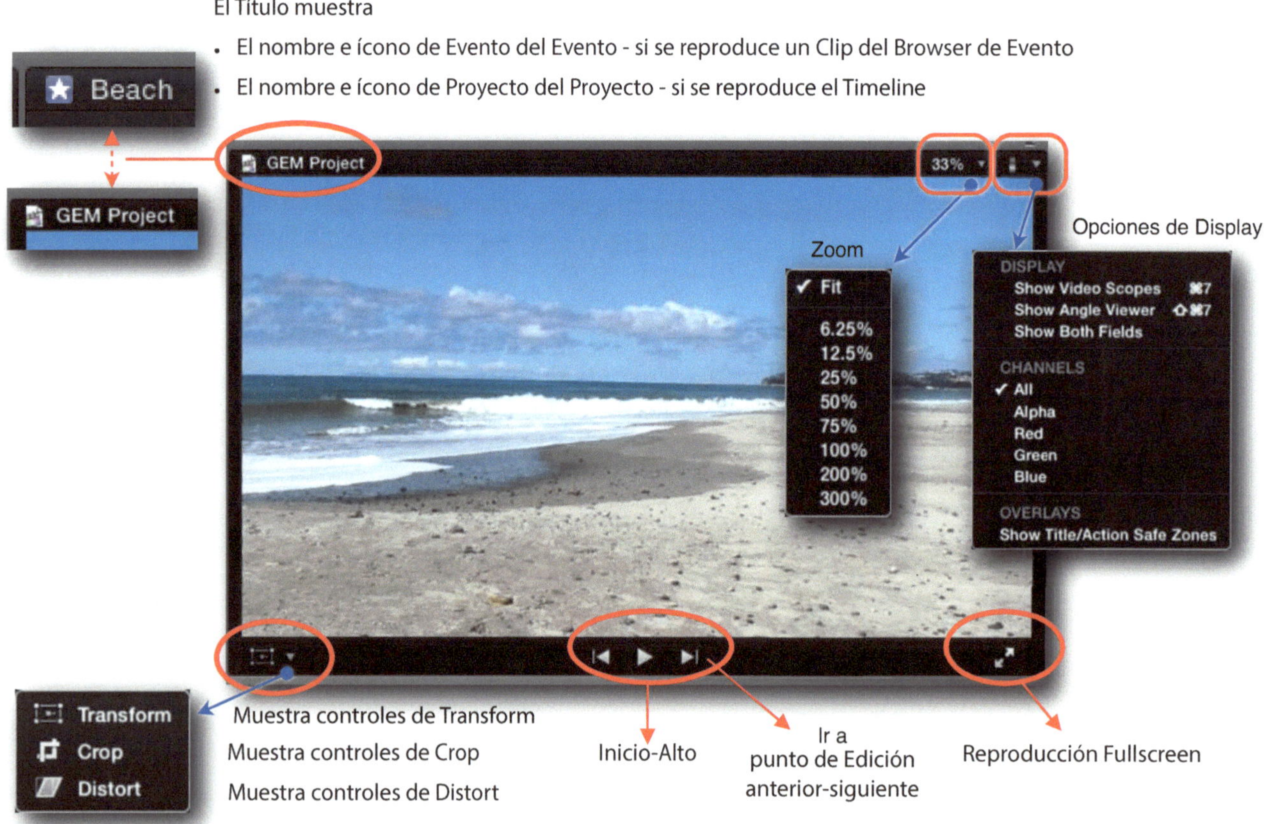

Las ventanas del Viewer se pueden colocar en un segundo monitor conectado. Puede asignar un comando de teclado para ello o usar el comando del Menú Principal: ***Window ➤ Show Viewers on Second Display***

Usen la opción ***View ➤ A/V Output*** del Menú Principal para mandar el Viewer a un monitor Broadcast conectado.

Clips

Cuando arrastran un Clip de Evento desde el Browser de Evento al Timeline del Proyecto, en realidad crean un Clip NUEVO.

Recuerden, antes hice la distinción de que hay tres encarnaciones de un archivo Media File de origen:

- **Media File** (en el Finder): El archivo original (video, audio o imagen fija).
- **Clip de Evento** (en el Evento): El Clip listado en el Browser de Evento que se convierte en una representación (vinculada) del Media File después de ser importado.
- **Clip de Timeline** (en el Timeline): Este es el Clip en el Timeline del Proyecto que está vinculado al Clip de Evento en el Evento.

Apariencia del Clip

Echemos un vistazo más de cerca a la apariencia de un Clip en el Evento comparado a Clips en el Timeline.

- Clips con contenido de video (video e imágenes fijas) son azules y los Clips solamente de audio, verdes.
- Si el Clip contiene audio, a continuación, se muestra la forma de onda del audio y con código de color la información de nivel del audio, de color verde a amarillo a rojo (audio clipping).
- En el Browser de Evento, el Clip se representa por una imagen miniatura que funciona como un mini-Viewer cuando se usa el "*Skimming*" (Key Command *S*). Cuando está activado, pasar el mouse sobre el Clip hará que corra el Clip. Con el Key Command *sh+S* durante el skimming prenden/apagan el audio.

El Clip de Timeline tiene dos características adicionales:

- **Volumen de Audio**: Una línea de volumen en la parte de audio les permite compensar el nivel de audio entre +12dB y -96 dB arrastrando la línea hacia arriba o hacia abajo. El código de colores de la forma de onda refleja inmediatamente el cambio de ganancia para que pueda ver si está saturando el audio (rojo). Esta línea también se utiliza para la automatización de volumen, llamada "*Animación de Audio*".
- **Manijas de Fade de Audio**: Un Clip que contenga audio mostrará dos nodos en los extremos del clip cuando mueven el mouse sobre el contenido de audio. *Arrastrando* esos nodos crearán un fade in o fade out de audio. La forma de onda muestra una representación visual del nivel resultante.

Menú Contextual de ajuste: Versiones anteriores de FCPx mostraban un botón pequeño de Ajuste en la esquina superior izquierda de un Clip de Timeline. Este abría un Menú Contextual para varios "tratamientos" de clips. Ese ícono desapareció y los comandos están disponibles ahora en diferentes lugares.

Menú Contextual de Ajustes (¡removido!)

Hay una ventana separada, *Clip Appearance,* que puede abrirse haciendo un clic en el interruptor en la esquina inferior derecha en la ventana del Timeline. Proporciona cuatro configuraciones para los Clips de Timeline:

- **Contenido del Display**: Elijan de seis diferentes tipos de proporciones entre el contenido de audio y video. Usen el Comando de Teclado *ctr+opt+Flecha Arriba* o *ctr+opt+Flecha Abajo* para pasar por los seis diferentes tipos o usen los números 1 - 6 con las teclas *ctr+opt* para cambiar al un tipo específico de de desplegado.
- **Clip Height**: Ajusten la altura del clip con el cursor.
- **Show Connections**: Les permite ocultar la linea de conexión desde los Clips Conectados.
- **Show:** Elijan qué mostrar como el Clip Name: *"Clip Names"*, "*Clip Names or Angles*", *"Clip Roles"*

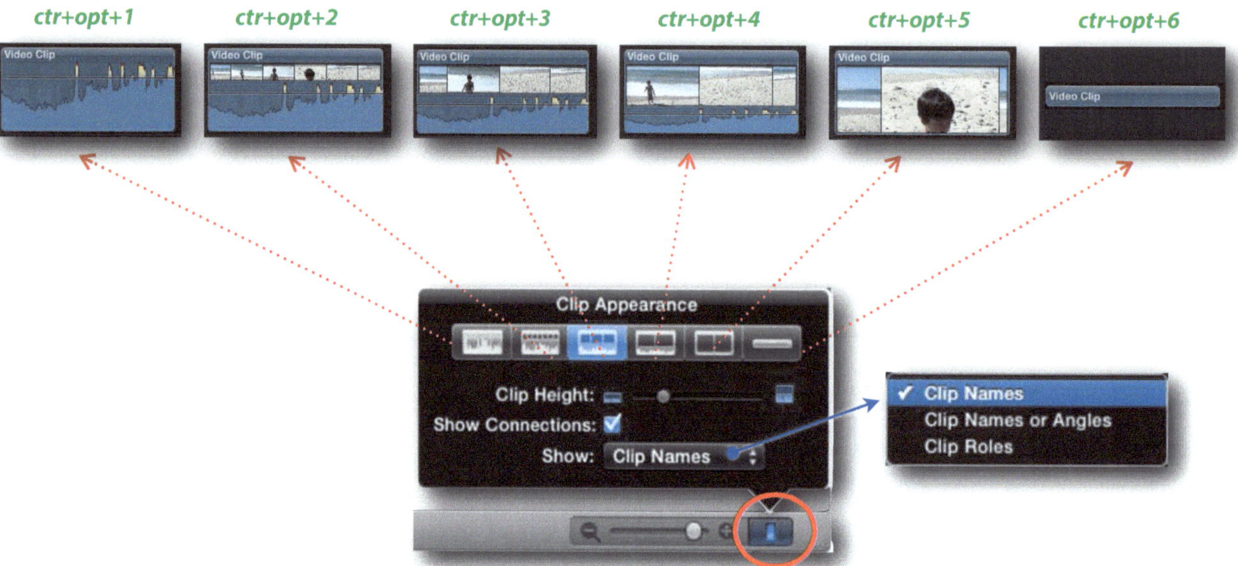

Menús Contextuales

Ambos, los Clips de Evento en el Browser de Evento y los Clips de Timeline en el Timeline del Proyecto tienen Menús contextuales que aparecen cuando hacen *ctr+clic* en el Clip.

La mayoría de los comandos son funciones avanzadas que cubriré en mi segundo Manual *"Final Cut Pro X - Los Detalles"*, pero quiero señalar algunos comandos que ya hemos discutido.

Clips de Evento
en el Browser de Evento

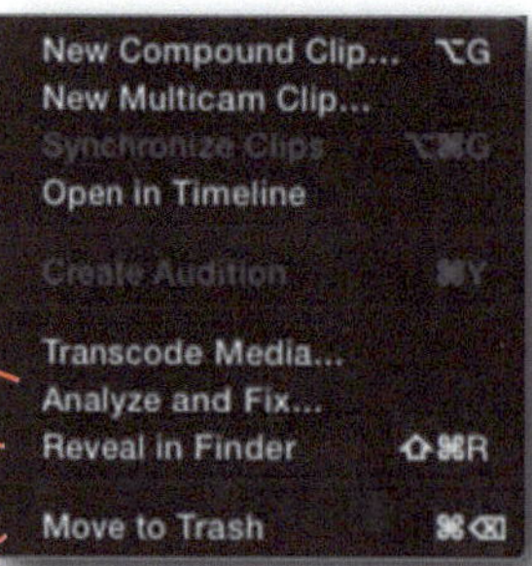

Realiza el proceso de transcodificación automática o Analiza que estén disponibles durante el proceso de Media Import. Esto es útil para los clips que no fueron transcodificados o analizados durante la importación.

Abre la ventana del Finder para los Media File(s) a los que el Clip de Evento está vinculado.

Mueve el Clip de Evento **Y** el Media File original al la Basura. Si el folder de Evento sólo contiene un alias que apunta a los Media Files almacenada en otro lugar del disco, entonces sólo el archivo Alias será borrado, no el Media File.

Clips de Timeline
en el Timeline de Proyecto

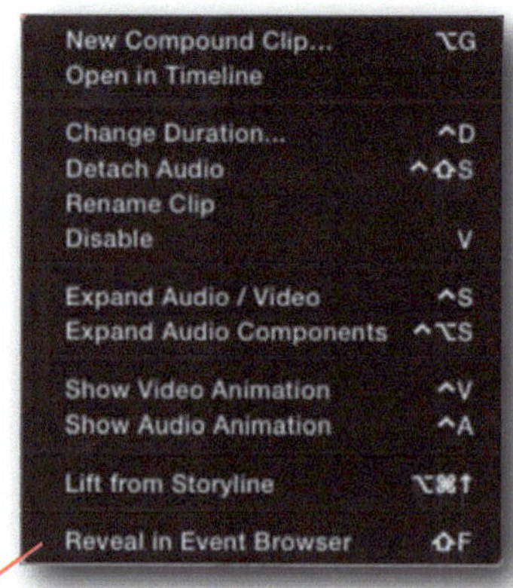

Abre el Browser de Evento y elige el Media File al que el Clip de Timeline refiere.

Reproducción de Clips (Cabeza Reproductora y Skimmer)

FCPx tiene dos tipos de cabezas de lectura, la Cabeza Reproductora y el Skimmer. Hay un sistema muy flexible detrás, que les permite controlar la reproducción de su Proyecto o sus Clips basado en varias condiciones. Sin embargo, con la flexibilidad a menudo viene la complejidad. Así que por favor, lean la sección siguiente con mucha atención para entender lo que se reproduce cuando y por qué.

Cabeza Reproductora

Este es el componente estándar conocido de otros editores de video o aplicaciones de producción de audio. Una especie de marcador triangular en la Regla de Tiempo que se extiende como una linea vertical a través del área del Timeline. Se mueve horizontalmente a lo largo del Timeline para indicar en que posición de tiempo del Proyecto se encuentra detenida o reproduciendo.

FCPx tiene dos variaciones de dichas Cabezas uno en el Timeline del Proyecto y uno para los Clips de Evento en el Browser de Evento.

➡ *Cabeza Reproductora en el Timeline*

Esta es la funcionalidad estándar de la Cabeza Reproductora.

- Coloque la Cabeza Reproductora moviendo la "cabeza" a lo largo de la Regla de Tiempo.
- Usando cualquiera de los controles de reproducción, se moverá el cursor de reproducción en consecuencia.
- La posición de la Cabeza Reproductora se muestra en el lector de SMPTE en la barra de herramientas.
- La Cabeza Reproductora se lee (cuando Skimming está activo, el cursor de reproducción se vuelve blanco en modo de Stop).

➡ *Cabeza Reproductora en los Clips de Evento*

El Browser de Evento usa una variación de la cabeza estándar. Permite la reproducción de un sólo Clip de Evento representado por una imagen en miniatura o una tira de película (una serie de imágenes en miniatura). Estas miniaturas representan una línea de tiempo virtual de ese Clip del borde izquierdo al derecho de la imagen sin ninguna Escala de Tiempo en la parte superior.

- Hagan clic en la imagen para posicionar la Cabeza Reproductora que aparecerá como una línea vertical blanca.
- La posición actual de tiempo se muestra en el lector de SMPTE en la Barra de Herramientas. Es el tiempo relativo de la izquierda a la orilla derecha del clip o el obtenido del timecode incorporado en el Clip.
- Se desplegará una ventanita negra sobre el Cursor para mostrar el nombre del Clip además de la posición en el tiempo. Funciona al deslizarse con el cursor y se detiene por unos segundos cuando detienen el movimiento. Esto se llama "Skimmer Info" que se puede elegir con el Comando de Teclado *ctr+Y* o de Menú ***View ➤ Show/Hide Skimmer Info*** (La ventana de Browser de Evento tiene que estar seleccionada para usar ese comando de menú).

Skimmer

Al segundo tipo de Cabeza Reproductora se le llama *Skimmer* o *Skimming Bar*.

Skimming es una función de arrastre activado con el movimiento del mouse, similar a una máquina vieja de cinta a cinta o de video que estando en modo de pausa, la cinta todavía está activada contra la Cabeza Reproductora. Cuando giran los carretes, el audio y el vídeo se está reproduciendo, respondiendo al movimiento. Activar Skimming es como poner FCPx en este modo "play-pause". Cualquier movimiento con el mouse moverá el Skimmer y por lo tanto reproducirá el Clip.

- Usan Skimmer para "buscar" (arrastrando) en un Clip mediante el movimiento del mouse sobre el Clip o poniendo el Skimmer en una posición específica sobre el Clip.
- La posición del Skimmer también se muestra en el Lector de SMPTE en la Barra de Herramientas. Y el Viewer.
- El Skimmer se indica mediante una linea roja vertical.
- Moviendo el mouse sobre el Clip de Evento o el Clip de Timeline cambiará el foco de atención entre Evento y Proyecto.
- Cuando pulsan ***Espacio***, FCPx reinicia la proyección con la Cabeza normal, desde la posición del Skimmer.
- La posición de Skimmer también tiene prioridad sobre la Cabeza cuando se haga zoom in y out del Timeline. El zoom se centra al rededor del Skimmer.

FCPx tiene en realidad dos modos de Skimming. Uno es el modo de *Skimming* principal y el segundo es *Clip Skimming*, un modo especial que cambia el comportamiento del Skimming para los Clips de Timeline. La implementación de ambos modos no es tan elegante y puede generar confusiones.

➡ *Skimming*

Menú View

Zoom to Samples ^Z
✓ Skimming ← S
Clip Skimming ⌥⌘S
✓ Audio Skimming ← ⇧S
Snapping N

Pueden cambiar la función de Skimming entre estos tres comandos:

- Menú Principal ***View ➤ Skimming***
- Comando de Teclado ***S***
- El botón de Skimming en la esquina superior derecha de la ventana de Proyecto

Botones del Timeline

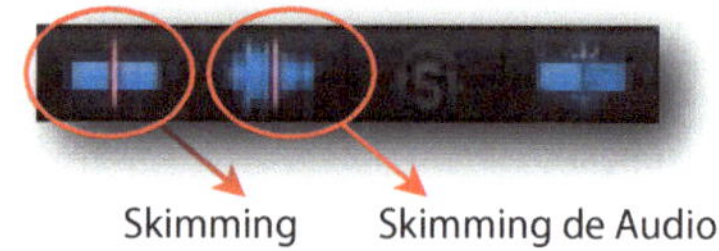

Pueden inhabilitar la parte de audio (mute) durante el skimming con los siguientes comandos:

- Menú Principal ***View ➤ Audio Skimming***
- Comando de Teclado ***sh+S***
- El botón de Skimming de Audio en la esquina superior derecha de la ventana de Proyecto.

La función de Skimming funciona igual arrastrando sobre los Clips de Evento, en el Browser de Evento o sobre el Timeline del Proyecto. Skimming también está disponible en la Biblioteca de Proyectos para arrastrar sobre las tiras de película que representan varios Proyectos. Video skimming está siempre activo, sin importar los settings de Skimming pero Audio skimming tiene que ser activado (**sh+S**).

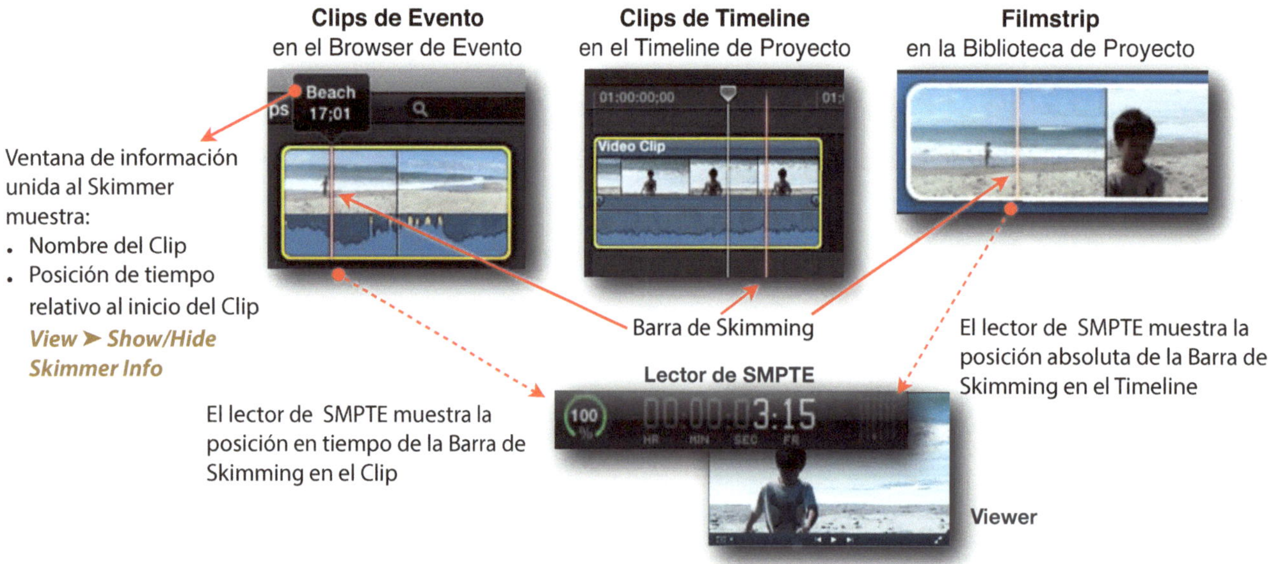

➡ *Clip Skimming*

Clip Skimming es un Modo especial de Skimming que afecta sólo al Timeline, no al skimming de los Clips de Evento. Se puede activar en forma independiente de la función normal de skimming. Preste atención a la forma en que está implementado..

Menú View

Zoom to Samples
Skimming S
✓ Clip Skimming ⌥⌘S
✓ Audio Skimming ⇧S
Snapping N

Pueden cambiar la función de Clip Skimming con cualquiera de estos dos comandos:

- Comando de Menú ***View ➤ Clip Skimming***
- Comando de Teclado ***opt+cmd+S***

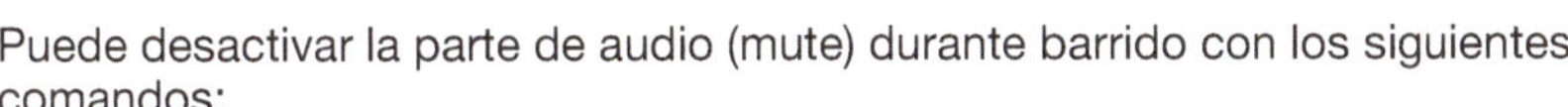

Puede desactivar la parte de audio (mute) durante barrido con los siguientes comandos:

- Menú Principal ***View ➤ Audio Skimming***
- Comando de Teclado ***sh+S***

Como funciona Clip Skimming

- **Clip Skimming off**: Este es el comportamiento normal. Al moverse en Timeline con el mouse, TODOS los Clips se "reproducen" y pueden ver la barra roja del Skimming corriendo sobre todos los clips ❶. Sólo la posición horizontal (tiempo) es relevante.
- **Clip Skimming on**: Esto añade una funcionalidad de "Solo" al Skimming. Cuando se mueven sobre un Clip, sólo ese Clip será barrido y los demás Clips "presentes" en el mismo lugar de tiempo, se apagan. La barra roja del Skimmer ahora sólo es visible sobre ese Clip ❷. Si mueve el mouse sobre un área en el Timeline, sin cubrir cualquier Clip, se ignora el Clip Skinning y todos los Clips son reproducidos ❸ en esa posición (pero sólo si el Skimming regular está habilitado).

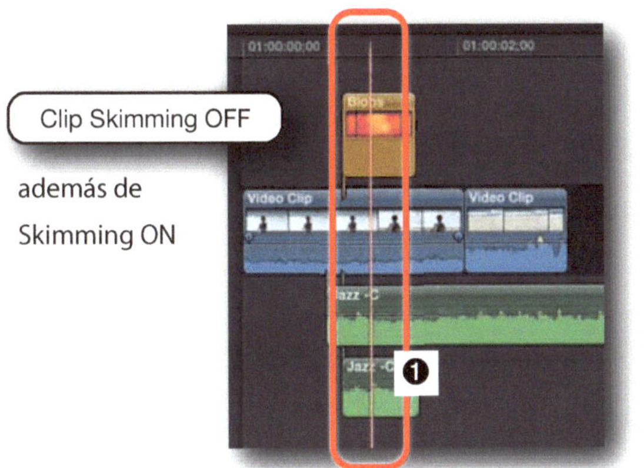

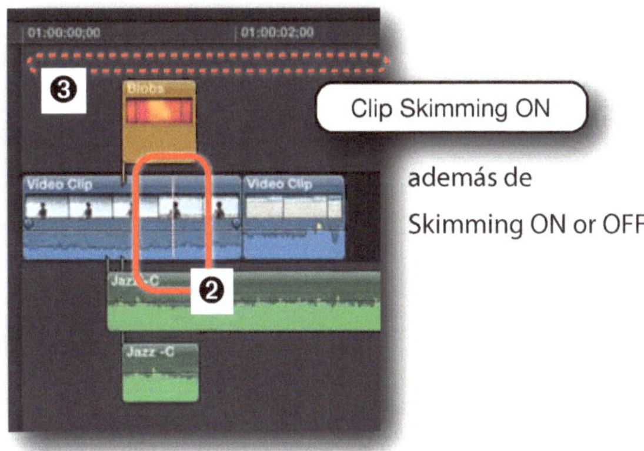

Tengan en cuenta que los dos iconos Skimming en la esquina superior derecha del Timeline sólo pertenecen a la función de "Skimming" y no a la función de "Clip Skimming".

El icono Skimming indica si está activado "Skimming". No hay información visual si *Clip Skimming* está activado.

El icono Audio Skimming sólo se refiere a la función de Skimming, no a la función de Clip Skimming. El que el audio esté activado o no durante el Clip Skimming sólo está determinado por su marca en el View Menu, aun cuando este icono está desactivado.

Comandos de Skimming - Resumen

Lo que parecen tres opciones Skimming separadas en el View Menu que se puede activar/desactivar, es en realidad una combinación de esas tres opciones.

- **Skimming**: Reproduce el video de todos los Clips ❶.
- **Clip Skimming:** Sólo reproduce el video del Clip actual ("desplazado") ❷.
- **Skimmer + Clip Skimming**: Reproduce el video sólo de los Clips "desplazados" ❷ o todos los Clips al moverse fuera ❸.
- **Audio Skimming**: Esto sólo activa/desactiva el contenido de los Clips de cualquier combinación anterior. Seleccionar sólo Audio Skimming no hace nada.

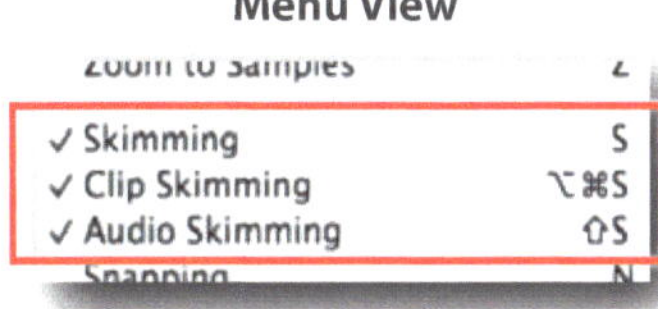

Clip de Evento y Subclip

La mayoría de las veces no necesitan todo el Clip al elegir un Clip de Evento que desea utilizar en el Timeline. Tal vez hay algunas cosas al principio y al final que no sean útiles. Tal vez sea un Clip largo que tiene varias secuencias o tomas en él o diferentes secciones que puedan usar en diferentes partes de su escena final. Sigan adelante y marquen esas secciones como "**Subclips**".

Un Subclip es una sección de un Clip de Evento

Crear un Subclip es fácil. Seleccionen un Rango específico en el Clip de Evento y hagan esa sección un Subclip, tal vez darle un nombre adecuado para que puedan encontrarlo fácilmente (buscar por) más tarde. El Subclip es sólo una *instrucción* que dice "reproduce el Clip de Evento X del tiempo A al tiempo B".

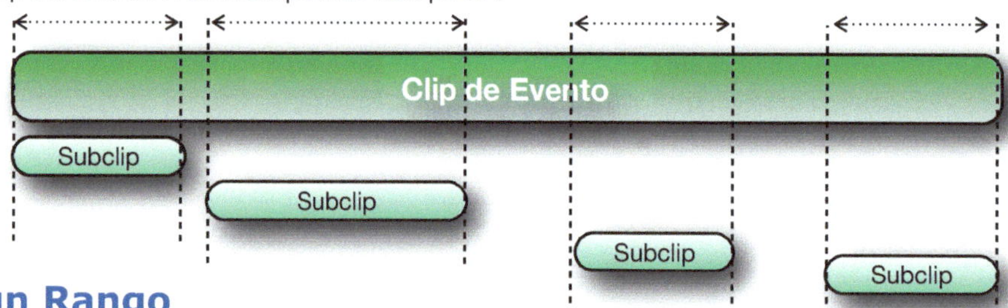

Definiendo un Rango

Marcan una sección de un Clip definiendo un Rango.

- ☑ Seleccionen el Clip de Evento del Browser de Evento.
- ☑ Inicien la reproducción del Clip y veanlo en el Viewer (o en el propio clip que actúa como un mini-Viewer).
- ☑ Cuando el clip alcanza la posición en la que desea iniciar la selección, pulse la tecla *I* para marcar el punto de Inicio.
- ☑ Cuando el clip alcance la posición en la que desean terminar su selección, pulsen la tecla *O* para marcar el punto de salida.
- ☑ También pueden solo trazar el Rango mediante *click-drag* directamente sobre el Clip (usen la función Skimming para mejor orientación). Una vez que el Rango es mostrado con bordes amarillos, no pueden pulsar y arrastrar dentro del Rango marcado.
- ☑ Para ajustar el Rango, *arrastren* el borde derecho o izquierdo del Rango marcado.
- ☑ El Clip "recuerda" su Rango definido cuando cambian entre diferentes Clips en el iBrowser de Evento.

Mark	Clip Modify Window Help
Set Range Start	I
Set Range End	O
Set Clip Range	X
Clear Selected Ranges	⌥X

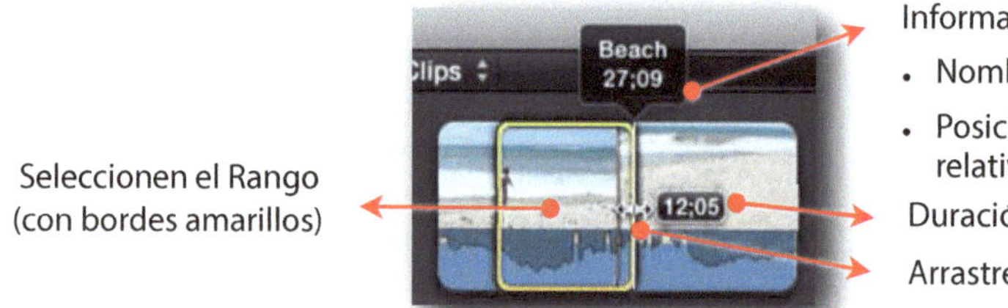

Seleccionen el Rango (con bordes amarillos)

Información del Skimmer:

- Nombre del Clip de Evento
- Posición del mouse marcada en tiempo relativo al principio del Clip

Duración del Rango

Arrastren el borde (cursor de dos flechas)

Definición de Varios Rangos en un Clip

Arrastrando un Rango en un Clip removerá cualquier Rango anterior a menos de que usen *cmd+arrastre*. Esto les permite definir varios Rangos. Usen los comando *sh+cmd+I* y *sh+cmd+O* para agregar Rangos adicionales durante la reproducción.Ahora pueden agregar una keyword a varios Rangos a la vez o arrastrar varios Rangos al Timeline juntos. Los Rangos serán recordados cuando cambien entre Clips de Evento.

El Comando de Teclado *X* selecciona el Clip completo y *opt+X* elimina todos los Rangos actuales. Esto también está disponible del Menú *Mark*.

3 Tipos de Subclips

Ahora es la primera vez que nos adentramos un poco en la Metadata y conceptos relacionados. No discutí eso en el Capítulo de Evento, pero quiero señalar algo aquí. A muchos Editores puede no no les gustarles el nuevo concepto en FCPx de los Eventos, Keywords, Ratings, Colecciones Inteligentes, etc. Pueden no darse cuenta de que FCPx incorpora un concepto conocido como "Manejo de Activos Digitales" (DAM en Inglés). Esto se usa en grandes bases de datos para administrar los conjuntos de datos de manera eficiente. Aunque se usa principalmente en los grandes sistemas corporativos (bancos, manufactura, etc), se ha trasladado a nuestros sistemas más pequeños como iTunes y iPhoto con sus Ratings y listas de reproducción inteligentes. Incluso el Finder con sus Folders Inteligentes y Spotlight usan principios de Manejo de Activos Digitales para administrar nuestros datos siempre crecientes (archivos, fotos, música, etc). Permítanme tratar de comparar FCP viejo y nuevo con este aspecto en mente.

Concepto del FCP viejo

Están encargados de organizar manualmente sus Clips. Esto les permite disponer de la máxima flexibilidad, ya que están a cargo de administrar sus archivos. Sin embargo, ese proceso de "administrar" puede llegar a ser muy abrumador con el aumento de archivos y el objetivo final de "encontrar el clip correcto - rápido" podría estar en peligro.

Concepto del FCP nuevo

Ustedes son responsable de la forma de describir los clips (metadata). FCPx luego encuentra su Clips automáticamente según las descripciones y las consultas de búsqueda.
Esto requiere la comprensión de "administración de datos" con el que podrían no estar familiarizados algunas personas.
También significa, "dejar ir" y la confianza en el sistema. Ya no van a un Bin en especial, sabiendo que ahí guardan Clips específicos. Ahora van a Colecciones Inteligentes donde el sistema les "muestra" Clips específicos con base en su metadata y consultas de búsqueda. Si se utiliza de la manera correcta todo el sistema se vuelve muy flexible y rápido. Pero se requiere un nuevo "modo de pensar" del Editor.

Así que vamos a bucear un poco en el territorio de la metadata.

FCPx usa tres tipos de Subclips. A pesar de que su concepto es el mismo (marcar una subsección del Clip de Evento), se usan diferente. Las tres clases de Subclips son como tres clases de Metadata, similares a los campos de una base de datos. Los "Markers" son una cuarta clase de metadata pero no describen un Subclip (un Rango), sólo una sola dirección (una posición).

- **Analysis**: Este tipo de metadata es creada automáticamente por FCPx. Puede analizar el Media File y buscar características especiales, como si la cámara está muy movida (y por lo tanto la toma no sirva). O puede analizar si hay close-ups de una, dos o tres personas en la toma. Supongamos que tienen importadas dos horas de video en bruto. Ahora, con el clic de un botón pueden ir directamente a las secuencias que contienen dos personas. No tienen que revisar manualmente 2h, haciendo notas y Clips y organizándolas en bins (si, el proceso de análisis es automático, por lo que "su profundidad puede variar su exactitud"). Si un Clip de Evento tiene una de esas etiquetas, entonces FCPx genera automáticamente una *Smart Collection* dinámica (como un bin automático) por cada etiqueta individual en la Biblioteca de Eventos dentro del Evento.

  Los subclips analizados tienen el ícono de un engrane morado en el Browser de Evento.
- **Keywords**: Esta es una forma sencilla de metadata. Pueden crear Subclips asignándoles etiquetas específicas (una palabra o frase). De esta forma pueden marcar secuencias similares (Interiores, Viaje en Auto, Día Nublado, etc ...) con la misma etiqueta. Pueden ver en el Browser de Evento si un Clip de Evento tiene uno de esos Subclips. FCPx también crea una *Keyword Collection* dinámica (como un bin automático) para cada etiqueta individual en la Biblioteca de Eventos para ese Evento. Ahora con un Clic, pueden ver todos los subClips de "Interiores" o "Viaje en Auto" juntos para una selección sencilla.

  Los subClips de keywords tienen el ícono de una llave azul en el Browser de Evento.
- **Rating:** Esto es realmente una doble Metatag. Pueden hacer una sección como **Favorita** o **Rechazada**. De esta manera pueden seleccionar más tarde todas sus secuencias favoritas o dejar que FCPx filtre todas las secciones marcadas "Rechazadas" (camera temblorosa, outtakes, etc). Es importante saber que pueden renombrar los subClips de Ratings e incluso buscar por esos nombres.
  Pueden crear una *Smart Collection* manualmente en la Biblioteca de Eventos para incluir etiquetas de Ratings.

Creación de Subclips

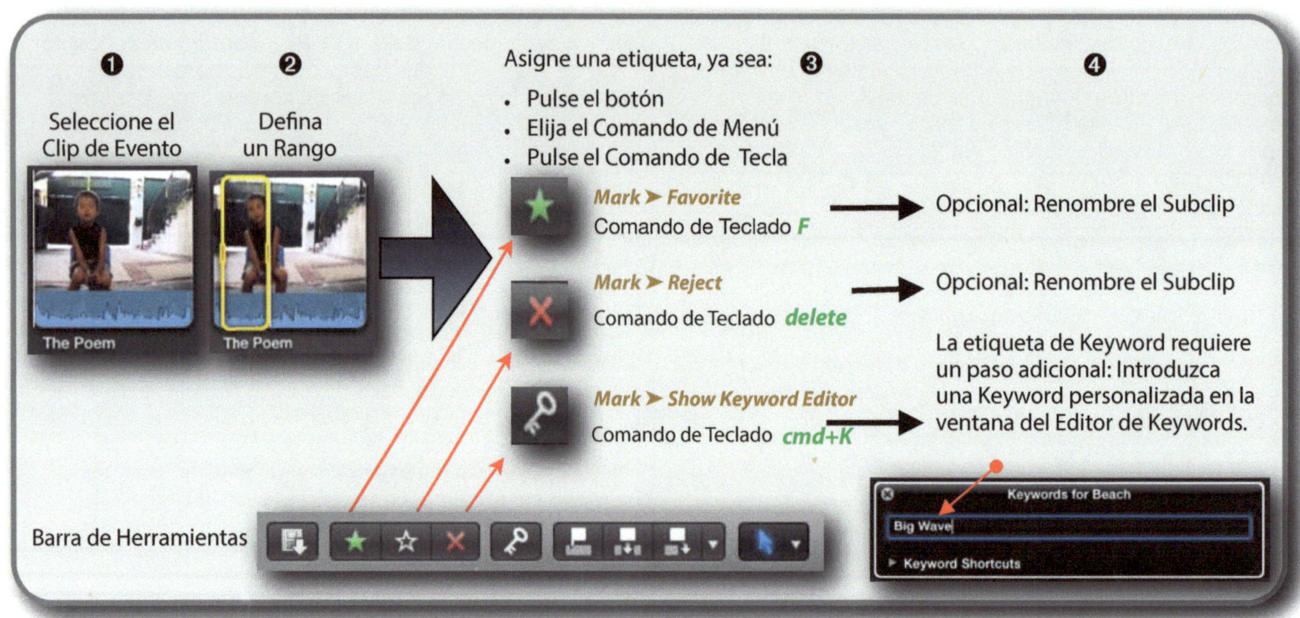

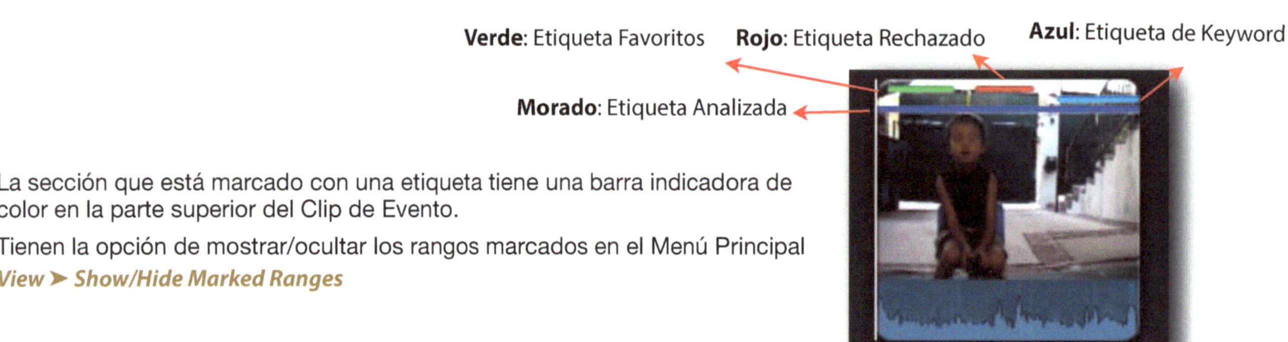

La sección que está marcado con una etiqueta tiene una barra indicadora de color en la parte superior del Clip de Evento.

Tienen la opción de mostrar/ocultar los rangos marcados en el Menú Principal *View ➤ Show/Hide Marked Ranges*

Todos los Subclips se listan en el Browser de Evento “dentro” del Clip de Evento (con un triángulo de información, como una carpeta en el Finder).

Si eligen cualquiera de los Subclips, un borde blanco en la miniatura marca el Rango del Subclip que refleja su longitud en relación con todo el Clip de Evento (ancho total de la imagen en miniatura).

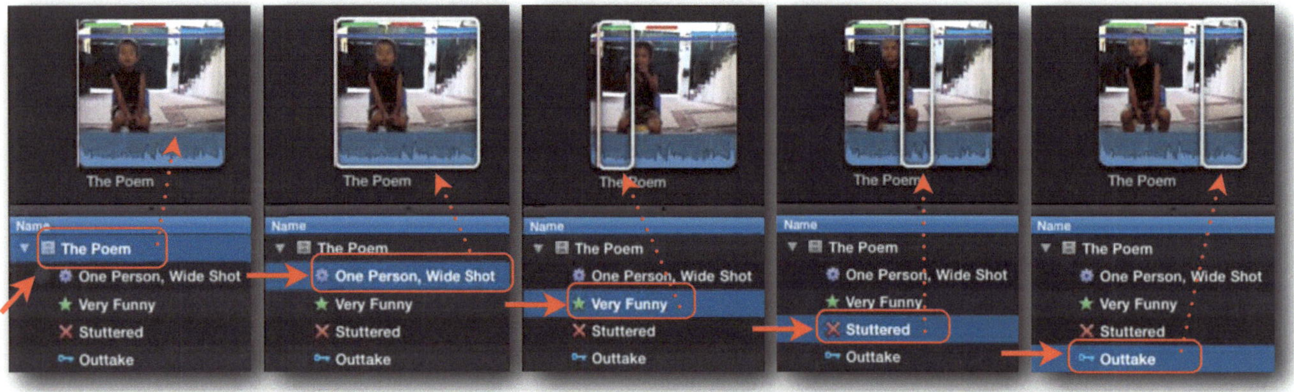

Editor de Keywords

El botón de la Llave en la barra de Herramientas es en realidad un botón para "abrir/cerrar" la ventana del Editor de Keywords. Si está gris, la ventana estará cerrada. Si lo pulsan, cambiará a azul, indicando que la ventana del Editor está abierta.

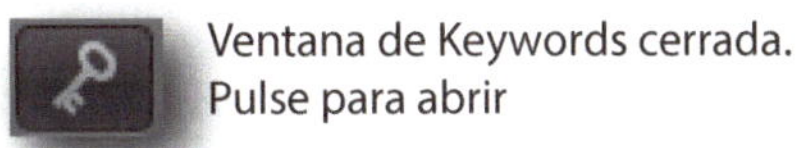

Ventana de Keywords cerrada.
Pulse para abrir

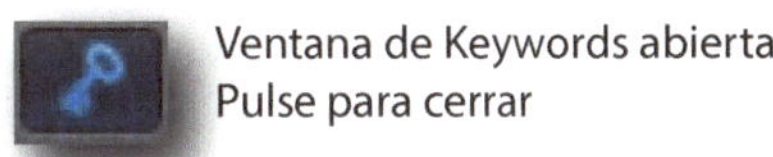

Ventana de Keywords abierta.
Pulse para cerrar

Keyword Shortcuts

El Editor de Keywords (una ventana flotante) tiene un triángulo de información que revela el *Keyword Shortcuts.*

Pueden preasignar Keywords a los nueve Comandos de Teclado disponibles. La próxima vez que desee asignar una Keyword a un Subclip, sólo seleccionen el Rango en el Clip de Evento y pulsen el Comando de Teclado asignado para asignar esa keywords al Subclip. No tienen que abrir el Editor de Keywords y teclear la Keyword

Editor de Keywords

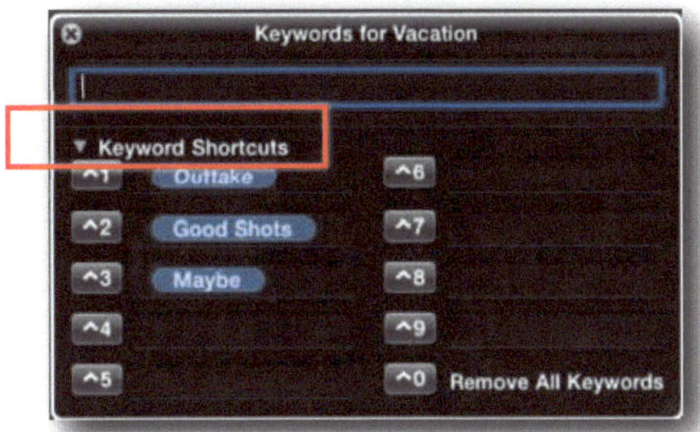

Removiendo/Convirtiendo Etiquetas

Remover etiqueta Analysis

Digiten ***Ctr+clic*** en un Subclip de Análisis para abrir su Menú Contextual y seleccionen "*Remove Analysis Keywords*".

También pueden usar los otros comandos para reasignar rápidamente una etiqueta de Favoritos o Rechazado a ese Subclip.

Favorite F
Reject
Remove All Keywords
Remove Analysis Keywords
Show Keyword Editor ⌘K

Remover etiqueta de Ratings

Digiten ***Ctr+clic*** en un Subclip de Favoritos o Rechazado para abrir el Menú Contextual y seleccionen "*Unmark*".

También pueden cambiar el Subclip de Favoritos a Rechazado y viceversa o pulse en el botón de Estrella opuesto en la Barra de Herramientas.

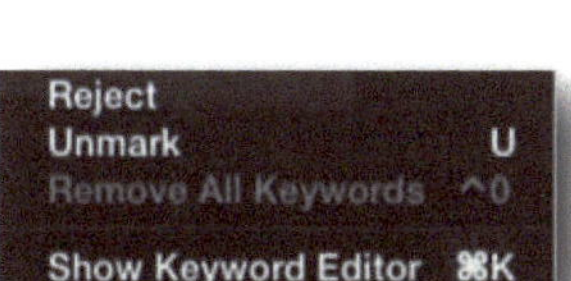

La estrella gris en la Barra de Herramientas funciona como botón de "*Unmark*".

Remover etiqueta de Keywords

Digiten ***Ctr+clic*** en el Subclip de Keywords en el Browser de Evento para abrir su Menú Contextual y seleccionen "*Remove all Keywords*". All Keywords se refiere a las Keywords en ese Subclip particular no a las Keywords del Clip de Evento Completo.

Favorite F
Reject
Remove All Keywords ^0
Show Keyword Editor ⌘K

También puede convertir el Subclip en una etiqueta de Favoritos o Rechazo seleccionando el comando desde el Menú.

Si usan el Comando del Menú Principal ***Mark ➤ Remove All Keywords***, entones pueden seleccionar el Clip completo del Browser (para borrar todas las Keywords en ese Clip) o sólo su selección de Keywords (para eliminar esas Keywordss en esa sección)t.

Seleccionar una Selección de Keywords en el Browser de Evento muestra que la Keyword en la ventana del Keyword Editor (si está visible). Ahora puede eliminar Keywords individuales si una selección tiene más de una Keyword. Seleccionenla y pulsen ***delete***.

La Colección de Keywords en la Biblioteca de Eventos no se eliminará cuando eliminen la Keyword actual del Clip. Esa Colección sólo podrá ser eliminada manualmente a partir del Menú Contextual.

Markers

Como mencioné en la sección anterior, un Marker puede considerarse un "tipo especial de Subclip". En lugar de definir posiciones de entrada y salida, los Markers definen una sola posición, una sola dirección de timecode.

Así que en lugar de Rangos, son puntos de referencia para todos propósito. Por ejemplo, marcar un punto específico (y añadir notas y las instrucciones al mismo) que puedan encontrar fácilmente más tarde, marcar puntos para sincronización (un portazo) o utilizarlo para crear capítulos que se llevan a su archivo al exportarlo (QuickTIme, Podcast, DVD, etc).

FCPx ofrece cuatro tipos de Markers:

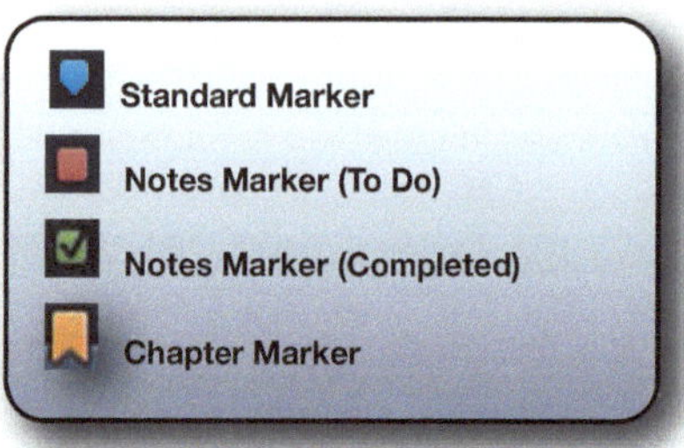

En donde pueden usar Markers

Antes de aprender cómo asignar y administrar los Markers, tengamos una idea general donde usar y mostrar esos Markers.

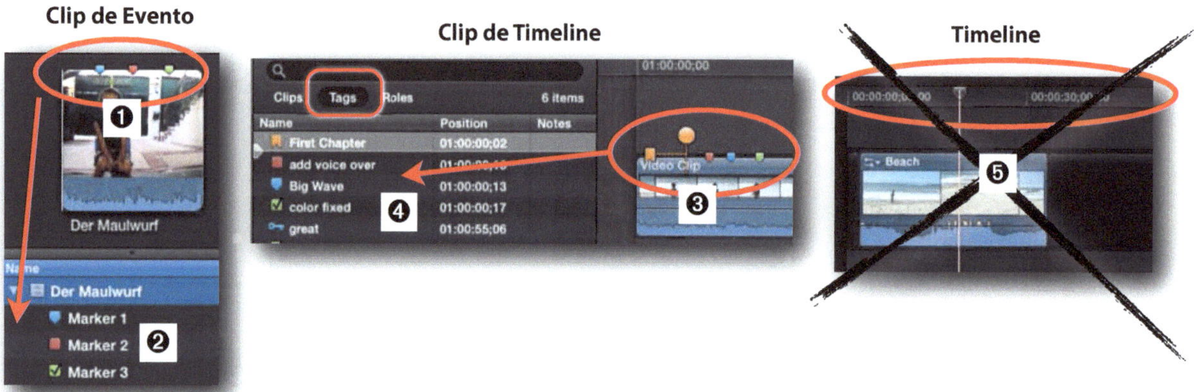

Evento

❶ **Clip de Evento**: Puede agregarse Markers a Clips de Evento en el Browser de Evento. Serán visibles sobre el Clip.

❷ **Browser de Evento** (List View): Los Markers asignados a un Clip de Evento son visibles en la List View del Browser "dentro" del Clip como entradas separadas junto con otra Metadata para ese Clip.

Proyecto

❸ **Clip de Timeline**: Puede agregarse Markers a Clips de Timeline. Serán visibles sobre el Clip. Cuando un Clip de Evento se mueve al Timeline, lleva sus Markers con él y pueden agregar más en el Clip de Timeline.

❹ **Timeline Index**: Los Markers en Clips de Timeline también son listados en el Timeline Index bajo la etiqueta "*Tags*". Ésta lista todos los Markers de todos los Clips en el Timeline junto con toda la demás Metadata asignada a cualquier Clip en el Timeline.

Timeline

❺ Los Markers NO PUEDEN asignarse directamente al Timeline, deben pertenecer a un Clip.
Tip: Creen un Clip de posición como un Clip Conectado en el primer cuadro del Argumento Primario y y extiéndanlo hasta el final del Timeline del Proyecto. Ahora pueden generar Markers en ese largo "Pseudo Clip de Timeline".

Crear y Administrar Clips

Una variedad de comandos les permite administrar Markers a través de Comandos de Teclado, Menús Principales y Menús Contextuales:

- **Add Marker**: Pulsen *M* para crear un Marker (en el Clip de Evento en el Browser de Evento o en un Clip de Timeline en el Timeline) en la posición actual del Cabeza de Reproducción/Skimmer en modo de Stop o Play. Esto creará Standard Marker azul.
- **Add Marker and Modify**: *Opt+M* crea un Marker, detiene la reproducción y abre la *Marker Window*.
- **Modify Marker**: *Pulsen* en el Marker, ya sea en el Clip o en la Lista. Esto mueve la cabeza a esa posición. Ahora pulsen de nuevo o presione *M* nuevamente para abrir la *Marker Window*.
- **Delete Marker**: Un sólo Marker o todos los markers en una selección. Use los comandos disponibles o pulse el botón Delete en la Marker Window.
- **Nudge Marker:** Pueden desplazar el Marker a la izquierda o derecha 1 cuadro (o un subcuadro para Clips de audio únicamente). Comando de Teclado *ctr+,* o *ctr+.*

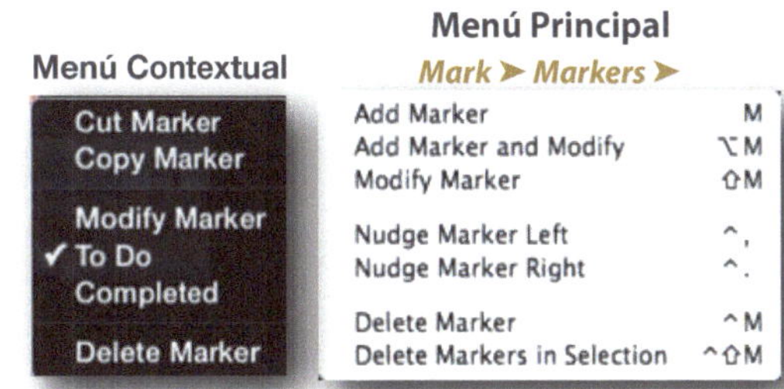

- **Next - Previous Marker**: Use el Comando de Teclado *ctr+;* y *ctrl+'* o the Menú de Comandos *Mark ➤ Previous ➤ Marker* y *Mark ➤ Next ➤ Marker*
- **Copy-Paste**: Use el comando *Cut Marker* o *Copy Marker* del Menú Contextual y pegue el Marker en la posición de la Cabeza Reproductora con el Comando de Teclado *cmd+V*.

Marker Window

Esta es la tabla con los cuatro tipos de Markers, como se ven sus iconos y que se muestra en la Marker Window cuando la abren desde un marker específico. La ventana es sensible al contexto, es decir, en función de qué tipo de Marker han seleccionado, sólo se muestran las opciones que tienen sentido en ese contexto.

- **Tipo de Marker**: Estas etiquetas encima de la ventana les permiten elegir (modificar) el tipo de Marker. Tenga en cuenta que los Chapter Markers no están disponibles para los Clips de Evento, sólo para Clips de Timeline.
- **Nombre**: Escriban un nombre o descripción para el Marker en el campo de entrada. El nombre también se puede cambiaren el Timeline Index.
- **Para Hacer - Completar**: para Notes Marker, una casilla adicional (Completed) les permite cambiar el estado entre "Do" y "Completed".
- **Posición**: La posición del Marker en el SMPTE sólo es una representación. Tienen que usar el comando Nudge si quieren mover un Marker existente.
- **Delete**: Pulsen esta tecla para eliminar este Marker.

Tipo de Marker	Símbolo	En un Clip	En una List	Marker Window
Marker Estándar				Standard Marker 01:00:00:13 Delete Done
Marker de Notas (Que hacer)				Notes Marker (To Do) Completed 01:00:00;10 Delete Done
Marker de Notas (Completed)				Notes Marker (Completed) Completed 01:00:00;17 Delete Done
Chapter Marker				Chapter Marker 01:00:01;06 Delete Done

Marker Window

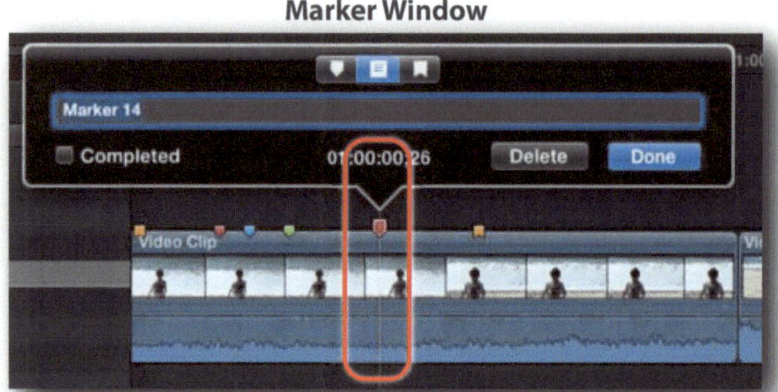

Al abrir la Marker Window para cualquier Marker posicionará esa ventana justo encima del Clip, centrada en ese Marker seleccionado.

➡ *Timeline Index*

Los dos iconos para el Marker Notes en el indice del Timeline son realmente casillas activas. Hagan clic en ellas para marcar o desmarcar ese icono y por lo tanto cambiar su estado entre "Do" y "Completed ".

Al pié del Timeline Index hay botones que les permite filtrar la lista para mostrar sólo un tipo específico de Marker (o etiquetas de Keywords y Análisis).

Timeline Index

Pulse para

- activar
- desactivar

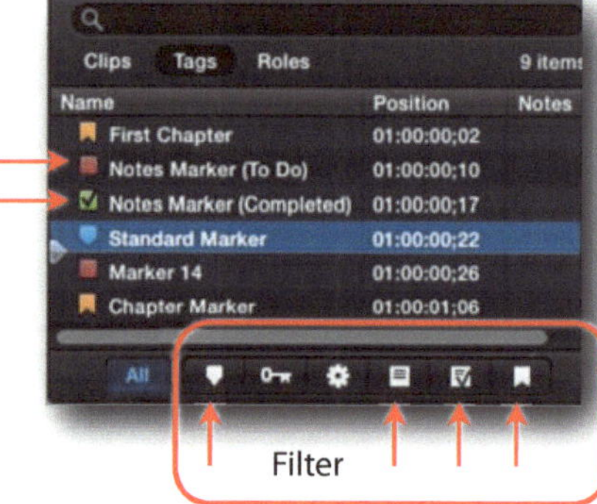

Chapter Markers

Un Chapter Marker es un tipo especial del Marker.

- Los Chapter Markers sólo pueden ser creados en los Clips de Timeline.
- Los Chapter Markers se pueden exportar junto con el vídeo que se indica en los Share Settings. Esos Chapter Markers son compatibles con una amplia variedad de aplicaciones (Quicktime, iTunes DVD Player) y dispositivos (iDispositivos, reproductores de DVD). Están anidados como metadata en formatos de exportación mp4, m4v y mov. Se usan como capítulos en una película quicktime, capítulos para podcasts e incluso como capítulos en Compressor con propósitos de codificación. Los Chapter Markers también pueden usarse para subtítulos cuando se exportan a un proyecto en DVD o Blue-ray.
- Al seleccionar un Chapter Marker en el Clip de Timeline, se mostrará un pin de Poster Frame conectado. Pueden arrastrar ese pin anaranjado a la izquierda o derecha para colocarlo en un cuadro. Este se convierte en el Poster Frame que es mostrado más tarde como el Marker de Referencia en la película QuickTime.

Export a Quicktime: Share Settings

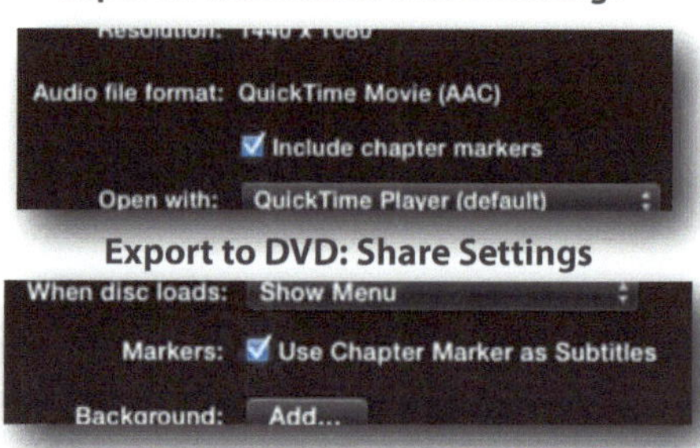

➡ *Chapter Marker Miniaturas*

Cada Chapter Marker incluirá una imagen fija, los llamados Chapter Marker miniaturas o Poster Frame. Esta imagen se utilizará como una representación visual del Marker.

Al seleccionar un Chapter Marker en un Clip de Timeline, se mostrará un Pin con el Chapter Marker. Este Pin marca la posición del cuadro que se usa como miniatura. La posición predeterminada es de 11 cuadros después del Marker pero usted puede arrastra el pin a izquierda y derecha para elegir el cuadro exacto. El Viewer mostrará el cuadro de la posición del pin al arrastrar. Puede arrastrar el pin en cualquier lugar desde el principio hasta el final del Argumento Primario. Si el Marker está en un Argumento Conectado, entonces podrán mover el pin de principio a fin del argumento.

Chapter Marker Miniatura

Chapter Marker

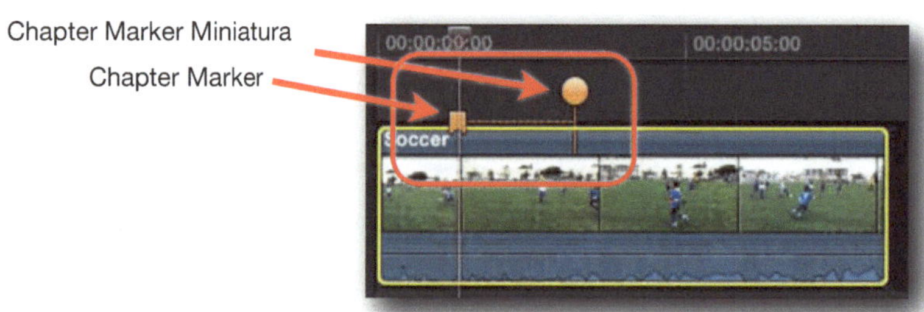

Colocando un Clip

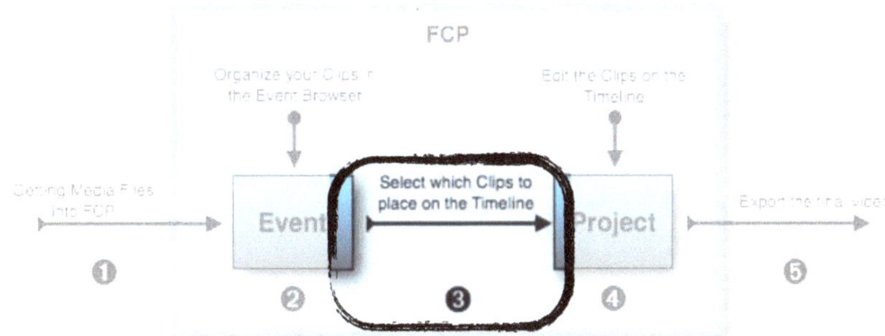

Ahora que organizamos todo nuestro material fuente como Clips de Evento en el Evento, por fin podemos ir al siguiente nivel y colocar los clips en el Timeline para crear nuestro video. Para eso, tenemos que hacernos cuatro preguntas fundamentales:

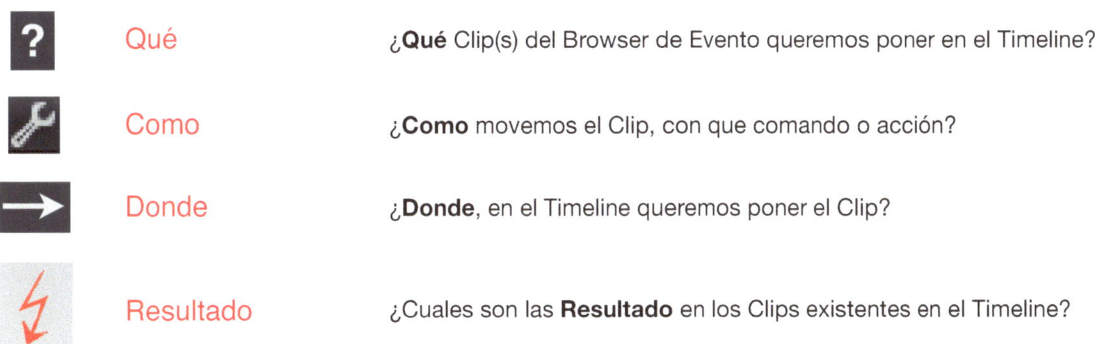

?	Qué	¿**Qué** Clip(s) del Browser de Evento queremos poner en el Timeline?
	Como	¿**Como** movemos el Clip, con que comando o acción?
	Donde	¿**Donde**, en el Timeline queremos poner el Clip?
	Resultado	¿Cuales son las **Resultado** en los Clips existentes en el Timeline?

Qué Clip Seleccionar

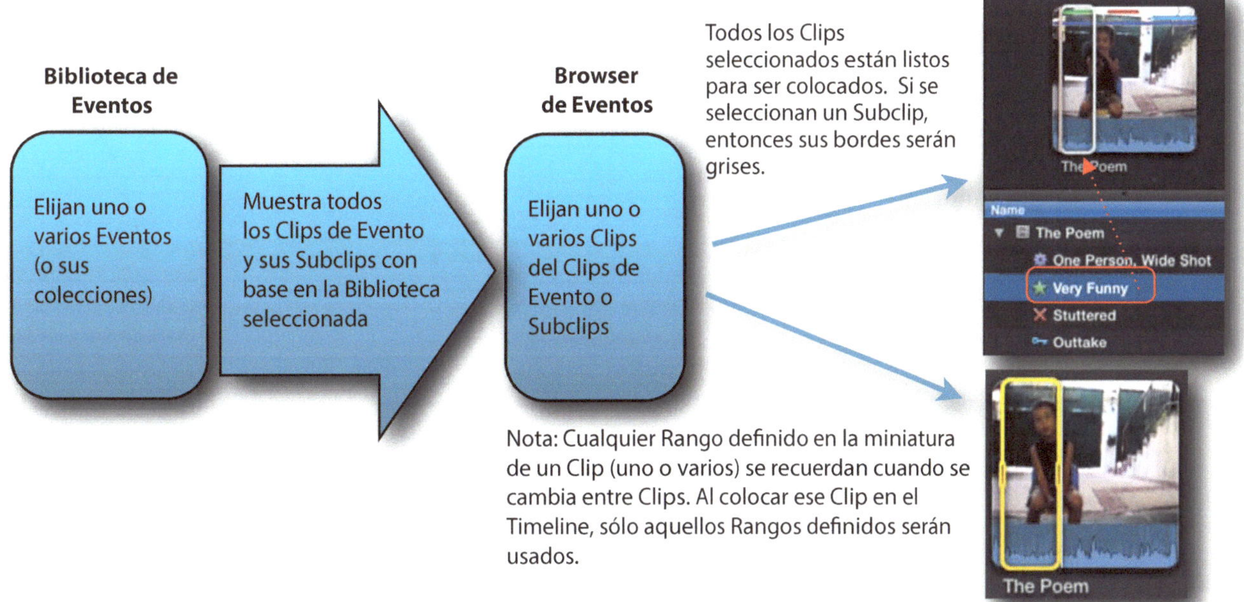

Como colocar el Clip

Filtro de Contenido

Sea cual sea el método que elijan para colocar un Clip del Browser de Evento al Timeline del Proyecto, hay un filtro importante que tienen que tener en cuenta. Cada que ejecuten esa acción, pueden escoger:

- **Usen All**: Para el Clip completo, Video y Audio.
- **Usen Video Only**: Sólo para la parte de Video del Clip.
- **Usen Audio Only**: Sólo para la parte de Audio del Clip.

Tengan en cuenta que siempre mueven un Clip (o Subclip), no su contenido individual, sólo deciden qué está "en él". Sobrescribir un clip de video+audio con uno de sólo audio no sólo remplaza la porción de audio, remplaza la porción original de video y audio, en este caso sin video.

Sea cual sea el método que usen para colocar un Clip en el Timeline, siempre ejecuta ese comando con los filtros que tenga establecidos. Pueden cambiar el filtro de tres formas diferentes (¡Este filtro no aplica cuando se arrastran Clips del Media Browser o del Finder!)

- Usando un Comando de Teclado: Todo *sh+1*, Sólo Video *sh+2*, Sólo Audio *sh+3*
- Seleccionando un Comando de Menú *Edit ➤ Source Media ➤*
- Pulsando en el "Triángulo" en la Barra de Herramientas para seleccionar del menú contextual

Presten atención a los detalles:

Los botones realmente cambian su apariencia dependiendo de los settings del filtro actual. Esto concuerda con el código de colores básico de FCPx para los Clips: video = azul y audio = verde

2 formas de mover:

Básicamente hay dos formas para mover Clip de Evento(s) o Subclip(s) desde el Browser de Evento al Timeline del Proyecto:

- **Comandos**: Pueden elegir de una variedad de comandos para mover el Clip de Evento seleccionado del Browser de Evento directamente al Timeline en el Proyecto.
- **Drag-And-Drop**: Pueden usar su mouse para arrastrar un Clip desde el Browser de Evento directamente en el Timeline en el Proyecto.

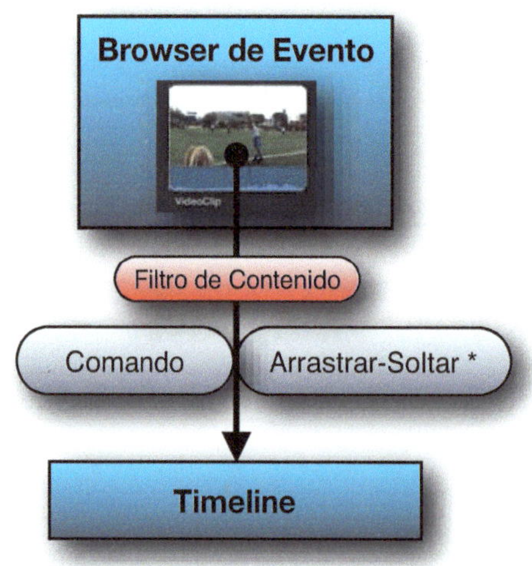

* Recuerden que también pueden arrastrar archivos del Media Browser o directamente del Timeline (se agregan automáticamente al Default Evento)

¿Cómo se llevan los Clips entre sí?

EDICIÓN
Colocando un Clip - Editando Clips

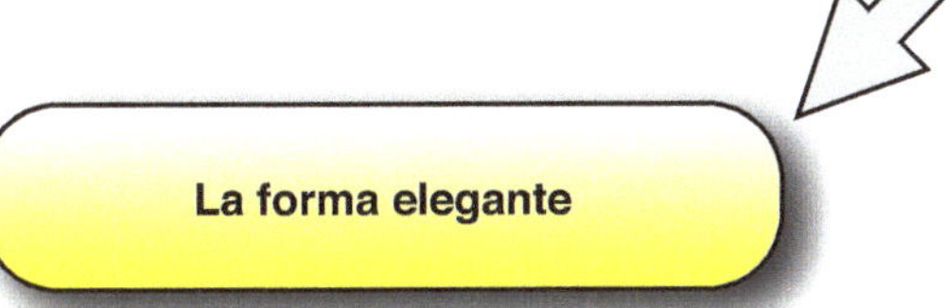

Los Clips se ajustan a situaciones nuevas y se mueven para encontrar "compromisos"

Este es el comportamiento por **default** en FCPx cuando colocan o editan Clips en el Timeline. Los Clips existentes en el Timeline se moverán automáticamente fuera del camino cuando inserten Clips nuevos. O cuando muevan un Clip fuera de una secuencia o lo eliminen, el hueco se cerrará, moviendo los Clips restantes a la izquierda, garantizando que los Clips en el Timeline se mantengan siempre conectados.
Es el *"Timeline Magnético"* nuevo.

La forma ruda

Los Clips se borran y se sobrescriben cuando se encuentran en el camino y se dejan "lagunas especiales"

Esta es la **excepción** en FCPx cuando colocan o editan Clips en el Timeline. Esta vez, al colocar un Clip en el Timeline se SOBRESCRIBE sobre cualquier Clip que esté ahí y al mover un Clip, el resto de los Clips en el Timeline no tratarán de cerrar el espacio vacío, en lugar de eso, FCPx dejará un "Gap Clip". Una nota al margen: Nada se desplaza en el Timeline, que es lo que en ocasiones sea lo que ustedes desean.

Uso de un Comando

Así que ¿cuantos comandos diferentes hay para colocar un Clip en el Timeline? Depende de como cuenten:

- **Hay 4 métodos principales**: **Connect - Insert - Append - Overwrite**
- Tres de esos métodos tienen "variaciones": **Backtimed Connect - Backtimed Insert - Backtimed Overwrite**

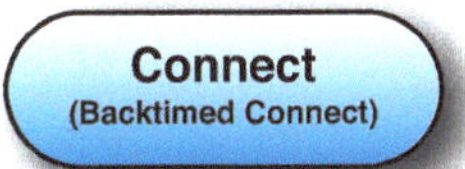

Insert (Backtimed Insert) **Append** **Overwrite** (Backtimed Overwrite)

- Además de eso, hay tres formas de iniciar el comando:
  - Seleccionar un Comando de Menú
  - Pulsar un botón en la Barra de Herramientas
  - Usar un Comando de Teclado

(Recuerden que independientemente del método que usen, siempre ejecuta ese comando con los sets del filtro de contenido actual)

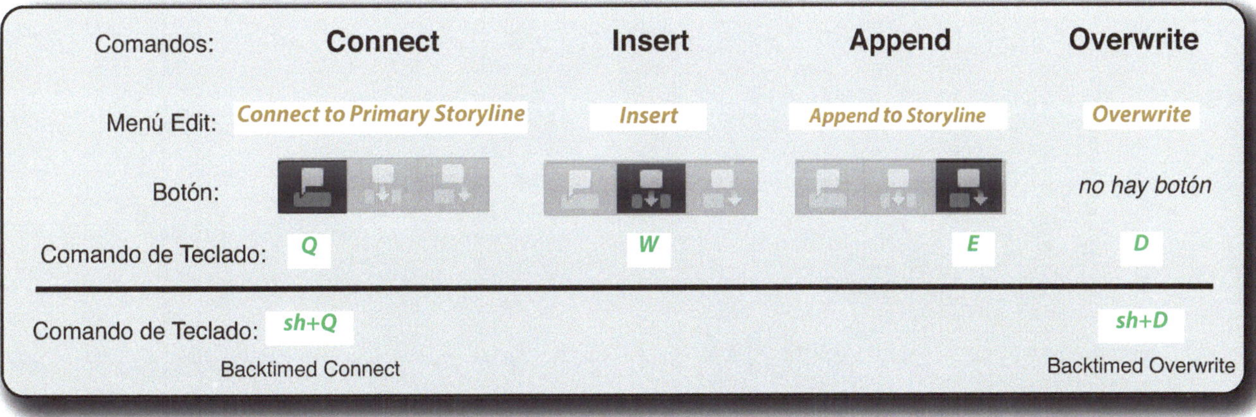

Comandos:	Connect	Insert	Append	Overwrite
Menú Edit:	Connect to Primary Storyline	Insert	Append to Storyline	Overwrite
Botón:				no hay botón
Comando de Teclado:	Q	W	E	D
Comando de Teclado:	sh+Q Backtimed Connect			sh+D Backtimed Overwrite

El comando de "Sobrescribir" es de "La forma ruda". Quizá por ello no tiene un botón propio y sólo está disponible como comando.

➡ *Uso de Drag-And-Drop*

En lugar de seleccionar los Clip de Evento(s) en el Browser de Evento e iniciar uno se los comandos, pueden usar el mouse y sólo arrastrarlos al Timeline del Proyecto. Pueden hacer la selección arrastrando exactamente el elemento que ustedes quieran:

❶ Seleccionen uno o varios Clips en el Browser de Evento y ***arrástrenlos*** a el Timeline. Si fue seleccionado más de un Clip, arrastrando uno de los Clips moverá a todos los Clips seleccionados con él. Ustedes realmente verán los nombres de los los Clips mientras arrastra el cursor.

❷ Si lo seleccionado se muestra como un borde blanco en el filmstrip del Browser de Evento, entonces ustedes pueden arrastrar desde ese borde para moverlo al Timeline (el borde cambiará a una selección de Rango amarilla).

❸ También puede definir Rangos ad-hoc y arrastrar esas secciones delClip al Timeline del Proyecto.

Browser de Evento

Arrastre elemento de la lista

Browser de Evento

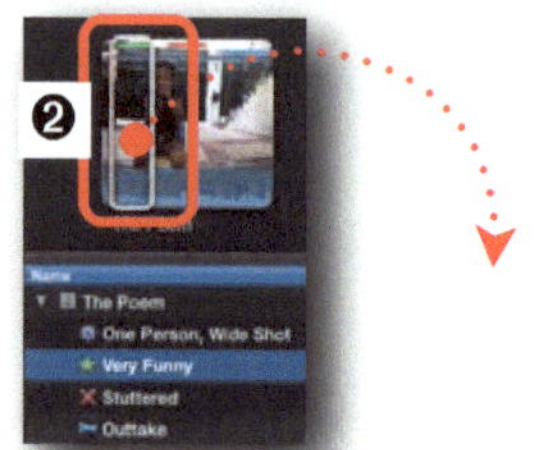

Arrastre el subclip seleccionado del filmstrip

Browser de Evento

Arrastre Rango(s)

▶ **Uso de Drag-And-Drop** (no del Browser de Evento)

La forma adecuada en FCPx es importar los Media Files primero a Eventos y después arrastrar esos Clips de Evento del Browser de Evento al Timeline del Proyecto. Pero como hemos visto en el capitulo de Importación, hay dos excepciones:

- Arrastrar Media Files al Timeline desde el Browser de Media.
- Arrastrar Media Files al Timeline desde el Finder.

Recuerden, esos archivos son agregados automáticamente al Evento Default del Proyecto en segundo plano y ustedes están moviendo "invisiblemente" desde el Browser de Evento siguiendo perfectamente el protocolo de FCPx.

Los settings de importación en la ventana de Preferences aplican a esos archivos (Organize, Transcode, Analyze).

Donde colocar el Clip

Ahora que tenemos todas esas opciones diferentes de "como" mover el Clip al Timeline, la siguiente pregunta es, exactamente a "donde" en el Timeline se colocará el Clip.

➡ *Usando Comandos*

Hay dos posibles posiciones de destino en el Timeline del Proyecto para colocar el nuevo Clip: Cabeza Reproductora/ Skimmer o un Rango (Edición de 3 puntos).

Cabeza Reproductora (o Skimmer)

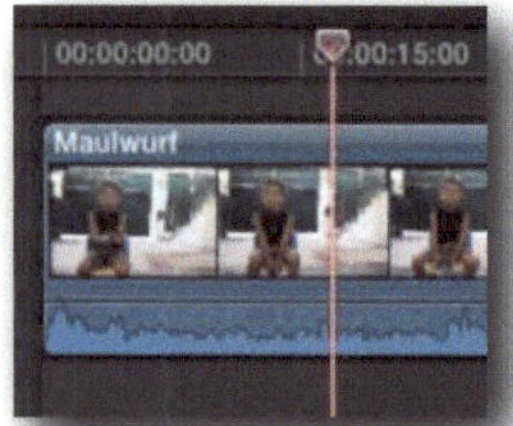

El Clip del Browser de Evento se colocará en la Cabeza Reproductora. Si una Barra de Skimmer es visible, entonces esta posición tiene prioridad.

Rango Seleccionado

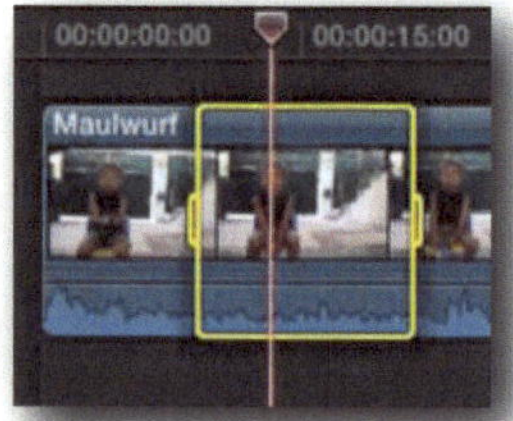

Rango Definido: Comando de Teclado *I* y *O* en la posición de la Cabeza o use el Range Tool (*R*)

Solo lo necesario del Clip del Browser de Evento será usado para llenar el Rango seleccionado en el Timeline. El Rango seleccionado puede incluso extenderse a lo largo de más de un Clip en el Timeline.

El ejemplo siguiente ilustra las diferentes colocaciones del Clip cuando usamos el comando normal (connect, insert, overwrite) o la variación backtimed de esos comandos:

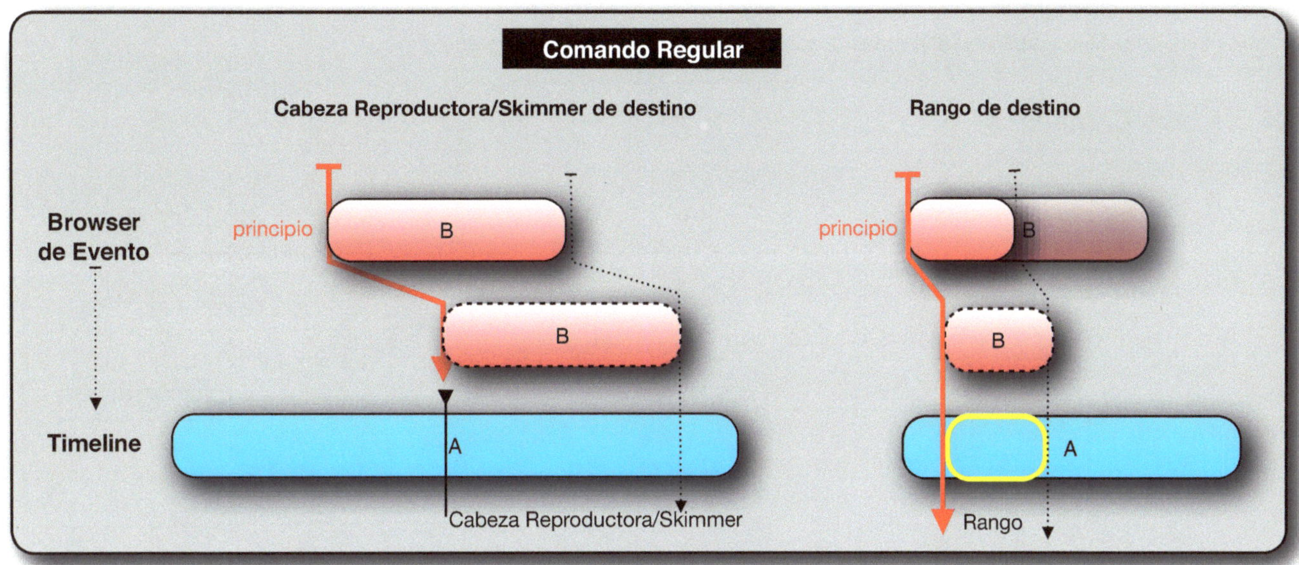

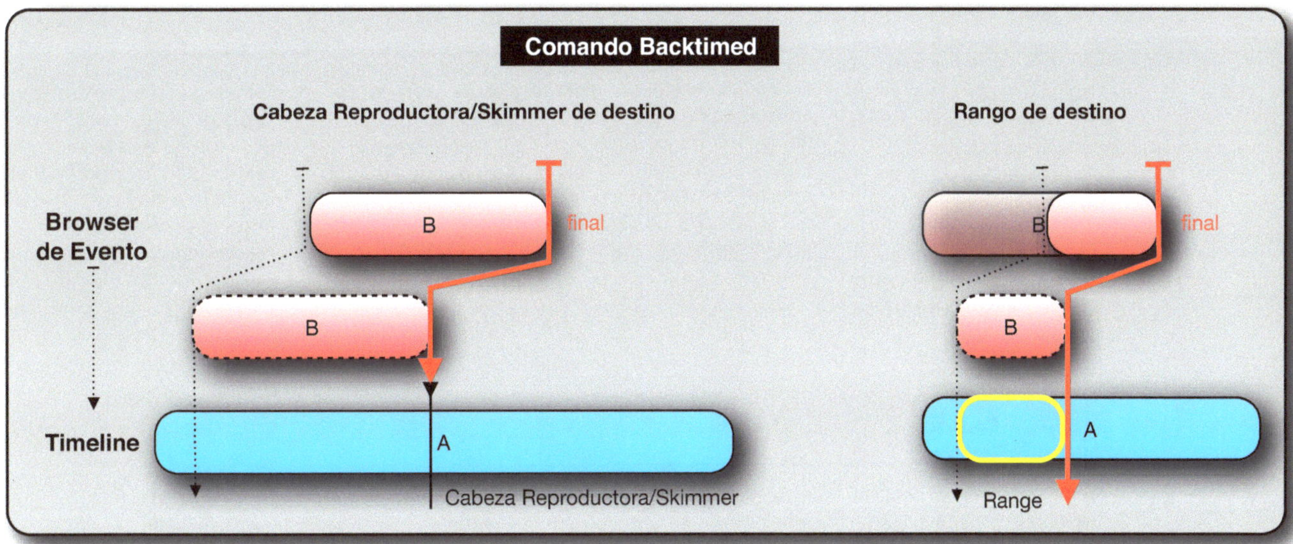

Hay una excepción para la posición del Cabeza Reproductora:

- La posición de la Cabeza Reproductora será ignorada si escogen el comando Append. El nuevo Clip se añadirá al último Clip del Timeline (Argumento Primario) independientemente de la posición de la Cabeza Reproductora.

➡ *Usando Drag-and-Drop*

Si escogen Drag-And-Drop para mover el Clip del Browser de Evento al Timeline del Proyecto, entonces la posición del mouse determinará donde será la posición de destino en el Timeline. (la Cabeza Reproductora/Skimmer o cualquier selección de Rango existente será ignorada).

Resultado

Hemos visto varias formas de mover Clips desde el Browser de Evento y colocarlos en el Timeline del Proyecto. Ahora, vamos a explorar las diferentes "Resultado" en el Timeline. Hay que ser conscientes de lo que ocurre con los Clips existentes en el Timeline y la forma en que "reaccionan" al "intruso".

Y de nuevo, esas Resultado son diferentes si están usando comandos o drag-and-drop.

➡ *Usando Comandos*

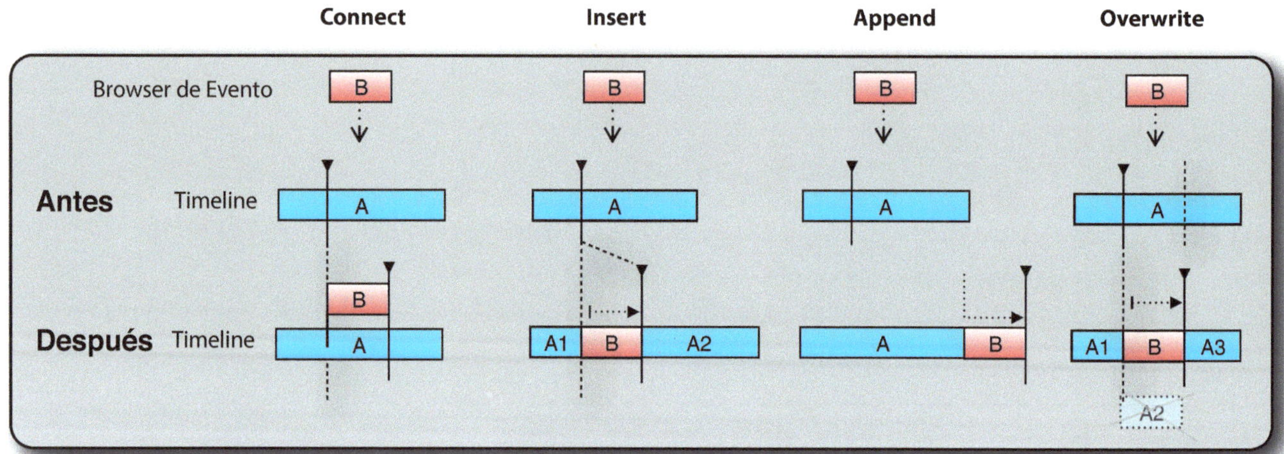

El nuevo clip (B) se conecta al Argumento Primario en la posición de la Cabeza Reproductora. La Cabeza Reproductora se desplaza hasta el final del nuevo Clip (esto es en realidad una configuración de Preference *"Position Playhead after Edit Operation"*)

El Clip original (A) se corta en la posición de la Cabeza Reproductora y el nuevo Clip (B) se inserta, moviendo el resto del Clip A a la derecha. Lo demás se que le sigue se a la derecha también.

El nuevo Clip (B) se agrega al final del ÚLTIMO Clip en el Argumento Primario. La posición original de la Cabeza Reproductora se ignora.

El nuevo Clip (B) se escribe sobre el Clip existente en la posición de la Cabeza Reproductora. Si el Clip B es mayor que el Clip A, entonces continúa reescribiendo la porción necesaria sobre el siguiente Clip en el Timeline también.

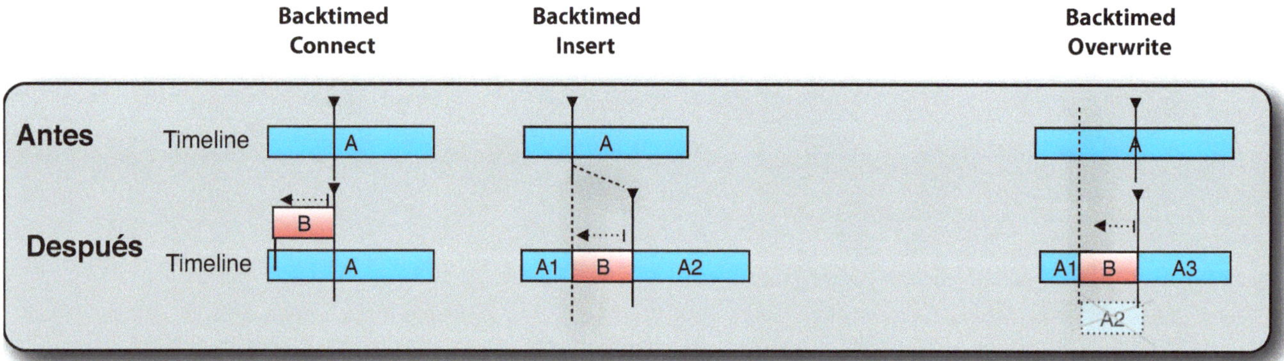

Si la Cabeza Reproductora se localiza más allá del final del último Clip en el Timeline, entonces FCPx inserta un "Gap Clip" primero, antes de agregar el nuevo Clip (excepto con el comando Append).

Usando imágenes Fijas

Cuando se coloca una imagen fija en el Timeline, que técnicamente no tiene duración, creará un Clip de Timeline de la longitud que se establezca en la ventana de Preferences.

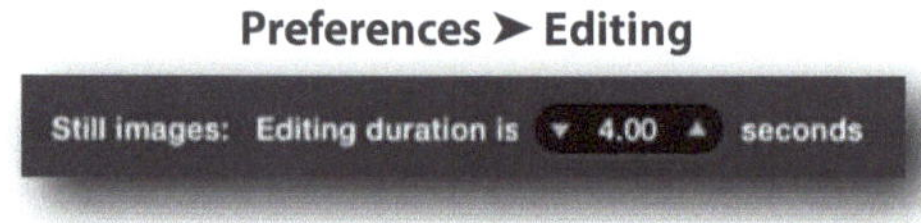

➡ *Usando Drag-And-Drop*

Nuevamente hay dos clases diferentes de resultados cuando usamos drag-and-drop con el mouse, dependiendo de que herramienta se seleccione para el cursor cuando arrastran el Clip desde el Browser de Evento al Timeline del Proyecto. Pulsen en el botón Selector de Herramientas en la barra de herramientas para abrir el menú contextual de Herramientas.

- Si se selecciona la herramienta **Position**

  Básicamente esta es la más sencilla. Cada que suelten el Clip en el Timeline, ahí será donde quede exactamente. Si hay cualquier cosa previa, será sobrescrita.

  - Si sueltan el Clip después del último Clip del Timeline, FCPx creará un "Gap Clip" para rellenar el espacio.
  - Si sueltan el Clip sobre un Clip existente, ese será sobrescrito en la duración del nuevo Clip (función de **Overwrite**).
  - Si sueltan el Clip por arriba o por abajo del Argumento Primario, El Clip nuevo se convertirá en un Clip Conectado (función de **Connect**).

- Si se selecciona la herramienta **Select** (o cualquier otra que no sea Position)

  Los Clips se mueven fuera del camino para hacer lugar o se cierran para eliminar cualquier hueco (Magnetic Timeline).

  - Si sueltan el Clip nuevo después del último Clip existente en el Timeline, se anexa al final del último Clip . no se puede crear un hueco, a propósito o por accidente (función de **Append**).
  - Si colocan el clip entre dos clips adyacentes en el Timeline, el Clip de la derecha (y todo el resto de los Clips en el Timeline del Proyecto) se desplazarán a la derecha para hacer lugar al Clip nuevo. Todpo se ajusta para asegurarse que no queden huecos (función de **Insert**).
  - No es posible dividir un clip existente con un drag-and-drop. Para ello tendrán que usar el comando Insert con la Cabeza Reproductora.
  - Si colocan el Clip sobre un Clip existente, entonces ese Clip se desvanecerá a gris y se abrirá un menú contextual con tres opciones:

    - **Replace**

      Remplaza el Clip existente con el Clip nuevo. El resto de la secuencia se correrá para ajustar a la nueva longitud, mayor o menor.

    - **Replace from Start**
      - Si el Clip nuevo es más largo que el existente:
        Remplaza el Clip existente con imágenes del Clip nuevo, a partir del primer cuadro y por la longitud del Clip existente para asegurarse de que no cambie la longitud de la secuencia.
        Si el Clip nuevo es más corto que el existente:
        Aparecerá una Ventana de Alerta para recordarles que el Clip nuevo no es lo suficientemente largo por lo que la secuencia se acortará después del remplazo.

    - **Replace from End**
      - Si el Clip nuevo es más largo que el existente:
        Remplaza el Clip existente con imágenes del Clip nuevo, a partir del último cuadro y por la longitud del Clip existente para asegurarse de que no cambie la longitud de la secuencia.
      - Si el Clip nuevo es más corto que el existente:
        Aparecerá una Ventana de Alerta para recordarles que el Clip nuevo no es lo suficientemente largo por lo que la secuencia se acortará después del remplazo.

Replace
Replace from Start
Replace from End
Replace and add to Audition
Add to Audition
Cancel

Recortando un Clip

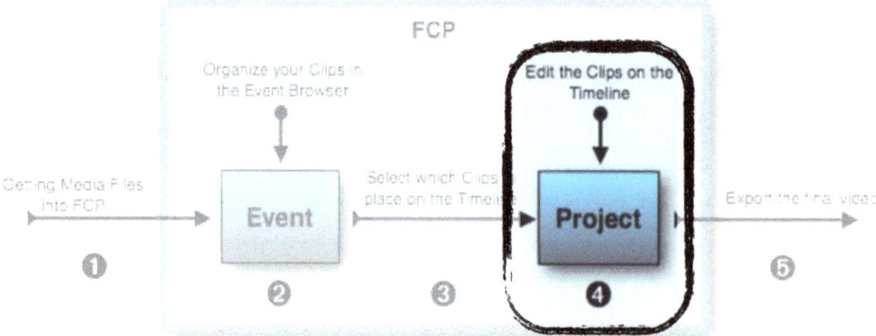

Fundamentos

Una vez que la mayoría de los Clips fueron colocados de el Browser de Evento al Timeline del Proyecto, empieza el siguiente paso - recortar los Clips de Timeline. Por supuesto que se pueden agregar Clips nuevos al Timeline desde el Browser de Evento (o directamente del Finder) en cualquier momento de la edición.

Manténgase en contacto

El comportamiento predeterminado de un Clip en el Timeline es que los Clips adyacentes en el Argumento Primario permanecen siempre unidos entre sí sin dejar un hueco. Cualquier cambio que realicen en el Argumento Primario que afecte la longitud del Clip existente (alargar, acortar, insertar, eliminar) será compensa automáticamente por FCPx moviendo las cosas amablemente. Algunas veces necesitarán dejar huecos específicamente entre los Clips. Para ello hay dos clases de "falsos" Clips de Timeline especiales:

Preferences ➤ Playback

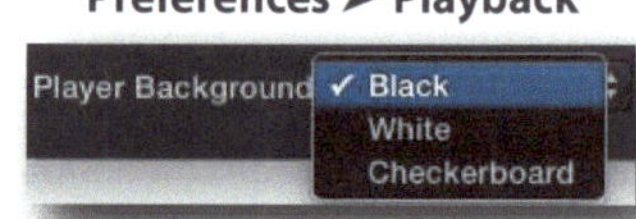

- **Gap**: Esto sólo es un Clip negro en el Timeline. FCPx genera esos Gap Clips automáticamente (bajo algunas circunstancias) o pueden crear manualmente un Gap Clip con el Menú de Comandos *Edit ➤ Insert Generator ➤ Gap* o el Comando de Teclado *opt+W*. El Viewer muestra un fondo negro o cualquier otro de las opciones de los settings de *Preferences ➤ Playback*.
- **Placeholder**: Un Placeholder Clip es similar a un Gap Clip pero más sofisticado. Pueden asignarle algunas propiedades (en el Inspector) para indicar para que se guarda ese espacio (Plano general, close up, día, noche, etc). Creen un Placeholder Clip con el Comando de Menú *Edit ➤ Insert Generator ➤ Placeholder* o el Comando de Telado *opt+cmd+W*.

A Gap Clips y Placeholder Clips se les puede dar nombre y Metadata. Se muestran en la lista del Timeline Index como cualquier otro Clip "normal".

Gap Clip **Placeholder Clip**

Herramientas de Edición:

Esta es la lista de punteros del mouse disponibles. Utilice el Comando de Teclado o abra el Menú contextual en la Barra de Herramientas y seleccione la herramienta. También hay una característica de "herramienta temporal" atractiva: En lugar de cambiar las herramientas de ida y vuelta, puede mantener el Comando de Teclado temporalmente mientras se hace la tarea (cortar, recortar, seleccionar) y cuando hayan terminado, soltar la tecla y volverá a la herramienta que tenían antes.

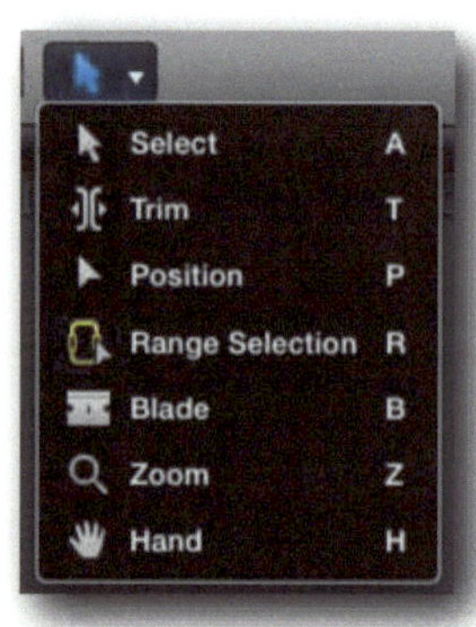

- **Pointer**: Default - herramienta universal, incluyendo ripple trimming.
- **Trim**: Para la mayoría de las necesidades de recorte.
- **Position**: La Forma Burda Mueve Clips recortados sin afectar el Timeline. sobrescribiendo y dejando huecos atrás.
- **Range Selection**: Selecciona un Clip de Rango (aun a través de varios Clips).
- **Blade**: Como herramienta de corte para dividir Clips.
- **Zoom**: Zoom in (*arrastrar*) y out (*opt+arrastrar*) en el Timeline. También usen *clic* y *opt +clic*.
- **Hand**: *Arrastrar* el Timeline (funciona como barra de desplazamiento).

Ajuste Automático

Snap Mode ajusta objetos, bordes o cabezas reproductoras a posiciones importantes (inicio, fin de objetos, Cabezas Reproductoras, Marcadores) cuando se mueven/arrastran a lo largo del Timeline.

Activar/desactivar con cualquiera de tres comandos: Botón de Snap en el rincón superior derecho del Timeline de Proyecto, Comando de Menú ***View ➤ Snapping*** o Comando de Teclado ***N*** (puede alternarse temporalmente pulsando la tecla **N**).

Recorte Fino

Usando ***cmd+arrastre*** durante cualquier actividad de recorte o movimiento con el mouse cambiará a una resolución más fina en el movimiento.

Una ventana negra de información sobre el Punto de Edición muestra la posición en el Timeline del Punto de Edición y el desplazamiento en tiempo de su movimiento. Cualquier selección de formato de Time Display que se haga en Preferences, aplicará también a esta ventana pequeña de información.

Preferences ➤ Editing ➤ Time Display

Preferences ➤ Editing

Editando a Pantalla partida

Habiliten "*Show detailed trimming feedback*" en la ventana de ***Preferences ➤ Editing*** para mostrar una doble imagen en el Viewer cuando estén recortando con el mouse. Ahora la imagen de la izquierda muestra el último cuadro del Clip de la izquierda y la imagen de la derecha muestra el primer cuadro del Clip a la derecha del Punto de Edición. Lo pueden habilitar temporalmente pulsando la tecla ***opt*** mientras recortan. usar la tecla ***opt*** cuando la función está activada, conmuta el Viewer de mostrar entre "el último cuadro del Clip de la izquierda" y "el primer Cuadro del Clip de la derecha".

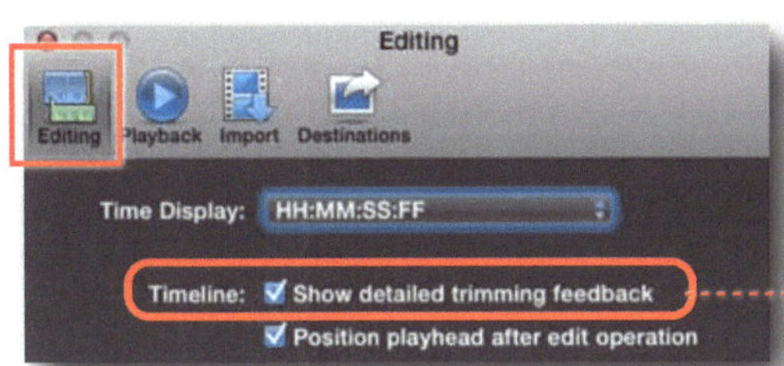

Viewer

Último cuadro del Clip izquierdo — Primer cuadro del Clip derecho

Selecciones

Tenga en cuenta la diferencia entre una Clip Selection (todo el clip) y una Range Selection (de cualquier parte del mismo).

Clip Selection

Clip Selection Tiene un borde amarillo al rededor.

Pulsen **C** Cuando el mouse esté sobre el Clip para seleccionar todo el Clip como una Selección.

Range Selection

Clip Range tiene un borde amarillo con unas manijas a los lados.

Pulsen ***X*** cuando pasen el mouse por el Clip para seleccionar el Clip completo como Rango. El cursor cambia a herramienta de Rango. Pulsen ***opt+X*** para deseleccionar el Rango. (También funciona en el Browser de Evento).

Técnicas de Recorte con Puntos de Edición

Hay algunas técnicas de recorte que usan la mayoría de las aplicaciones de edición de video. Son las que están basadas en que parte de un Clip será recortada y cual es el efecto en los Clips adyacentes.

Los corchetes amarillos representan el Punto de Edición. esa es la parte a-ser-editada de los Clips.

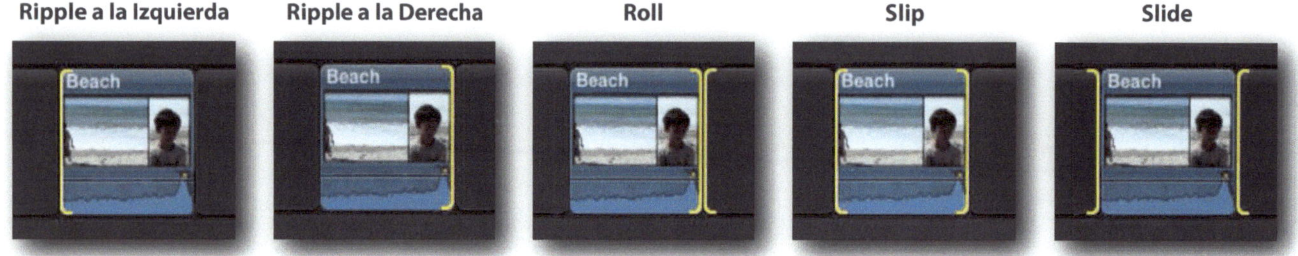

- **Ripple**: Acortan o alargan un extremo del Clip (izquierda o derecha) mientras que el Clip adyacente se mantiene "unido" queriendo decir que se mueven hacia izquierda o derecha en el Timeline para compensar la diferencia de tiempo. (excepto con la Herramienta Position). Otros Clips del Timeline se correrán.
- **Roll**: Mueven dos bordes adyacentes de dos Clips simultáneamente. Así que un Clip se acorta mientras que el otro se alarga o viceversa.Los Clips de al rededor no se afectan. Otros Clips de Timeline permanecen intactos.
- **Slip**: No están moviendo el Clip. La longitud del Clip y el resto del Timeline permanecen intactos. Sólo están moviendo la "porción de la media" por debajo del Clip, si hay imágenes disponibles en ambos extremos.
- **Slide**: En esta ocasión, el Clip se mantiene intacto (misma entrada, misma salida) pero lo mueven, como está, a izquierda o derecha en el Timeline. Por lo tanto, los bordes de los Clips a la izquierda a la derecha se acortan o alargan. El resto del Timeline permanece intacto.

Fin de Rango:

El borde amarilleo del Punto de Edición se vuelve rojo para indicar que ya no hay mas imágenes al final del Clip.

Peligro potencial con Clips Conectados

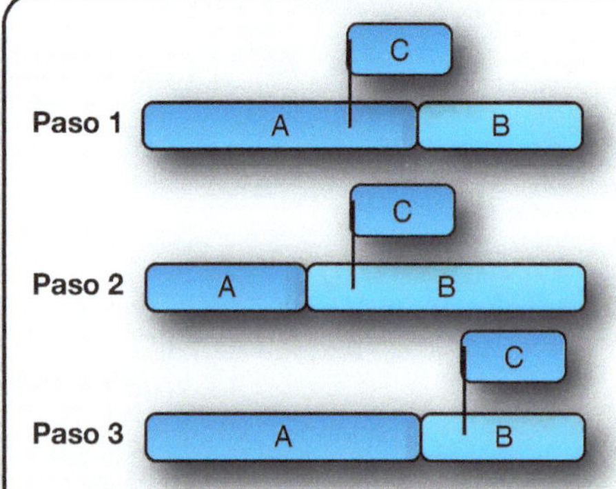

- Tienen el Clip A seguido del Clip B. El Clip A tiene conectado el Clip C que se mantiene en sincronía donde quiera que muevan el Clip A
- Al acortar el Clip A, el Clip B lo seguirá (Ripple or Roll). Sin embargo, al Clip Conectado C le han "movido el tapete" porque ahora, queda en sincronía con el Timeline y se encuentra con un "compañero" nuevo, el Clip B, al cual se une felizmente.
- Ahora, si extienden el Clip A, el Clip B será empujado a la derecha. ¡Pero esta vez el Clip Conectado C decide seguir con Clip B y se mueve con él!

Si hicieron los tres pasos sólo para probar una edición y no pusieron atención, entonces habrán movido el Clip C de su posición original. Si Clip C era un SFX o una pista de música posicionada, entonces ... ustedes están en problemas potenciales.

Recortando los Clips

¿Cuales son las diferentes técnicas para recorte? Hay tantas y tantas formas diferentes de realizar técnicas similares, que puede resultar un poco agobiante. He aquí sólo algunas:

- **Mouse**: Simplemente deslícenlo alrededor de los bordes del clip que desean recortar con el mouse y la herramienta correcta de puntero.
- **SMPTE**: Introduzcan los valores exactos de tiempo de cuanto quieren recortar.
- **Empujando**: Usen un Comando de Teclado con valores de tiempo predeterminados.
- **Cabeza Reproductora/Rango/Duración**: Usen la Cabeza Reproductora o un Rango seleccionado para la posición de recorte, o introduzcan la duración del Clip.
- **División**: Corten un Clip existente en un punto específico de edición.

Así que en total, ¿cuántos métodos hay disponibles, y cuál es el mejor para usar? Más importante, ¿tienen diferentes efectos o limitaciones?

Dividamos todas estas técnicas de recorte en dos grupos. Editando con comandos y editando con el mouse.

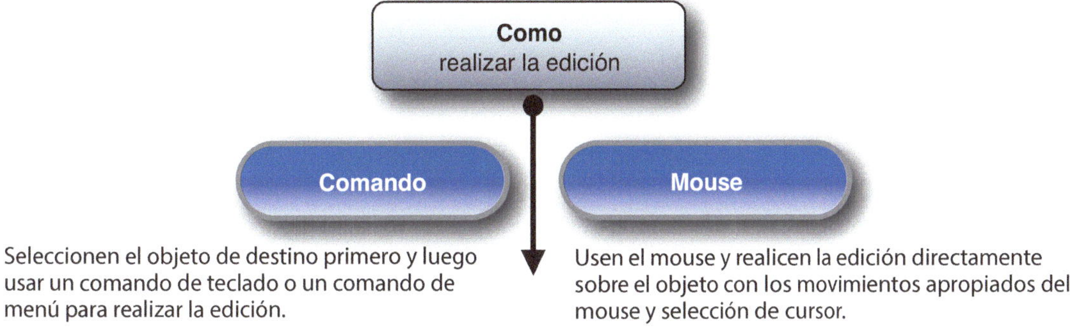

➡ *Usando Comandos*

Cuando usen un comando (de Teclado o de Menú), estén conscientes de lo que será el blanco de su comando. Eso depende principalmente de lo que han seleccionado. Suena trivial, pero estar conscientes de como afecta el comando que están usando es crucial, porque un mismo comando puede tener diferentes efectos dependiendo en lo que seleccionaron:

- **Nada** se selecciona
- Se selecciona un **Clip**
- Se selecciona un **Rango**
- Se selecciona un **Edit Point**

Nada se selecciona

En este escenario, sólo la posición de la Cabeza Reproductora o el Skimmer determinan el corte real.

- **Inicio de Recorte**: Al clip de vídeo superior en el Timeline en la Cabeza Reproductora/Skimmer se le recorta el borde izquierdo hasta la posición de la Cabeza Reproductora/Skimmer. Se cerrará cualquier hueco. Comando de Teclado ***opt+[*** o Comando de Menú ***Edit ➤ Trim Start***.

- **Fin de Recorte**: Al clip de vídeo superior en el Timeline en la Cabeza Reproductora/Skimmer se le recorta el borde derecho hasta la posición de la Cabeza Reproductora/Skimmer. Se cerrará cualquier hueco Comando de Teclado ***opt+]*** o Comando de Menú ***Edit ➤ Trim End***.

- **Navaja**: Al Clip en el Argumento Primario en la Cabeza Reproductora/Skimmer se le recorta en la posición de la Cabeza Reproductora/Skimmer, generando dos Clips. No hay cambios en el Timeline. Comando de Teclado ***cmd+B*** o Comando de Menú ***Edit ➤ Blade***.

  El Comando de Teclado ***sh+cmd+B*** e el Comando de Menú ***Edit ➤ Blade ALL*** dividirán todos los Clips en la posición de la Cabeza Reproductora/Skimmer.

Se selecciona un Clip

En este escenario sólo el Clip seleccionado será afectado:

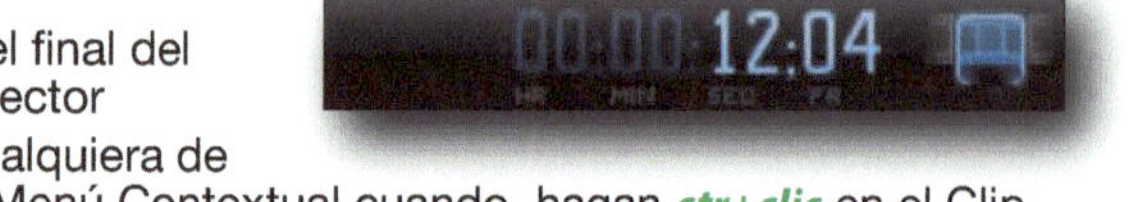

- **Duración**: Cambiar la duración de un Clip es lo mismo que cortar el final del Clip. Hay cuatro formas para iniciar ese comando. ***Doble-clic*** en el lector SMPTE para introducir la duración en valor de tiempo absoluto. Cualquiera de los otros tres comandos mostrará el mismo SMPTE: Comando de Menú Contextual cuando hagan ***ctr+clic*** en el Clip, usen el Comando de Teclado ***ctr+D*** o el Comando de Menú ***Modify ➤ Change Duration...***

La Forma Burda

- **Mover por valor de Desplazamiento:** Esto mueve los Clips seleccionados a la izquierda o derecha por el valor del desplazamiento (Los Clips Conectados se moverán en sincronía) Tengan cuidado ya que esta es la "forma burda" de editar: Todos los Clips en el camino serán sobrescritos y pueden quedar Gap Clips. ¡Los Clips Conectados en el camino, serán "tomados"!
    - Desplazar 1 cuadro a la izquierda o derecha con **,** y **.**
    - Desplazar 10 a la izquierda o derecha con el Comando de teclado ***sh+,*** (shift y la tecla de coma) y ***sh+.***
    - Desplazar 1 subcuadro (1/80 de cuadro) a la izquierda o derecha con ***opt+,*** (option y tecla de coma) y ***opt+.***

La Forma Burda

- **Mover por valores numéricos:** Cuando seleccionan un Clip y digitan las teclas **+** o **-**, el lector SMPTE cambia a un dispositivo de entrada de valores numéricos. Aunque la pequeña gráfica parece un símbolo de "Slide", este comando NO es de Slide Edit. Nuevamente es la "forma burda" de editar: todos los Clips en el camino serán sobrescritos y pueden quedar Gap Clips.
- **Eliminar:** Los Clips seleccionados y sus Clips Conectados se eliminaran y cualquier hueco será cerrado por los Clips que los rodean. Cuidado, eliminar un Clip en el Argumento Principal también lo hará con todos sus Clips Conectados. Pulsando la "Tilde" (esquina superior izquierda del teclado en Inglés o ***alt+sh+ñ*** en el teclado en Español) junto con la tecla Delete mantendrá todos los Clips Conectados.

Un Rango Seleccionado

En este escenario, la Selección de Rango se utiliza como una guía para recortar como si hubiera una Cabeza Reproductora para el recorte inicial y otra para el recorte final.

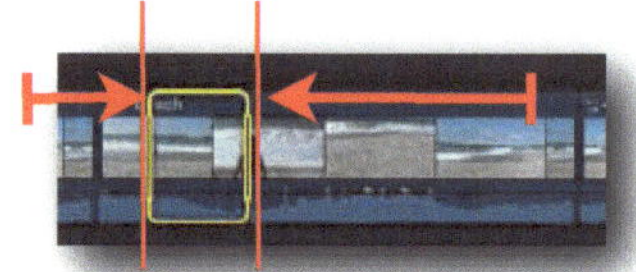

- **Recorte a la selección**: Use el Comando de Menú ***Edit ➤ Trim to Selection*** o el Comando de Teclado ***opt+*** (También pueden usar las teclas **+** y **-** para cambiar la duración del Rango). Los Clips Conectados de verán afectados.

Se seleccionan Puntos de Edición

En este escenario primero seleccionan el Punto de Edición específico con la Herramienta de Recorte y luego digitan en el lector de SMPTE la cantidad de tiempo que desea cambiar al Punto de Edición.

Este método es para un recorte más preciso.

- Digitan en el área con la herramienta de recorte para obtener el borde amarillo (indicando que técnica de recorte se va a ejecutar en qué Clip).
- Introduzcan la cantidad que desean recortar en números en el teclado. Los números, incluyendo una indicación gráfica del modo de recorte, se mostrarán en el lector de SMPTE.

Ripple Izquierdo

Ripple Derecho

Roll

Slip

Slide

*Mover**

Digiten **+** o **-** si se quieren mover hacia la izquierda o la derecha, seguido del número. Empiecen desde la derecha hacia la izquierda. "23" significa "23 cuadros", "213" significa "2 seg 13 cuadros". Usen el punto decimal como un divisor de valor "1." significa "1seg 00 cuadros". Usen ***esc*** para abortar el proceso. El ingreso de números tiene una especie de inteligencia: Si ustedes trabajan en un formato 30f y escriben "35", la pantalla mostrará automáticamente "1 seg 5 cuadros".

* Recuerde, si se selecciona un Clip en lugar del Punto de Edición, la SMPTE muestra el símbolo Slide al pulsar **+** o **-**, pero esta realmente ejecutando un "Movimiento de Posición".

- **Extend Edit** es un comando adicional que mueve los Puntos de Edición seleccionados (los corchetes amarillos) a la posición actual de la Cabeza Reproductora/Skimmer. Usen el Comando de Menú ***Edit ➤ Extend Edit*** o el Comando de Teclado ***sh+X***.

➡ *Usando el Mouse*

El recorte con comandos permite ediciones muy precisas, pero requieren de un proceso de dos pasos seleccionando primero el objetivo y luego aplicar el comando. Recortar con el mouse, por otro parte, es un método más directo e intuitivo, ya que están realizando la edición justo ahí, a la mano. El cursor del mouse en FCPx es ahora mucho más flexible, cambiando su función (y apariencia) dependiendo de sobre donde mueven el mouse (*conciencia de ubicación*). Requiere mucho menos el cambio de Herramienta de Puntero. Pueden incluso cambiar temporalmente de Herramienta de Puntero manteniendo pulsada la misma tecla que la que normalmente usarían para cambiar de forma permanente ese Puntero, ejecutar la acción y soltar la tecla. Lo importante sin embargo, es que siempre tendrán que estar conscientes de cual es la Herramienta de Puntero que tienen seleccionada.

Puntos de Edición

▶ Herramienta de Recorte (Herramienta de Selección)

Aunque la Herramienta de Recorte proporciona toda la funcionalidad de recorte, la Herramienta de Selección default proporciona la de recorte Ripple básica sin la necesidad de cambiar el cursor a la Herramienta de Recorte:

- **Ripple:** *Pulsar* cerca del borde del Clip con la Herramienta de Recorte *T*. Ripple también funcionará con la Heramienta Select básica
- **Roll:** *Pulsar* entre dos clips adyacentes con la herramienta de Recorte *T*.
- **Slip:** *Arrastrar* la Región izquierda o derecha con la Herramienta de Recorte *T*.
- **Slide**: *Opt+arrastrar* la Región izquierda o derecha con la Herramienta de Recorte *T*.

El cursor del mouse cambiará automáticamente a diferente ícono cuando lo muevan sobre áreas específicas del Clip para indicarles el modo actual de Recorte.

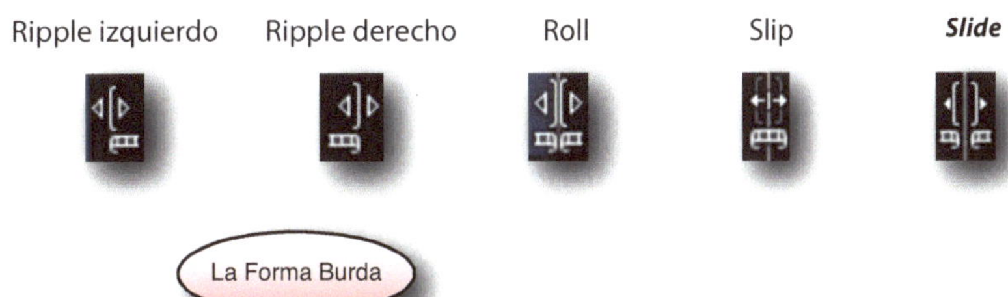

▶ Herramienta de Posición

Este es el modo de edición donde FCPx no trata de llenar cualquier vacío o mover Clips a un lado para dejar espacio para insertar o extender un Clip (función "Magnetic Timeline off"). Si se selecciona la Herramienta de Posición, cualquier acción (mover, recortar, etc) dará lugar a una sobrescritura de clips existentes o la creación de un Gap Clip. Sin embargo, esto tiene un efecto secundario que podría ser exactamente lo que quieren: ¡Los clips en el Timeline no se muevan! Si está sobrescribiendo Clips pero FCPx no desplazará Clips a lo largo del Timeline que ustedes no quieren, en primer lugar, que sean desplazados. Sus Clips permanecen en su lugar.

- **Trimming:** El cursor del mouse cambia automáticamente a uno de los varios iconos diferentes cuando se mueven en áreas específicas del Clip para indicar el modo de recorte a efectuar.

Cuando se mueve sobre el extremo izquierdo de un Clip (primer cuadro)

Cuando se mueve sobre el borde derecho o izquierdo de un Clip que aún tiene imágenes a la izquierda para ampliar

Cuando se mueve sobre el extremo derecho de un Clip (último cuadro)

Split Clips

▶ Herramienta de Navaja

Este comando de recorte permite dividir un Clip seleccionado en dos. Nótese que esta herramienta tiene su barra de Skimming incorporada para que pueda ver en el visor y el lector de SMPTE, donde dividen el Clip. Si la navaja se mueve sobre un Clip (activo), se vuelve negra. Cuando la mueven en cualquier otro lugar en el Timeline, se convertirá en una navaja roja (inactiva) Hacer clic con la navaja roja sólo moverá la cabeza reproductora a esa posición.

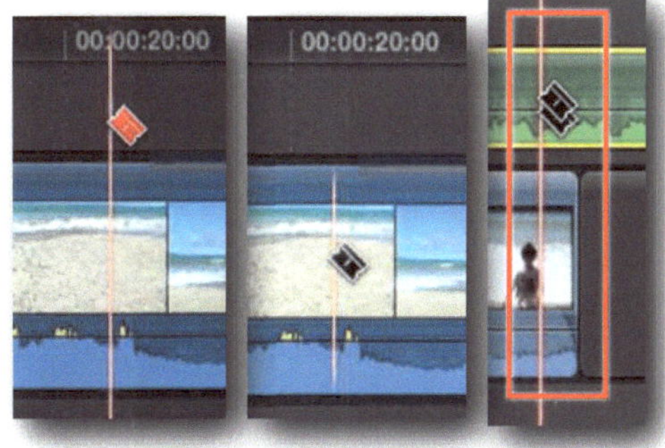

- **Split:** Hagan *Clic* en en cualquier parte de un Clip para dividirlo en dos en dicho lugar. Esto funciona en cualquier Clip, Primario, Argumento o Clip Conectado.
  Sh+clic divide todos los clips en el Timeline en esa posición. La Herramienta de Cursor cambia a dos navajas.

Moviendo Clips

Además de recortar Clips en su lugar, por supuesto que también los pueden mover al rededor.

La forma elegante

- **Mover cualquier Clip con la Herramienta de Puntero**: *Arrastren* la selección sólo entre Clips existentes. Cualquier hueco será cerrado o los Clips serán desplazados.
- **Copiar cualquier Clip con la Herramienta de Puntero**: *Opt+arrastrar* los Clips seleccionados. El mismo comportamiento al arrastrar.

La Forma Burda

- **Mover cualquier Clip con la Herramienta de Puntero**: *Arrastren* la selección libremente a cualquier posición en el Timeline. Todos los Clips existentes no cambiarán su posición pero podrán ser (parcialmente) sobrescritos. Se insertarán los Gap Clips si se necesita.
- **Copiar cualquier Clip con la Herramienta de Posición**: *Opt+arrastrar* los Clips seleccionados. Nuevamente, todos los Clips existentes no cambiarán de posición pero podrán ser (parcialmente) sobrescritos. Se insertarán los Gap Clips si se necesita.

Otros Comandos

Desactivar/Activar Clip

Pueden desactivar Clips temporalmente. Los siguientes comandos cambiarán el estado

- Comando de Teclado *V*
- Menú Principal: *Clip ➤ Disable/Enable Clip*
- Menú Contextual: *Disable/Enable*

Clip - Menú Contextual

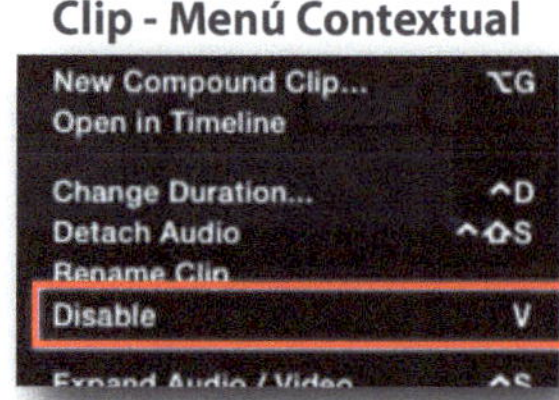

Clip Solo

El Comando Solo desactiva el Audio de todos los Clips en el Timeline que no ha sido desactivado. Pueden agregar o remover Clips del grupo actual de Clips desactivados con el Comando especial de Menú *Clip ➤ Add to Soloed Clips*. Los siguientes comandos cambiará el estado de Solo en los Clips seleccionados.

- Usen el botón de Solo (S) en el rincón superior derecho del Timeline
- Comando de Teclado *opt+S*
- Menú Principal: *Clip ➤ Solo*

Botones del Timeline

Renombrar Clip

Mientras que pueden renombrar Clips de Evento directamente en el Browser de Evento, también pueden renombrar los Clips de Timeline. Lo pueden hacer en tres diferentes lugares.

- Menú Contextual de Clip de Timeline: *Rename Clip*
- Timeline Index: *Doble-clic* en el nombre en la lista y escriba el nuevo nombre en el campo de entrada
- Inspector: Seleccionen el Clip y muestren la pestaña de Información en la ventana del Inspector. Escriba el nombre en el primer campo.

Clip - Menu Contextual

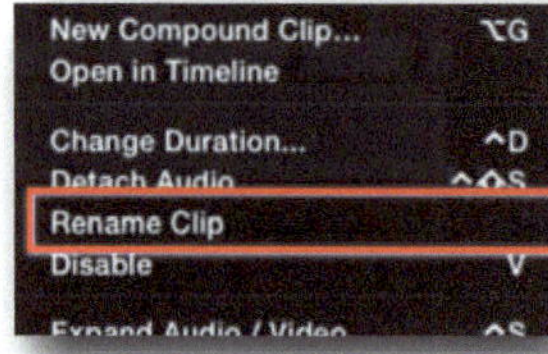

Timeline Index

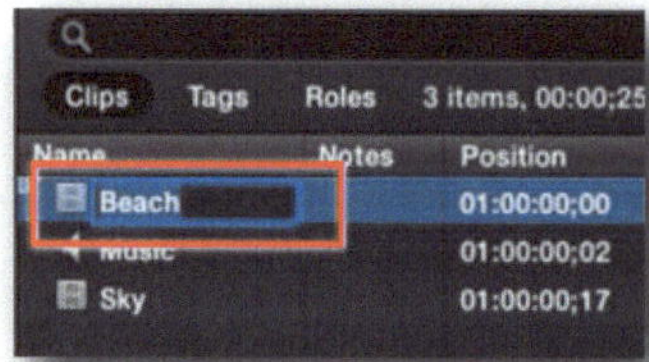

Inspector - Info

Clips Conectados

Hay algunos principios relativos a Clips Conectados que son importantes durante la edición de Clips.

- **Storyline -> Connected**: Este no es el nombre oficial del comando, sino que describe la acción. Ustedes mueven un Clip del Argumento Primario hacia arriba para hacerlo un Clip Conectado. Pero si mueve el Clip hacia arriba, entonces no hay ningún Clip en el Argumento Primario al cual conectarlo, ¿correcto? A menos que FCPx creara un Gap Clip, y a eso será a lo que estará conectado ahora el Clip. Este es un ejemplo perfecto de por qué es importante tener en cuenta Clips Gap como Clips reales y no sólo huecos en el Timeline. Simplemente ***arrastren*** el Clip hacia arriba, o usen ***sh+arrastrar*** para restringir el movimiento a la posición vertical. El comando oficial es "*Lift from Storyline*" ❶, disponible en el Menú Contextual del Clip, el Menú Principal ***Edit ➤ Lift from Storyline*** o el Comando de Teclado ***opt+cmd+flecha hacia arriba***.
- **Connected -> Storyline**: Concepto similar pero diferente dirección. El comando es "*Overwrite to Primary Storyline*" ❷ y mueve el Clip Conectado al Argumento Primario. Sin embargo, sólo el contenido de vídeo se sobrescribirá, el audio se "fusiona", más o menos. La pista de audio se ampliará y está disponible como una pista de audio independiente.

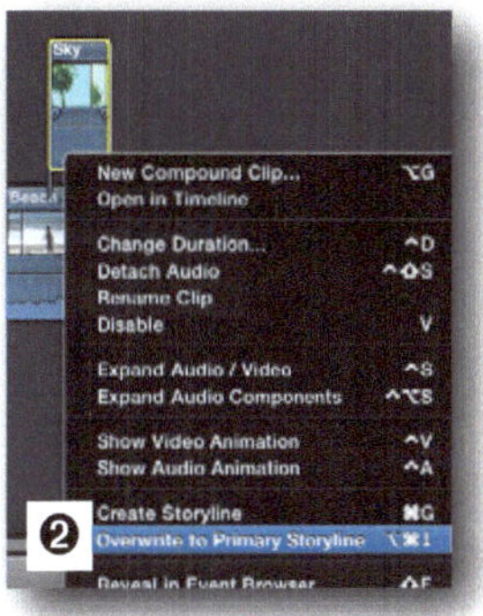

➡ *Punto de Conexión*

Todo Clip colocado como Clip Conectado a un Clip existente en el Argumento Primario (encima o por debajo) está conectado a ese Clip con un *Punto de Conexión*. Esta es la linea que pertenece al Clip Conectado. Por default, estará fijado al primer cuadro del Clip Conectado ❸. Pueden mover el Clip Conectado (y el Punto de Conexión con él) a lo largo del Timeline para conectarlo en cualquier posición a lo largo del Clip en el Argumento Primario.

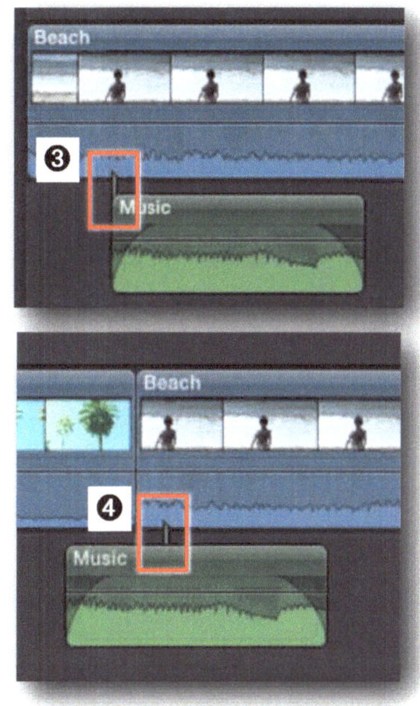

- **Mover el Punto de Conexión en el Clip Conectado.**
  Teniendo el Punto de Conexión fijo al primer cuadro del Clip Conectado está bien en la mayoría de los casos. Sin embargo, hay algunas situaciones donde esto puede ser un problema. Por ejemplo, puede que tengan un Clip de audio como un Clip Conectado al Clip principal de video en el Argumento Primario que necesita empezar antes que ese Clip de video (pero conectado al mismo). En ese caso, es necesario tener la Linea de Conexión colocada más adelante en el Clip Conectado ❹ para conectarlo al Clip en el Argumento Primario.
  Tecleen ***Opt+cmd+clic*** donde sea en el Clip Conectado para mover el Punto de Conexión a esa posición.
- **Mostrar Conexiones**
  Todos los Puntos de Conexión pueden ocultarse en el Timeline con la casilla en la ventana Clip Appearance ❺. Pulsen en el switch en el rincón inferior derecho de la ventana del Timeline.

Ventana Clip Appearance

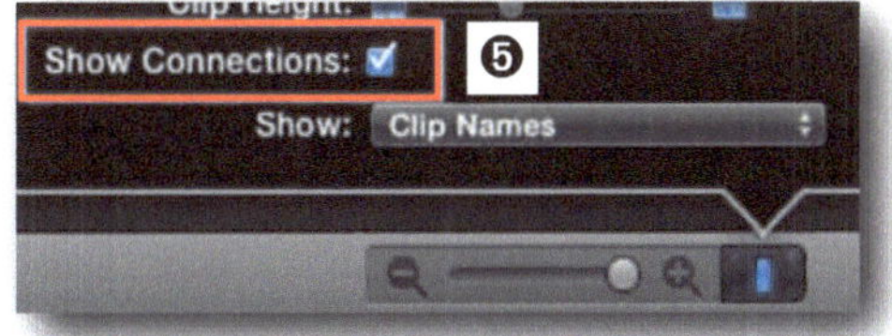

➡ *Estado de la conexión*

Hemos discutido en este capítulo las diferentes técnicas de cómo editar un Clip. Sin embargo, durante la edición de los clips que están "conectados", las reglas son diferentes.

La primera pregunta es, que Clip estamos editando, el Clip Conectado o el Clip en el argumento Primario que tiene un Clip Conectado a él.

Edición de Clip Conectado

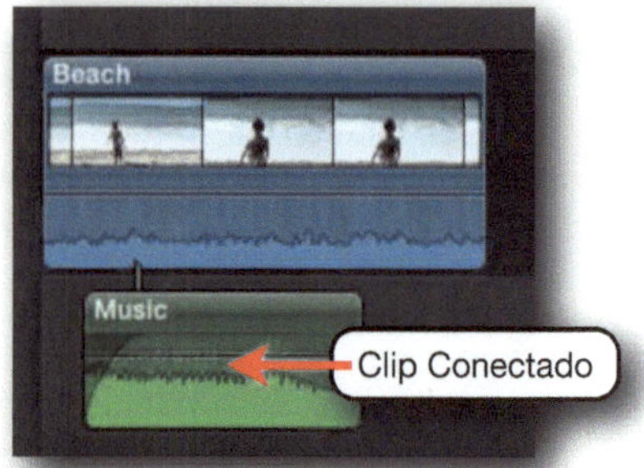

Edición de Clip Conectado

Pueden editar libremente el Clip Conectado, moverlo, recortarlo, etc. No afecta a ningún otro Clip, sólo la colocación del mismo Clip. Tengan en cuenta que el Punto de Conexión podría verse afectado por algunos procedimientos de edición. Por ejemplo, recortar el principio del Clip moverá el Punto de Conexión con el corte. Sin embargo, esto no lesiona su posición relativa al Clip principal en el argumento Primario.

Edición de Clip en Argumento Primario con Clip Conectado adjunto

Editar el Clip matriz en el Argumento Primario es más crítico. Esto podría mover los Clips Conectados y eventualmente dar lugar a Clips "fuera de sincronía". Hay dos estados que determinan el resultado de la edición.

Edición de Clip de Argumento Primario

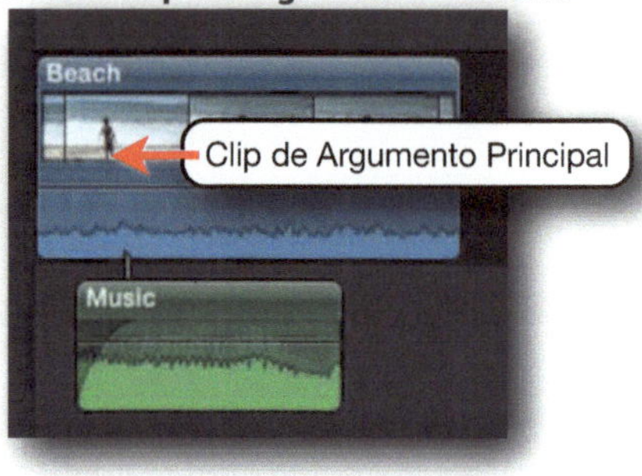

- **Conectado (default)**

  Este es el comportamiento normal y cuando FCPx fue introducido por primera vez, era la gran ventaja de los Clips Conectados. Se aferran al Clip del Argumento Primario y al mover ese Clip en el Argumento Primario, todos los Clips Conectados se mueven con él y permanecer en sincronía (i.e. Audio, efectos sonoros, superposiciones, etc). Sin embargo, he señalado ya en secciones previas que existen algunos peligros que hay que tener en cuenta

  ¡Eliminar un clip del Argumento Primario también borrará cualquiera de sus Clips Conectados!

- **Desconectado** 

  Este estado anula el default de que un Clip Conectado se mueva siempre con aquel al que está conectado en el Argumento Primario. En una situación en la que desean que el Clip Conectado siga en su posición en el Timeline independientemente de cualquier cambio en su Clip matriz en el Argumento Primario (moverlo, recortarlo, borrarlo). Se desconectará de su Clip matriz y “se aguantará” en esta posición del Timeline. Para ejecutar esta edición, mantengan oprimida la tecla de Acento Grave (`), la que está a la derecha de la tecla P. Aparecerá un ícono especial para indicarles que están editando en este modo especial

  Al eliminar un Clip en el Argumento Primario ahora NO eliminará sus Clips Conectados. Cualquier Clip en el Argumento Primario se moverá a la izquierda para llenar el hueco (Magnetic Timeline). Si no hay Clips en el Argumento Primario al cual conectarse, entonces FCPx genera un Gap Clipen en ese lugar.

Mover un Clip

Recortar un Clip

Eliminar un Clip

Editar ambos Clips

Seleccionando ambos, el Clip en el Argumento Primario y sus Clips Conectados, les permite moverlos o duplicarlos (o removerlos) simultáneamente manteniendo sus Conexiones intactas.

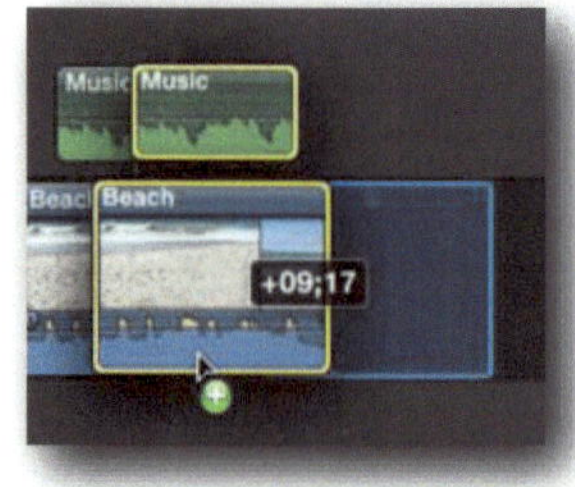

Agregando Efectos a un Clip

Antes toqué el tema de las Propiedades del Clip, en especial bajo el contexto de la edición en el Timeline. Es muy importante entender qué está afectando a qué en que nivel. He aquí de nuevo el concepto subyacente con un diagrama diferente.

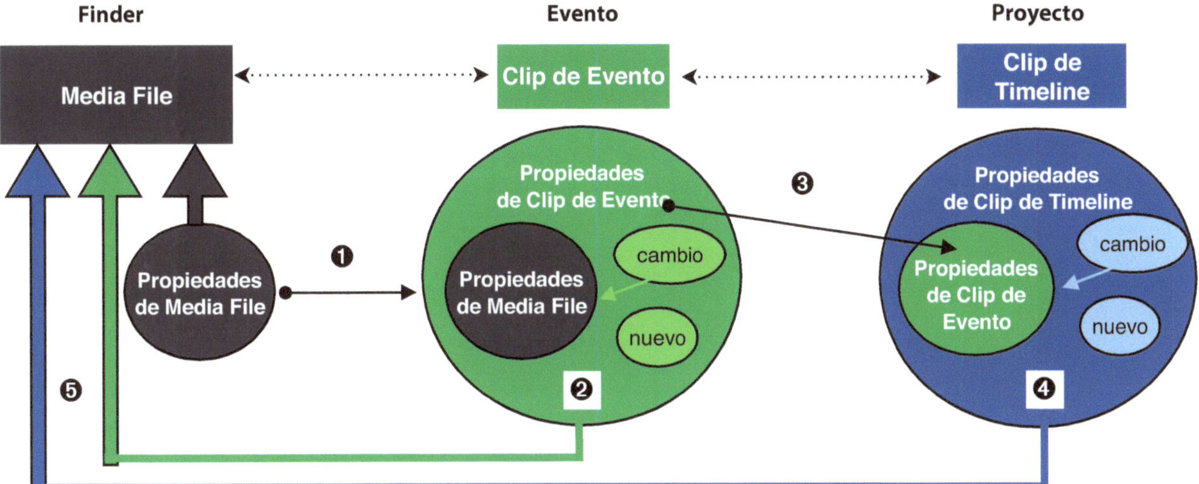

➊ Importan un Media File a un Evento. Se crea un Clip de Evento en el Evento que está vinculado a ese Media File. El Clip de Evento hereda las Propiedades del Media File. Es como una "búsqueda" única.

➋ Las Propiedades del Clip de Evento pueden editarse ahora en el Inspector. Pueden cambiar las Propiedades heredadas y agregar nuevas.

➌ Ahora se arrastra el Clip de Evento al Timeline del Proyecto. Se crea un Clip de Timeline en el Timeline que se vincula al Clip de Evento. Ahora el Clip de Timeline hereda las Propiedades del Clip de Evento. Parte de las Propiedades es la ubicación del Media File Fuente al que está vinculado el Clip de Evento. Nuevamente, esta es una búsqueda única.
Es muy importante entender el por qué este proceso de copiado de las Propiedades es una "búsqueda" única al momento en que se crea el Clip de Timeline. Cualquier cambio que se haga en el Clip de Evento después no se reflejarán en el Clip de Timeline.

➍ Las Propiedades del Clip de Timeline pueden ser editadas ahora en el Inspector. Esos cambios son únicos para ese Clip de Timeline. Cualquier Clip que se coloque en el Timeline lleva sus Propiedades individuales que pueden ser editadas. Cada vez que arrastren un Clip de Evento del Browser de Evento al Timeline o copien un Clip de Timeline en el Timeline, están creando un Clip de Timeline nuevo. Cada uno de estos Clips de Timeline "nuevos" tiene sus propias Propiedades que se pueden editar independientemente en el Inspector.

➎ Si reproduce el Media File original en el Finder (con QuickView), aplican sus propias Propiedades de reproducción. Al reproducir el Clip de Evento, aplicarán todas las instrucciones guardadas en el Clip de Evento cuando reproduzcan el Media File. (p.e. reproducir a -6dB). Cuando reproducen el Clip de Timeline, cualquier instrucción de reproducción guardada en las Propiedades del Clip de Timeline aplicarán cuando se reproduzca el Media File. (p.e. reproduce con reverb y cambia el tono de color en el video). Por supuesto que todas esas instrucciones son instrucciones de reproducción no-destructivas. Los Media File permanecen intactos. Tengan en cuenta que este modelo no tiene en cuenta el concepto de rendering que cubro en el segundo libro.

Editar las Propiedades para el Clip de Evento o el Clip de Timeline es sencillo. Abren el el Inspector con ***cmd+4*** y seleccionan el Clip. El Inspector muestra la información del aquel Clip seleccionado y hacen todos los cambios necesarios en el Inspector.

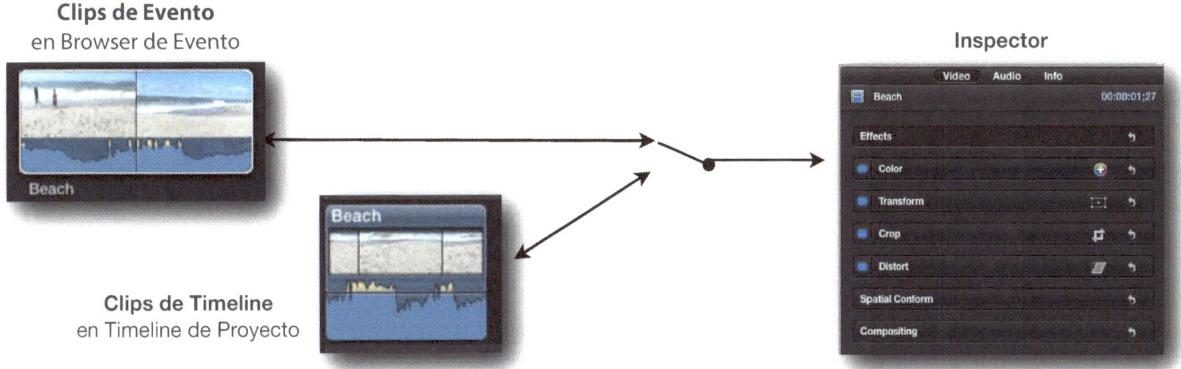

El concepto de aplicar settings de reproducción es muy simple y fácil. Cada Clip tiene su propia Lista de Propiedades (especie de su ADN). Esta lista contiene:

- **Info:** Información general acerca del Clip, toda su identidad.
- **Video + Audio**: Settings de reproducción que tienen instrucciones de como reproducir la porción de audio y video del Clip. Estás son las instrucciones de reproducción no destructivas para el Media File original cuando se reproduzca como lo hemos visto en el diagrama anterior. Esas instrucciones de reproducción están agrupadas en Módulos en el Inspector.

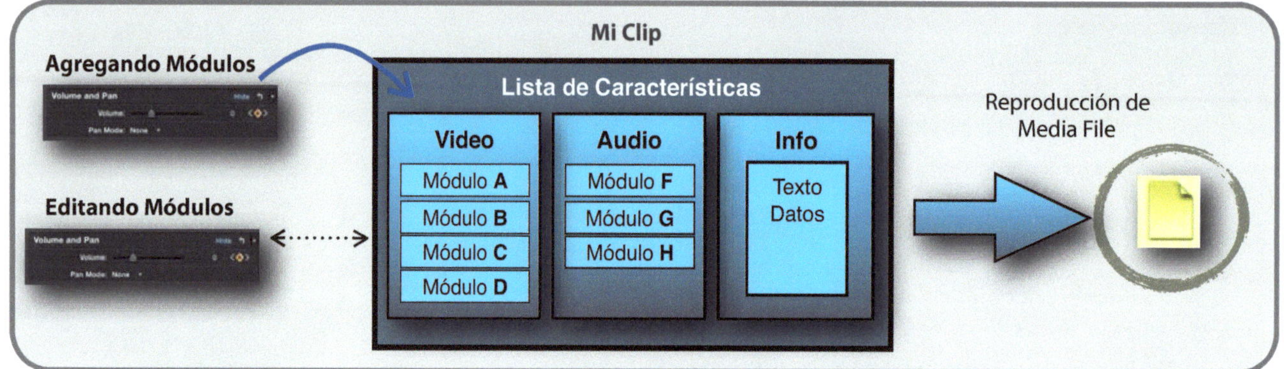

Hay dos tipos de Módulos:

- **Módulos Default**: Son Módulos ya disponibles en el Inspector y no se pueden remover (sólo omitirse).
- **Módulos de Efectos**: Son Módulos sólo disponibles para Clips de Timeline (no Clips de Evento). Esos efectos pueden agregarse (***arrastrar*** o ***doble-clic***) al Clip de Timeline desde la ventana *Audio and Video Effects Browser* (abierta con ***cmd +5***).

Módulo GUI

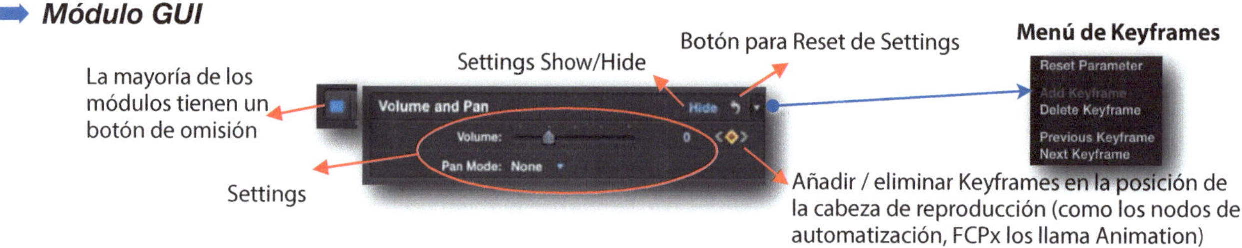

Estas son las Listas de Propiedades del Inspector con los Módulos default para la pestaña de Vídeo y Audio. Observen que los Clips de Timeline tienen pocos más Módulos, más el Módulo de Efectos. El Módulo de Efectos es una sección del display que agrupa todos los Menús de Efectos dentro, como un contenedor. Funciona como un Rack de FX donde pueden re-acomodar el orden de los FX. Los FX mismos incluso pueden tener sus propios GUI.

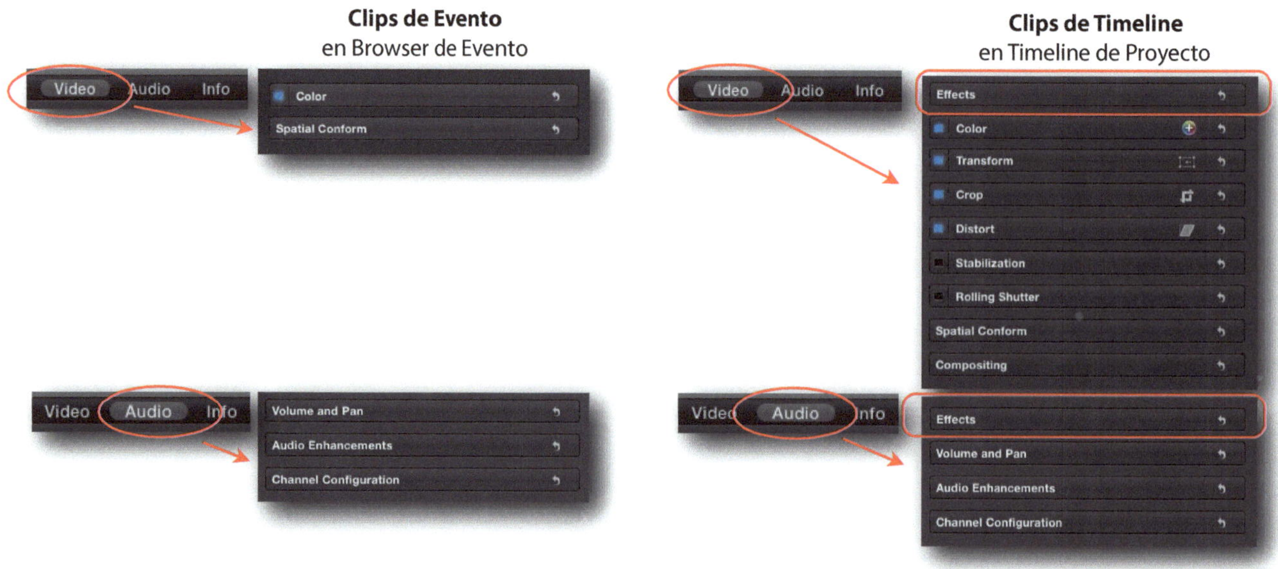

8 - Audio

Hasta ahora hemos cubierto muchos de los conceptos nuevos de FCPx. Por ejemplo, FCPx es una aplicación no basada en documentos, una sola pantalla de interfaz, relación de Evento-Proyecto, Argumento Primario y Clips Conectados, Magnetic Timeline. También mencioné que la porción de audio de un clip de video es ahora parte de un solo Clip (combinado).

Respecto a la manipulación de audio en FCPx, esto es sólo la "punta del iceberg". Hay conceptos fundamentalmente diferentes, no sólo en comparación con FCP7 pero comparado otras aplicaciones de edición de vídeo en general. No hace falta decir, que se requiere un replanteamiento de los flujos de trabajo comunes, pero tienen el potencial de proporcionar flujos de trabajo más poderosos.

Concepto Nuevo

Estos son los dos cambios más importantes en relación con audio en FCPx.

Clip único (combinado)

El diagrama siguiente muestra de nuevo un clip de vídeo, un clip de imagen y un clip de audio y cómo se ven en el Browser de Evento y en el Timeline.

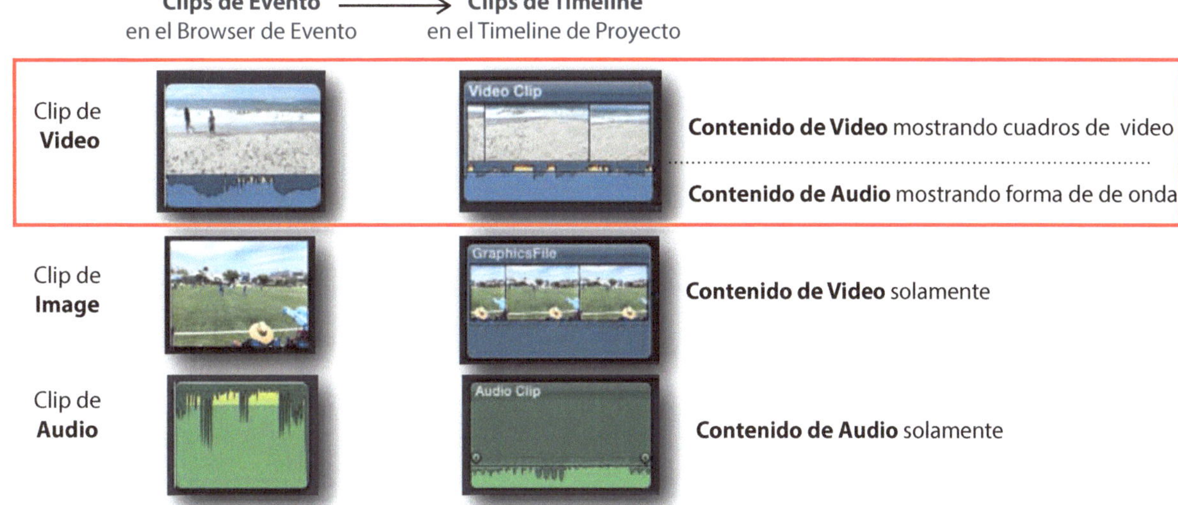

Mientras que un clip de audio contiene sólo las pistas de audio y un clip de imagen contiene sólo la pista de vídeo (un cuadro de vídeo), un clip de vídeo por el otro lado, puede incluir las dos partes, la pista de vídeo y las pistas de audio. Este nuevo concepto viene con nuevas técnicas de edición que vamos a explorar en un minuto.

Audio Basado en Objetos (No más Mixer)

El otro gran cambio es la eliminación de la mixer de audio. Sin embargo, no es sólo el remover de una característica en especial. Hay un cuadro más grande detrás de esto. Es el resultado de un concepto fundamentalmente diferente en como FCPx trata el audio en general.

El audio en FCPx ya no se basa en el concepto tradicional de una consola de mezcla y ruteo de señal, se basa en objetos, atributos y metadata. Otra señal de que la estructura general de FCPx es más similar a una base de datos. Cubriré este aspecto de metadata en el segundo libro "Final Cut Pro X - Los Detalles". En este capítulo, vamos a aprender lo que significa, tratando al audio no como una señal de audio, sino como un objeto.

Veamos ahora de cerca estos cambios.

Clip único (combinado)

En el capítulo sobre los Clips y Edición, tratamos a un clip de vídeo como un solo clip, un solo objeto que contiene las porciones de video y de audio. Eso tenía la ventaja de que todos los comandos de edición (recortando, moviendo, copiando) fueran aplicados a un sólo Clip.

Sin embargo ese Clip de Video es en realidad un contenedor que alberga dos Clips, un Clip de Video y un Clip de Audio. Sólo están combinados en uno que permite una edición más eficiente. Aunque no se utiliza en este contexto, el término correcto sería "un Clip Compuesto", un Clip que contiene otros Clips, tema del segundo libro.

Video Clip = Clip de Video + Clip de Audio

Si bien hay grandes ventajas cuando se edita un solo Clip (combinado), hay ocasiones en las que desean editar la parte de vídeo y audio de un Vídeo Clip por separado. La buena noticia es que FCPx da esa opción, en realidad más de una opción.

Opciones de visualización

Este es un resumen de esas diferentes opciones, como puede ser mostrado un Video Clip en el Timeline. Tenga en cuenta que las opciones de visualización sólo son para el Clip de Timeline. Un Clip de Evento sólo podrá mostrarse en su forma combinada.

Hay una excepción con el comando "Open in Timeline" que es una opción de visualización adicional que cubro en el capítulo Clip Compuesto.

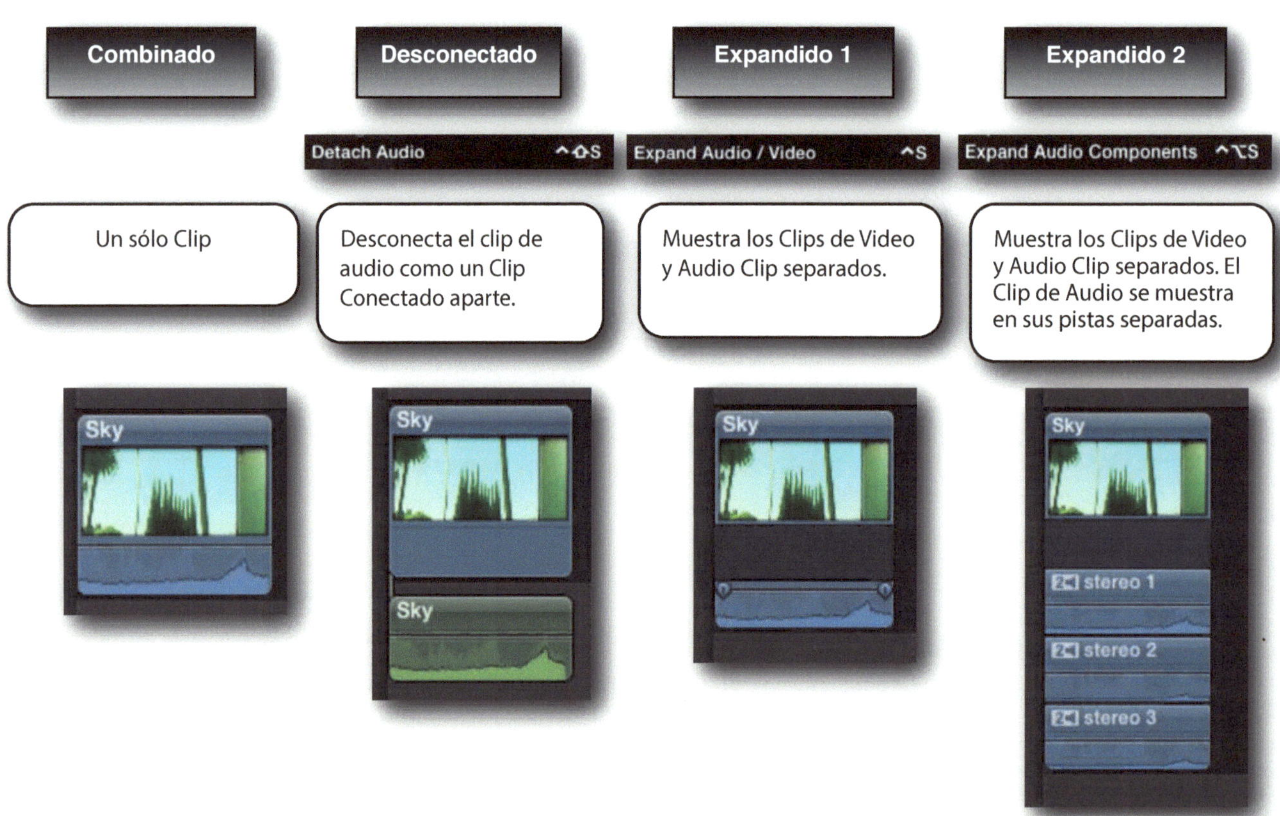

Desconectar Audio

Usen cualquiera de los siguientes comandos:

- Menú Principal ***Clip* ➤ *Detach Audio***
- Menú Contextual ***Detach Audio***
- Comando de Teclado ***sh+ctr+S***

Este es el enfoque más radical que rompe el Clip en Clips separados de Video y Audio. Ambos Clips tendrán el mismo nombre. Este comando no podrá revertirse más tarde, sólo con el comando Undo.

Si e Clip combinado se localiza en el Argumento Primario, entonces el nuevo Clip de Video permanece en el Argumento Primario y el Clip de Audio pasará a ser un Clip Conectado a él. Si el Clip combinado ya es un Clip Conectado, entonces ambos Clips nuevos acaban siendo Clips Conectados a su Clip original en el Argumento Primario.

Expandir (Colapsar) Audio/Video

Usen cualquiera de los siguientes comandos:

- Menú Principal ***Clip* ➤ *Expand (Collapse) Audio/Video***
- Menú Contextual ***Expand (Collapse) Audio/Video***
- Comando de Teclado ***ctr+S***
- ***Doble-clic*** en la forma de onda.

Este comando también separa los Clips de Video y Audio, pero sólo visualmente. Esta es sólo una función de visualización que puede alternarse con el mismo comando. Tengan en cuenta que el Clip expandido es una unidad indicada por el área obscura que conecta las porciones de video y audio. También, la porción del audio aun tiene el color azul que sugiere que es un Video Clip y no un Clip de audio separado (verde).

Expandir (Colapsar) Componentes del Audio

Usen cualquiera de los siguientes comandos:

- Menú Principal ***Clip* ➤ *Expand (Collapse) Audio Components***
- Menú Contextual ***Expand (Collapse) Audio Components***
- Comando de Teclado ***ctr+opt+S***

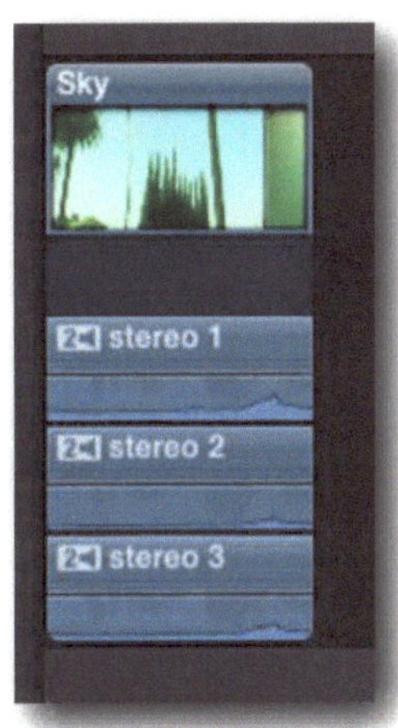

Esta opción de visualización es sólo una variación del Comando "Expand Audio/Video". Ahora la porción de audio se muestra en sus pistas de audio individuales. Por ejemplo, si el audio tiene una pista estéreo, sólo mostrará una pista estéreo, pero si tiene dos pistas mono, entonces ambas pistas serán mostradas como dos Clips d Audio separados. El ejemplo de la derecha, muestra una mezcla surround 5.1 que está configurada como tres pistas estéreo.

FCPx llama esas pistas de audio *Audio Components*. El comprender estos Componentes de Audio (o pistas de audio) es muy importante a la hora de mezclar, como veremos más adelante en este capítulo.

El Menú Principal de Clip y el Contextual contienen todos los comandos para estas opciones.

El Menú Principal de Clip tiene un comando adicional "*Break Apart Clip Items*". Este tiene un efecto similar al comando Detach Audio creando Clips Conectados separados. Aquí, FCPx ve a los media files originales y crea Clips individuales para cada pista(video y audio) que forman parte del media file.

Menú Principal: Clip

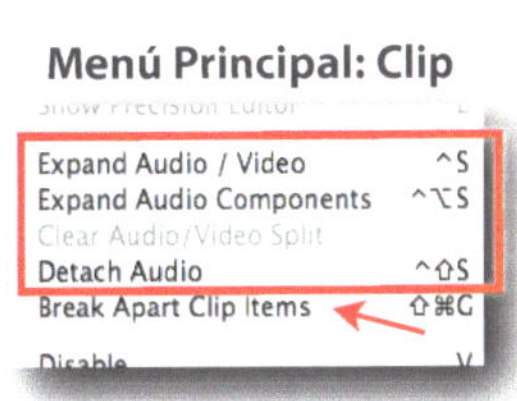

Menú Contextual: Clip de Timeline

Editando Clips Expandidos

Cuando editen un Clip de Video, todos los comandos para recortar se aplican a la parte de audio y vídeo como uno. Pero a veces es necesario tratarlos de forma individual. Separar el audio podría funcionar porque crea dos Clips independientes, pero perdemos la ventaja de tener un clip combinado en primer lugar.

Expandir el Clip mantiene la parte de vídeo y audio conectado juntos sin dejar de ofrecer recorte y edición independiente.

➡ *Recortando*

Expandir Audio/Video

Este es un ejemplo sencillo de cómo recortar la parte de audio por separado de la parte de vídeo de un Clip.

❶ El primer Clip (Sky) se expande. Tengan en cuenta que el Argumento Primario está siendo extendido verticalmente para acomodar el Clip expandido.

❷ Aquí recorté sólo la parte de audio extendiéndolo hacia la derecha por lo que es más largo que la parte de vídeo.

❸ Aquí también expandí el segundo Clip (Beach) y recorté su parte de audio para empezar antes creando una superposición de audio entre los dos Clips. Tenga en cuenta que el Argumento Primario se extiende aún más. Cualquier sección superpuesta se mostrará apilada una sobre otra de una manera visual muy clara.

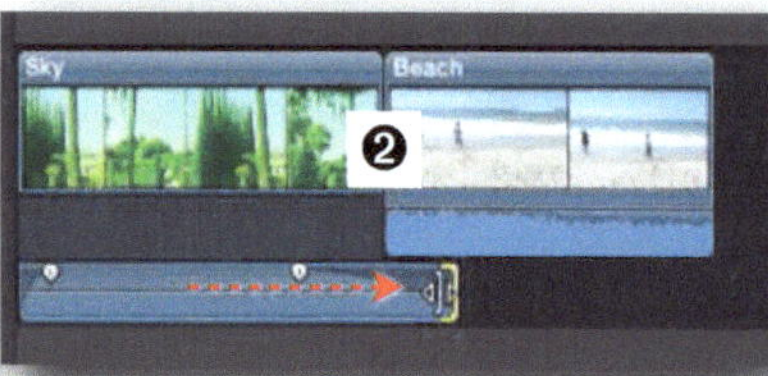

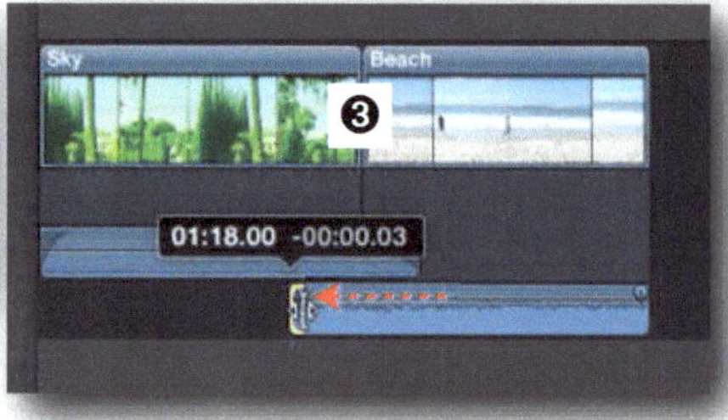

Reajustar

Use el Comando de Menú *Clip ➤ Clear Audio/Video Split* ❹ para reajustar la parte de audio nuevamente a la misma longitud de la porción de video del Clip seleccionado.

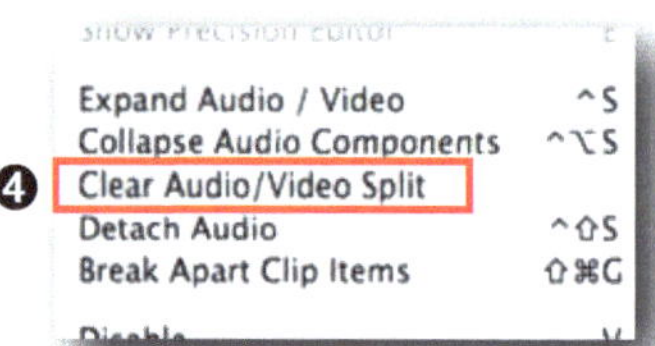

Componentes de Audio Expandido

Con el comando *Expand Audio/Video* también pueden recortar las porciones de video y audio independientemente. Sin embargo, pueden llevarlo un paso más allá cuando usan clips que contienen multicanales de audio. Cuando muestran los Componentes individuales de audio dentro de un Video con el comando *Expand Audio Components*, pueden recortar cada Componente individual contra el video y entre sí.

❺ El Clip se expande mostrando sus tres Componentes de audio, aquí representan tres canales estéreo. Visualmente, indican que son aun parte de un Video Clip combinado.

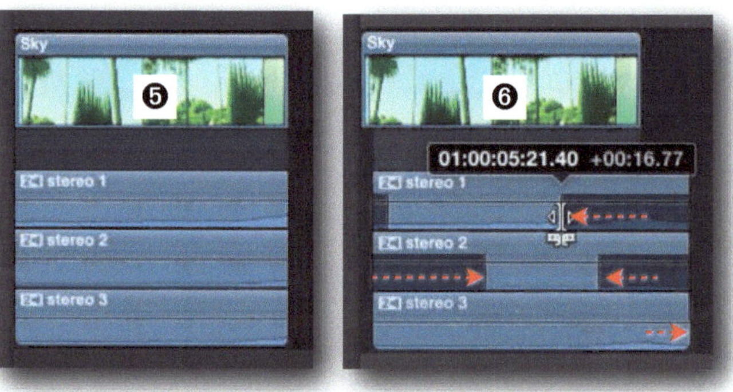

❻ Tomen nota de los detalles en la interfaz. Cada Componente tiene un carril superior y un carril inferior. El carril superior muestra el nombre del Componente y el número de canales de audio de ese Componente. Los carriles superiores siempre abarcan desde la primer al último punto de edición de la porción (recortada) de audio. El carril inferior de cada Componente es el que puede ser recortado. Posicionen el cursor ligeramente a la derecha del borde derecho o ligeramente a la izquierda del borde izquierdo para obtener la herramienta de recorte . Si arrastran dentro del carril, el cursor cambia a la herramienta de Rango .

➡ *Recorte Avanzado*

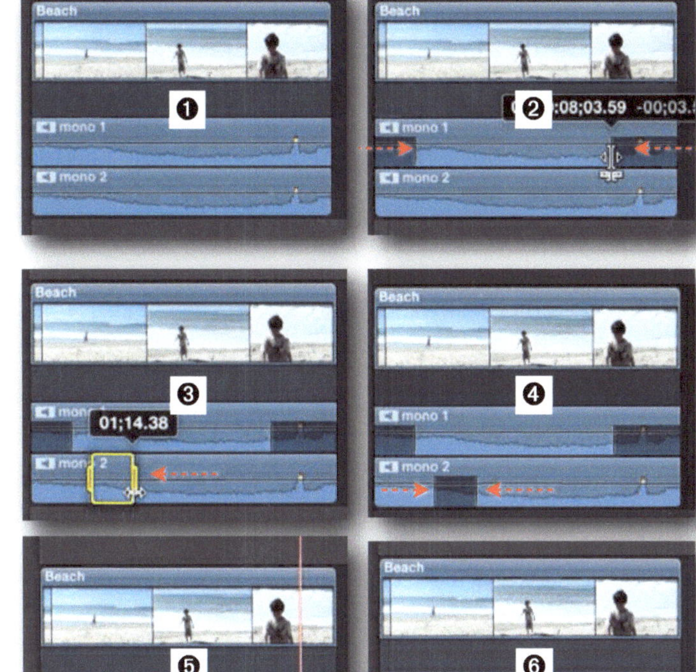

Pueden llevar las técnicas de recorte aun más allá en la pantalla de Expansión de Componentes de Audio.

❶ Este Clip contiene dos Componentes de audio, cada uno con un canal mono de audio (mono1, mono 2)

❷ Como hemos visto en el ejemplo anterior, pueden recortar el principio y el final de cada Componente individualmente. En este ejemplo, el primer Componente entra más tarde y se detiene antes.

❸ Moviendo el mouse sobre un Componente cambia el cursor a la herramienta de Rango que les permite ***arrastrar*** una selección de Rango en ese Componente de Audio.

❹ Usando el comando *Disable* (Menú Contextual, Menú de Clip o Comando de Teclado *V*) sólo desactiva ese rango seleccionado. Ahora el Componente muestra esa sección silenciada como un área atenuada.

❺ Pueden marcar selección múltiple con la Herramienta de Rango en cualquier Componente y desactivar dichas secciones muy rápidamente para silenciar partes de Componentes de audio específicas.

❻ También pueden usar la herramienta de Rango para marcar una sección y rápidamente cambiar el nivel sólo a esa sección de ese canal ***arrastrando*** la línea de automatización de volumen hacia arriba o hacia abajo. Esto crea keyframes (parte que cubro en el capítulo de Automatización de Audio en el libro 2).

Estas técnicas de recorte para multicanales de audio son muy rápidas y eficientes. Todo está contenido en un sólo Clip. Solo Muestran los Componentes de Audio, hacen la edición y Colapsan el Componente de Audio. Un flujo de trabajo elegante, rápido y limpio que significaría un trabajo intensivo en FCP7.

➡ *Edición por Parámetros*

Ya cubrí el concepto de aplicar efectos a un Clip en el Capítulo de Edición: Seleccionen el Clip, seleccionen el Parámetro (o agreguen un parámetro de efectos nuevo) en el Inspector y ajusten sus valores. Este es el concepto básico de editar Objetos individuales que ahora aplica también a la edición y mezcla de audio. Esta es la gran ventaja.

❼ **Clip único**: Con un Clip, el Objeto es un sólo elemento (la porción de audio del clip) y cualquier edición aplicada al clip se le aplicará igualmente a todos los canales de audio que contenga.

❽ **Clip de Componente de Audio expandido**: Con el Componente de Audio expandido, cada Componente es un Objeto separado y cada edición podrá ser aplicada ahora a cada uno de esos Objetos individuales. Por ejemplo aplicar algún ecualizador u otro efecto sólo a un canal o panear los Componentes individuales en diferente forma (centro, izquierda, derecha).

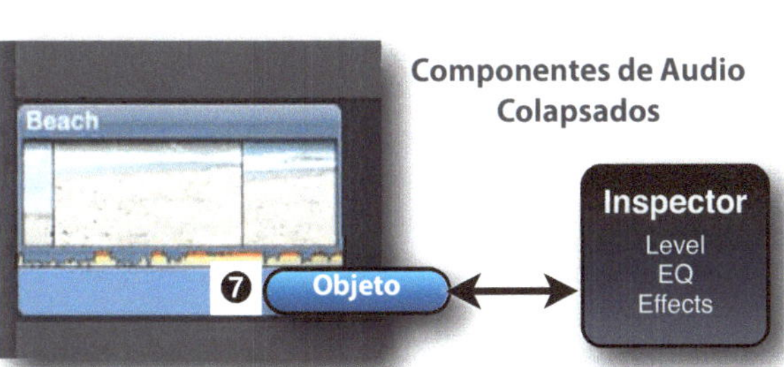

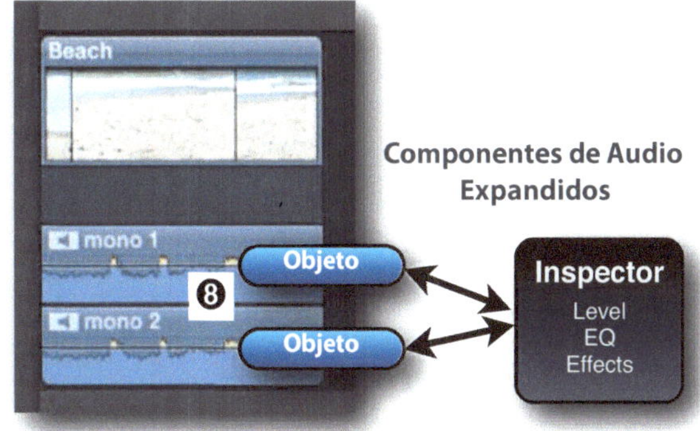

En la siguiente sección, encontraremos más acerca de esta edición basada en objetos.

Audio basado en Objetos

Apple hizo una movimiento audaz y eliminó el concepto de pistas en FCPx remplazándolo con el Argumento Primario. Además de estropear algunos flujos de trabajo comunes al que los editores están acostumbrados, estos cambios también generan grandes dolores de cabeza. En el mundo del audio (Pro Tools, Logic Pro), todo sigue basado en pistas y era el "apretón de manos" común entre los mundos del video y el audio junto con los formatos establecidos para el intercambio de archivos.

Los Clips de Audio se colocaban en pistas de audio en la aplicación de video que estaba conectada a los canales del mixer para hacer el mezclado básico de audio en el proyecto de video.

Los diferentes Clips de audio podían ser colocados en pistas predeterminadas (Dialogo, Ambiente, Foley, Música, etc) para organizar todo mejor. Esas pistas podían ser entregadas a la persona de ProTools para mezclar o podían ser procesadas con la aplicación complementaria, Soundtrack Pro.

Ahora todo esto se ha ido. Sin embargo, junto con el cambio de "señales de audio" a "objetos de audio", FCPx introdujo una nueva característica de gran alcance llamada *"Roles"*. Estos cambios requieren un replanteamiento de los flujos de trabajo convencionales, pero ofrecen nueva funcionalidad que antes no era posible.

El Inspector es el nuevo Mixer

Para entender mejor el concepto de audio en FCPx, piensen en él como una transición de un modo de pensar análogo a uno digital. La forma análoga era basada en pistas, donde tenían pistas (en una máquina de video o una máquina de multipistas de audio) que portaba la señal. La señal de salida de la máquina era ruteada a través de un mixer donde balanceaban la señal e insertaban los FX para procesamiento posterior de la señal. La señal mezclada se enviaba al destino, como bocinas u otro dispositivo de grabación.

Este concepto se simula en virtualmente todos los DAWs (Estaciones de Trabajo de Audio Digital en Inglés). Sin embargo bajo el cofre, no hay señal que sea transportada de una salida a otra. Todo se basa en código de computadora con ceros y unos, objetos y direcciones, etc.

Ahora FCPx lo lleva al siguiente nivel. En lugar de simular un modelo de mezcla analógica con "herramientas" digitales, se queda en el "modo de pensar digital" cuando se trata de edición y mezcla de audio.

La señal de audio individual se convierte en un Objeto que representa un canal de audio

Una señal de audio en el dominio analógico se representa normalmente por una pista en una máquina de cinta (donde grababan esa señal) o una Banda de Canal en un tablero de mezclado (donde procesaban esa señal). En el dominio digital esa señal de audio se representa por un Canal de Audio que está anidado en el Media File Originall (archivo de video o archivo de audio). Y esos Canales de Audio individuales son los Objetos con los que estamos editando con el Inspector. El Inspector muestra los Settings y Atributos del Objeto seleccionado (nivel, paneo, efecto, configuración de canal) y cambiar esos settings requiere ajustar sus valores en el Inspector.

El Inspector se convierte - **Su nueva consola de Mezclado.**

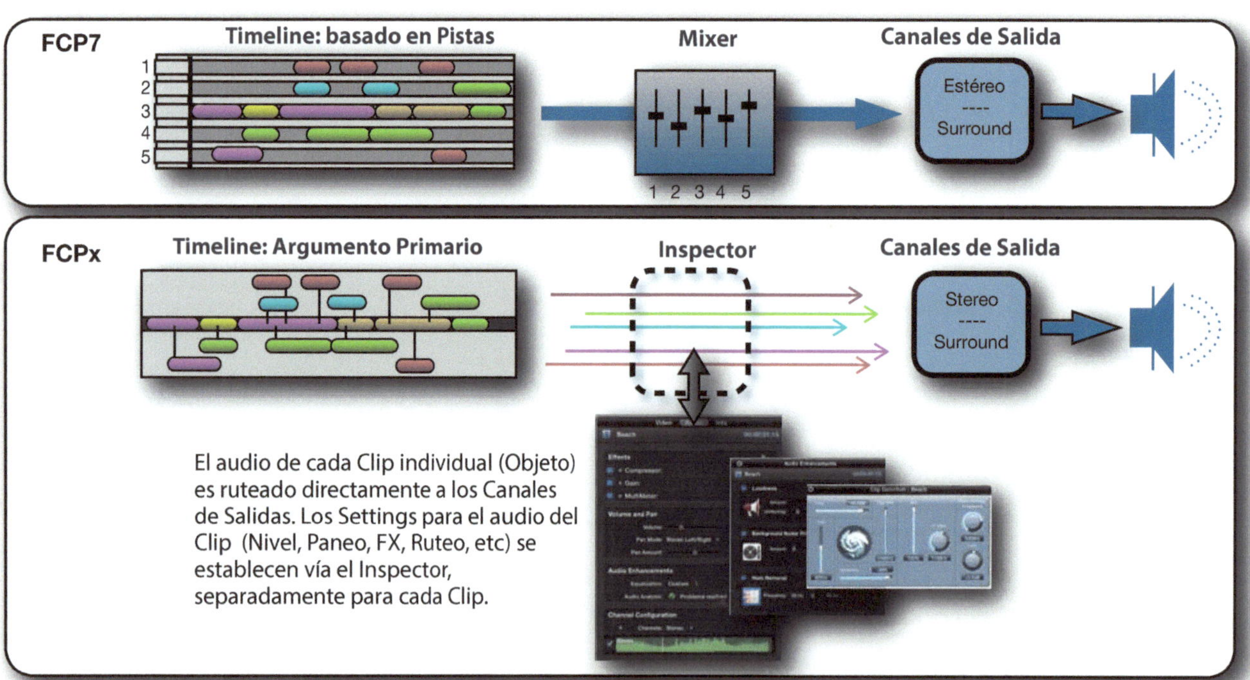

Inspector

Echemos un vistazo a nuestro nuevo Mixer, el Inspector, y veamos como este puede remplazar un mixer de audio.

El proceso básico de mezclar una pista de audio es ahora el mismo que como el de la edición de un objeto en una aplicación de computadora como Photoshop, un procesador de palabra o una aplicación de diseño.

- **Seleccionar el Objeto** (o varios objetos)

  Esto significa, seleccionar un Clip primero. Esto puede ser un Clip de Evento o un Clip de Timeline. En un Clip de Timeline pueden incluso seleccionar Componentes de Audio individuales en la vista expandida como lo hemos visto en la sección previa.

- **Abrir el Inspector**

  Ya comentamos antes que el inspector es una ventana especial usada en muchas aplicaciones. Les permite ver y ajustar los settings de un Objeto seleccionado.

- **Ver los Valores de Settings**

  Teniendo abierta la ventana del Inspector mientras seleccionan diferentes Objetos, les permite ver los valores de sus settings.

- **Ajustar los Valores de los Settings**

  Ajustando los valores de los settings disponibles en el Inspector aplicará esos cambios a los Objetos seleccionados en ese momento. Asegúrese siempre qué Objeto (qué Clip o Componente) es el seleccionado.

Si se selecciona cualquier objeto que tenga contenido de audio (Clip de Video con contenido de audio o Clip de Audio), entonces el Inspector tendrá una pestaña de Audio que lista todos los settings de audio. Los settings están agrupados en Módulos. Un Clip de Timeline tiene un Módulo adicional no disponible en un Clip de Evento. Este es el Módulo de Effects que funciona como un Estante de Efectos en donde pueden agregar módulos de efectos de audio adicionales para después procesar los canales de audio seleccionados.

Clip de Evento

- Volumen y Paneo
- Mejoras al Audio
- Configuración de Canales

Clip de Timeline

- Efectos
- Volumen y Paneo
- Mejoras al Audio
- Configuración de Canales

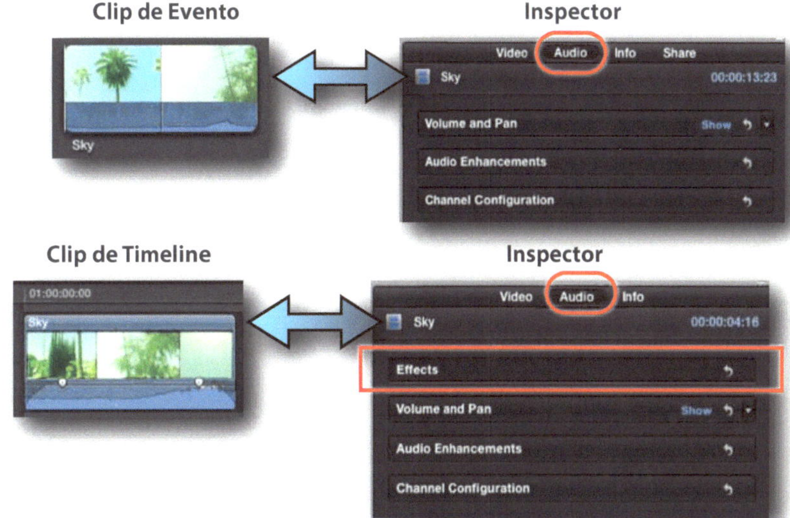

➡ *Mostrar/Ocultar Settings*

Ocultar Settings - Mostrar Settings

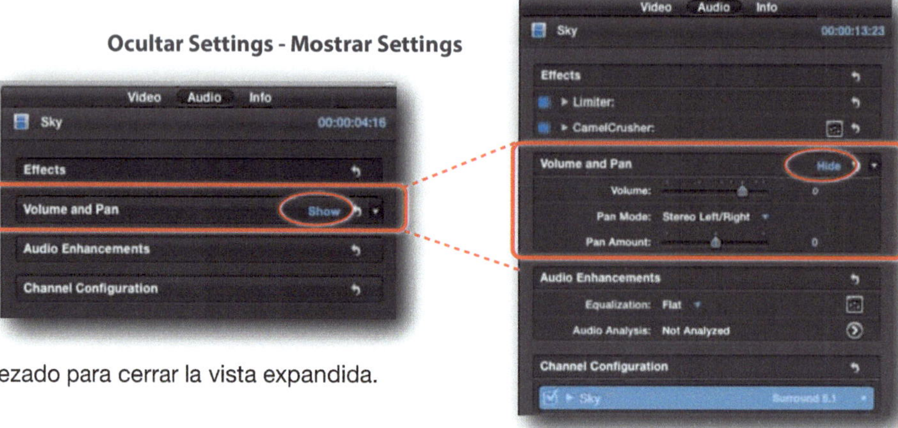

Doble-clic en encabezado del Módulo para expandir y mostrar todos los Settings que tiene. Al mover el mouse sobre el encabezado también mostrará un botón azul "Show" que también puede ser pulsado.

Si se expande, ese botón ahora mostrará "Hide" cuando se mueven sobre el encabezado. Pulsen o hagan ***doble-clic*** en el encabezado para cerrar la vista expandida.

➡ *Tengan en mente*

Siempre que estén en el Inspector, viendo y/o ajustando Settings, estén pendientes de dos cosas:

- ¿Qué Objeto está seleccionado?
- ¿El Objeto seleccionado es un Clip de Evento o un Clip de Timeline?

Esto suena trivial pero tomen en cuenta:

- Por supuesto que no quieren cambiar valores en el Inspector y percatarse después que lo hicieron en el Clip equivocado. Siempre mantengan atención en los Clips seleccionados.
- Pueden seleccionar varios Clips y cambiar sus Settings simultáneamente.
- Al seleccionar un Clip se agregará un borde amarillo al rededor. Ahora ya saben que ha sido seleccionado y si el Inspector está visible, mostrará los Settings del Clip seleccionado. Pero, si quieren editar esos Settings tienen que seleccionar el Inspector. Esto cambia el enfoque principal del Timeline (o del Browser de Evento) al Inspector. El borde amarillo que indica al los Clips seleccionados cambia su color a gris. Tenga en cuenta la sutil diferencia cuando busquen esa retroalimentación visual.

Clip seleccionado
La ventana está seleccionada

Clip seleccionado
La ventana no está seleccionada

- Otra cosa a recordar. Los Clips de Evento y Clips de Timeline tienen sus propiedades particulares. Al mover un Clip de Evento al Timeline se crea un Clip de Timeline independiente que hereda las Propiedades del Clip de Evento. Todos los cambios subsecuentes en el Clip de Timeline no afectan al Clip de Evento del que depende. Igualmente cuando copian (duplican) Clips de Timeline en el Timeline mismo. Esto crea un Clip de Timeline independiente nuevo. Así que sean consciente de dónde se realizan ajustes de audio y por qué. Por ejemplo, si unos Clips de Evento necesitan algo de tratamiento básico (asignación de canal, el nivel estaba demasiado bajo o saturado), pueden hacerse al Clips de Evento para que cuando sea tiempo de arrastrarlos al Timeline,esos settings pasen con ellos.
    - *Tip Avanzado*: Aunque no pueden agregar Efectos a un Clip de Evento porque el Inspector no muestra el Módulo de Efectos, pueden abrir el Clip de Evento en el Timeline con el comando "***Open in Timeline***". Esto abre enormes oportunidades en FCPx. Más sobre esto en el segundo libro "Final Cut Pro X - Los Detalles".

➡ *Controles Adicionales*

El Inspector es donde ven y editan todos los Settings. Sin embargo, el Clip de Timeline mismo también tiene dos áreas en donde pueden ver y editar Settings. Esos Settings corresponden con los Settings mostrados en el Inspector y son actualizados en ambos lados.

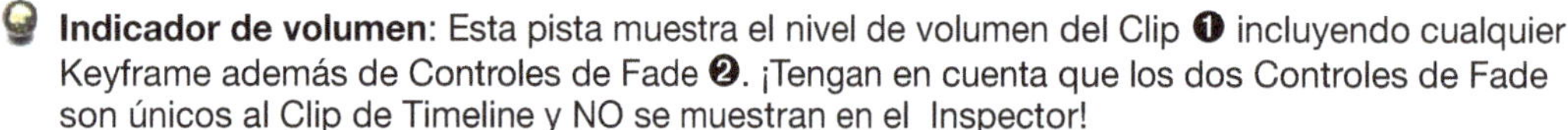

- **Indicador de volumen**: Esta pista muestra el nivel de volumen del Clip ❶ incluyendo cualquier Keyframe además de Controles de Fade ❷. ¡Tengan en cuenta que los dos Controles de Fade son únicos al Clip de Timeline y NO se muestran en el Inspector!
- **Pista de Animación de Audio**: Las pistas de Animación (Mostrar/Ocultar Animación de Audio) muestran cualquier Parámetro como una función en el tiempo más cualquier Keyframe disponible ❹. Vean el capítulo de Animación para detalles.

Settings de Audio

Veamos los 4 Módulos del Inspector en detalle par ver qué Settings de Audio podemos ajustar y como los ajustamos.

- **Effects**: Este Módulo es como un Estante de Efectos al que se pueden cargar plug-ins de efectos.
- **Volume and Pan**: El módulo que establece el nivel general y el ajuste de paneo para estéreo y surround.
- **Audio Enhancements**: A algunos efectos incorporados para ajustes rápidos de audio.
- **Channel Configuration**: El nuevo módulo de enrutamiento de salida.

A continuación se muestra un diagrama que muestra los Módulos del Inspector como Componentes de un flujo de la señal de audio convencional. Esto es sólo un modelo para mostrar los elementos que afectan al Clip de audio antes de llegar al destino, un altavoz o un media file exportado.

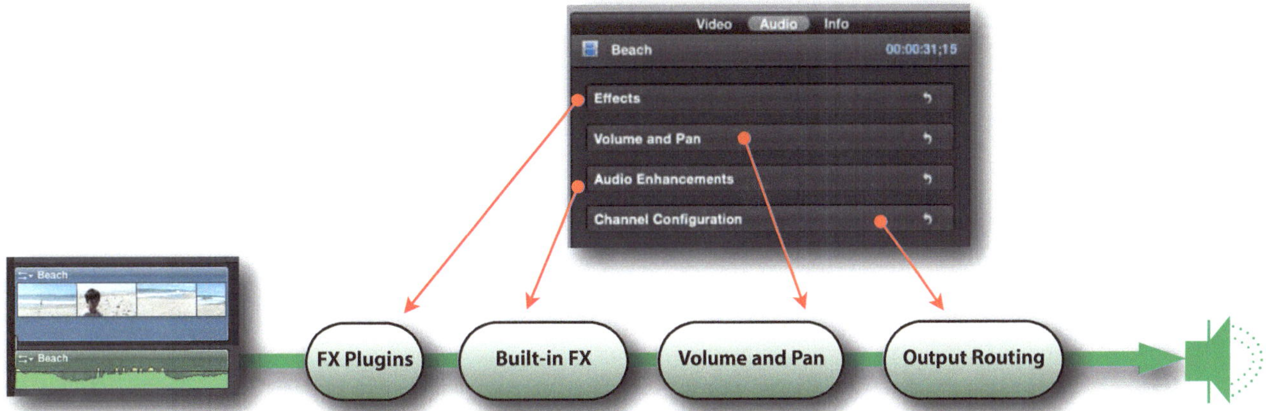

La mayoría de los Módulos en el Inspector de Audio son fáciles de entender como Volumen, Ecualizador y otros Efectos. El último sin embargo, Channel Configuration, es sin duda el más importante y fácil de pasar por alto. No entender el concepto detrás de él podría dar lugar a sorpresas desagradables. Así que empecemos por este primero.

Channel Configuration

¿Cómo puede este Módulo ser tan importante y complicado? Sólo tiene una barra de control.
Esa barra única muestra lo siguiente:

- Una casilla de verificación
- Un triángulo de revelación
- El nombre del Clip seleccionado (mostrado)
- Un menú contextual

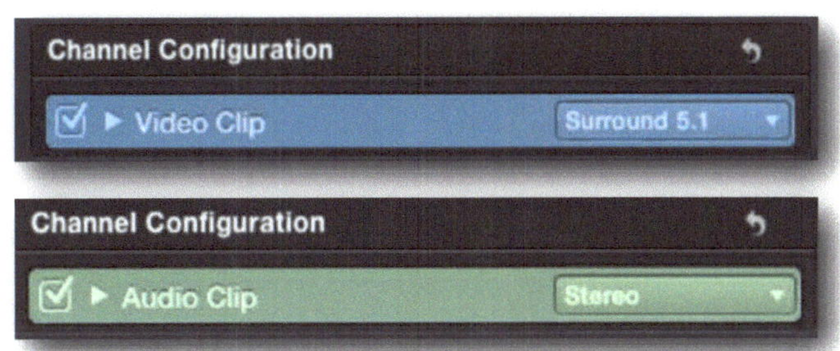

El código de color les indica si el audio es parte de un Clip de Video (azul) o un Clip de Audio (verde)

Canales

Así es como la Configuración de Canales encaja en el "gran cuadro" de FCPx.

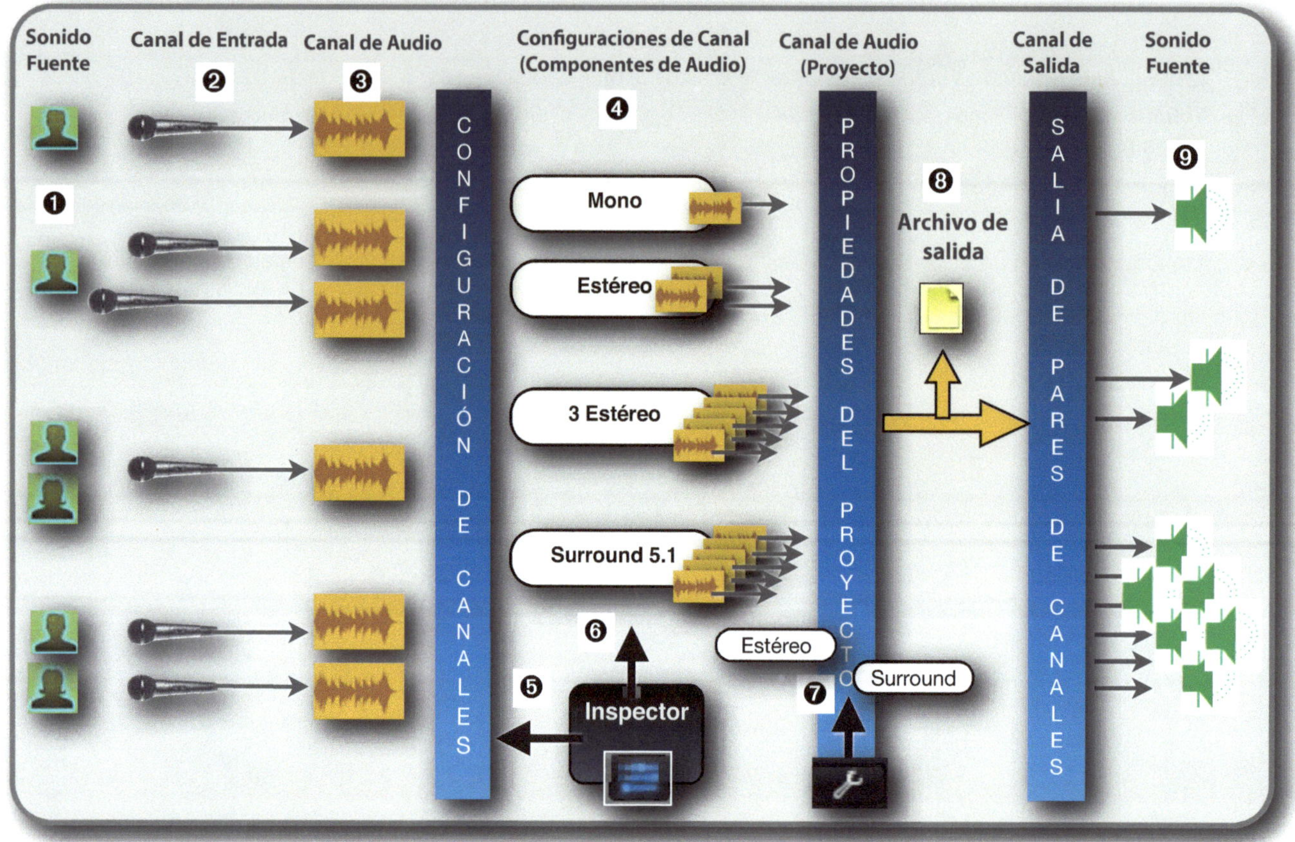

❶ El Sonido Fuente es el audio original que quieren grabar. Esto puede ser una señal (un actor) o muchas señales (grupo de actores).

❷ El canal de entrada es la señal ambiental que está grabando. Como pueden ver en el diagrama, el número de Fuentes de Sonido puede ser diferente del número de Canales de Entrada. Pueden grabar dos fuentes con un mic (un canal de Entrada) o una fuente con varios micros (Canales múltiples de Entrada). Por ejemplo, grabando al actor con el micro de cámara y con un boom.

❸ Cada Canal de Entrada grabado crea una Canal de Audio ambiental representado por una señal de onda.

❹ Esos Canales ambientales de Audio pueden ser agrupados como Configuraciones de Canales específicos. Dos canales pueden ser agrupados en un sólo componente Estéreo o dos Componentes Mono. Seis canales pueden ser agrupados en un sólo componente Sorround 5.1 o en tres componentes estéreo. Incluso pueden configurar los seis canales en seis componentes mono, un componente por canal. Como pueden ver, el proceso de la Configuración de Canales es sólo una instrucción de como agrupar los canales ambientales de audio. .

❺ El Inspector es la herramienta donde seleccionan una de las Configuraciones de Canales disponibles.

❻ El Inspector ahora puede aplicar cualquier procesamiento de señal a Componentes de Audio individuales sólo mediante la selección de ese Componente de Audio en lugar del Clip completo en sí. Por ejemplo, si configuran una grabación 5.1 como seis componentes mono, entonces pueden editar cada canal individualmente, aplicando más bajos al canal de FX o una EQ especial al canal central.

❼ Independientemente de estas Configuraciones de Canal, establecida individualmente para cada Clip, es la configuración de Canal de Audio para el Proyecto (como un Track Maestro). Esta es parte de las Propiedades del Proyecto, establecidas cuando crean un Proyecto nuevo o lo cambian después en cualquier momento. Puede establecerse como Estéreo (dos canales) o Surround (seis canales). Los Componentes de Audio del Clip se están "ejecutando a través" del Parámetro Pan que determina como cada Componente de Audio es dirigido a los Canales de Audio del Proyecto.

❽ El archivo de salida, creado al exportar el proyecto, hereda el formato establecido en las Propiedades del Proyecto (Estéreo o Surround).

❾ Esta es la última etapa en la que los Canales de Audio del Proyecto (estéreo o surround) se hacen coincidir a los Canales de Salida de su hardware automáticamente. Por ejemplo, puede que monitorizen por el altavoz mono o altavoces estéreo en su computadora o por una instalación de sonido surround conectado a una interfaz de audio externa. Este proceso les permite escuchar un altavoz estéreo, incluso si ustedes están trabajando en un configurado para sonido surround.

Ahora vamos a echar un vistazo a la Configuración de Canal para estar seguros de que que entendemos completamente esa sección. Sobre todo lo que se refiere a los Componentes de Audio.

Estos son los cuatro elementos importantes:

Media File Original

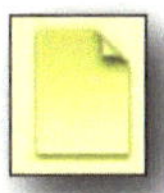

Este es el archivo con el contenido de audio al que está referenciado el Clip de Evento o el Clip de Timeline. El archivo pudo haber sido obtenido directo de una grabación (p.e. de cámara) o de un archivo exportado (mezcla) a través de una aplicación.

Canales de Audio Ambientales

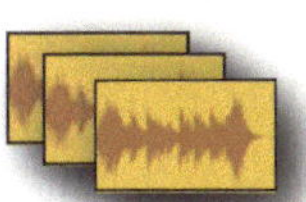

La primera pregunta acerca del audio es, cuantos canales ambientales porta el audio. Es sólo un canal de un sólo micrófono o dos canales de un mic estéreo. Quizá el archivo es una mezcla sorround que contiene seis o más canales ambientales.

Configuración de Canales

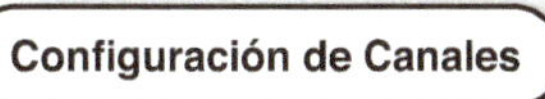

Configuración de Canales es las diferentes formas de agrupar juntos esos canales ambientales. A esos grupos con frecuencia se les llama tracks, pero FCPx usa el término *Audio Components*. Un Media File guarda sus canales ambientales en un formato específico, su Configuración de Canales (default)..

Componentes de Audio

Componente de Audio (Track)

La Configuración de Canales contiene uno o más Componentes de Audio (Tracks) que a su vez contienen los Canales de Audio ambientales . Por ejemplo, un archivo que contiene dos Canales (de una grabación mezclada estéreo) podría configurarlos como un solo track estéreo (un Componente de Audio) conteniendo ambos canales en ese sólo track. Una alternativa es configurarlo como dos traks mono (dos Componentes de Audio), llevando cada uno un canal.

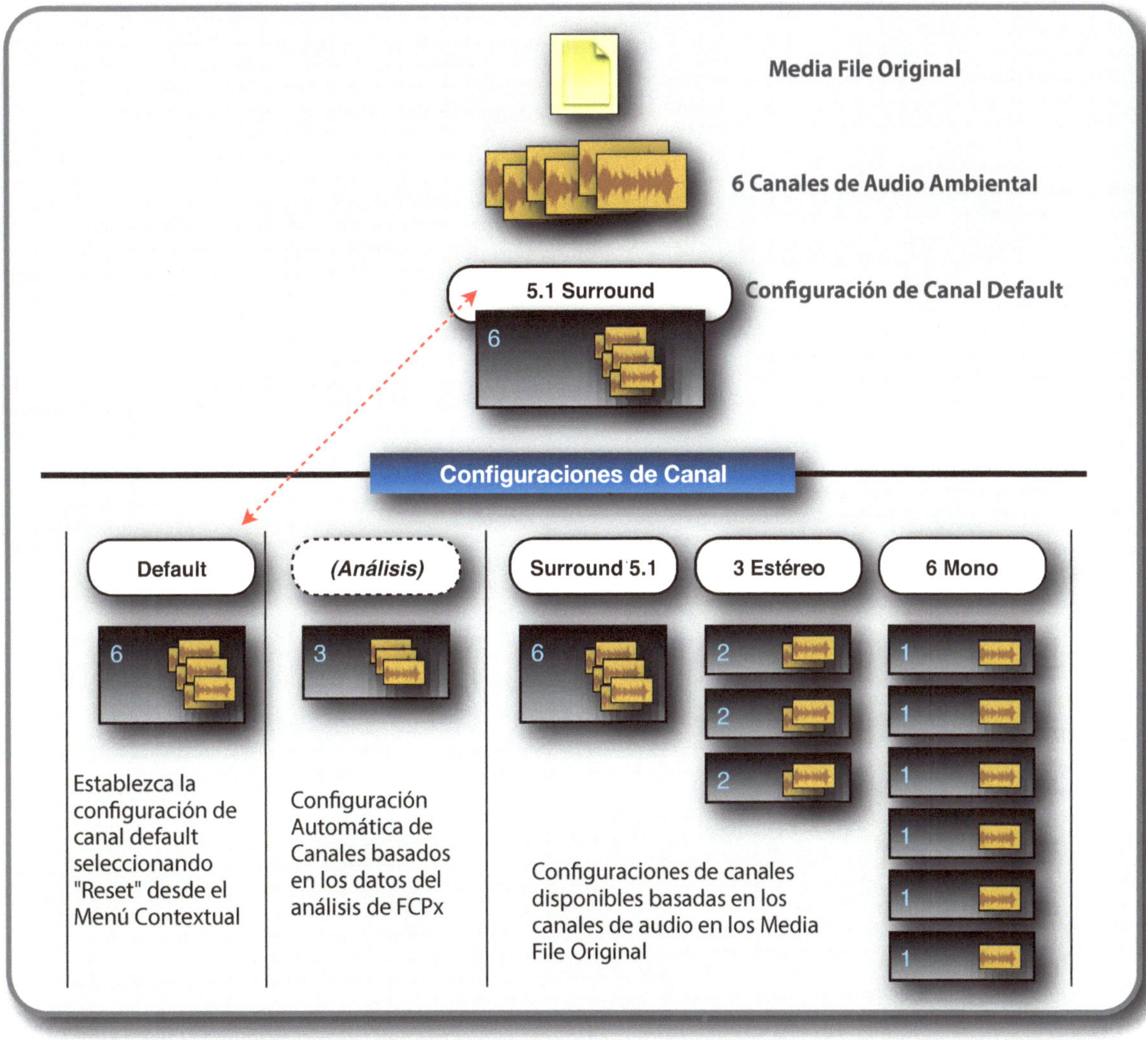

Media File Original

6 Canales de Audio Ambiental

5.1 Surround

6

Configuración de Canal Default

Configuraciones de Canal

Default

6

Establezca la configuración de canal default seleccionando "Reset" desde el Menú Contextual

(Análisis)

3

Configuración Automática de Canales basados en los datos del análisis de FCPx

Surround 5.1

6

3 Estéreo

2

2

2

6 Mono

1

1

1

1

1

1

Configuraciones de canales disponibles basadas en los canales de audio en los Media File Original

Puede que lleve tiempo digerir estos diagramas. Sin embargo, es importante entender estos conceptos si quieren controlar la parte de audio de su Proyecto y tratar de evitar "sorpresas" en relación con el audio. (Por cierto, estos es sólo la base. Aun no he hablado de Metadata y Roles.)

He aquí un diagrama simplificado que resume la importancia de la Configuración de Canal.

El posible malentendido sobre la Configuración de Canal es que podría ser comparada a la salida de enrutamiento en un flujo de señal de audio tradicional. Al cabo, FCPx lo lista como el último Módulo en el Inspector de Audio. Sin embargo, la Configuración de Canal determina la ruta de salida **Y** la ruta de entrada. Toma los Canales de Entrada disponibles y ofrece diferentes opciones sobre la manera de agrupar esos canales juntos como Componentes de Audio. Entonces, esta selección determina como se rutéa la señal a los Canales de Salida disponibles en conjunción del control de Paneo.

Todo se centra al rededor de la Configuración de Canal

Entendiendo eso, echemos un vistazo a la interfaz de usuario del Módulo de Configuración de Canal.

❶ El menú contextual proporciona una lista de todas las Configuraciones de Canal disponibles. Estas son las opciones de cómo agrupar los canales disponibles. Como las opciones disponibles dependen de los canales disponibles en el Media File Original, los elementos en la lista varían con los diferentes Clips.

❷ Al seleccionar cualquier elemento en la lista cambia a esa Configuración de Canal.

❸ El comando *Reset* cambia a la configuración del canal por default del Media File Original. El botón Reset en el encabezado del Modulo tiene el mismo efecto. Tengan presente que esto también elimina cualquier valor aplicado a los Componentes de Audio.

❹ El triángulo de revelación El triángulo de revelación en la parte superior muestra todos los Componentes de Audio individuales en esa configuración mostrando sus formas de onda. Tenga en cuenta que esta es la forma de onda del componente de audio. Si ese Componentes de Audio sólo contiene un canal, entonces verán la forma de onda de ese Canal. Si un Componentes de Audio contiene dos o más Canales, entonces la forma de onda muestra la suma de esos Canales. La forma de onda siempre se amplia de forma que muestre la longitud completa del Clip.

❺ Pueden cambiar el nombre a los Componentes de Audio. Pulsen sobre el nombre y tecleen en la caja de entrada.

❻ Las casillas junto a cada Componente de Audio silenciará sólo los canales de ese Componente de Audio. Un Componente de Audio silenciado será atenuado. La casilla en la parte superior permite silenciar toda la parte de audio del clip. Muestra un botón de menos para indicar si algunos componentes están silenciados y otros no.

❼ Si un Componente de Audio incluye más de un canal, entonces el ícono de bocina junto a la casilla incluirá el número de canales.

❽ Clip Skimming está siempre activo (barriendo a lo largo de un Componente de Audio). Tengan en cuenta que aunque la barra de Skimming es visible siempre, Sólo escuchan el sonido si Audio Skimming está activado en el Menú View (no necesariamente con el botón de Audio Skimming (vean la sección de Cabeza Reproductora para detalles a cerca de la implementación algo confusa de Skimming).

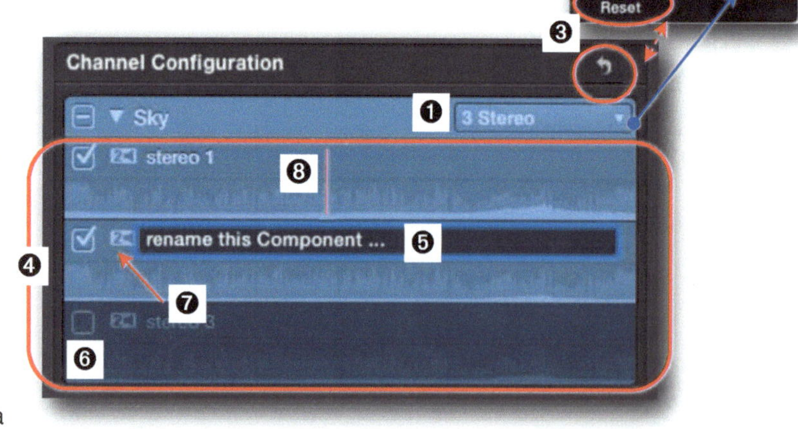

Estos son ejemplos de tres Clips basados en tres diferentes media files fuentes con canales de audio diferentes y por lo tanto diferentes Configuraciones de Audio de donde escoger.

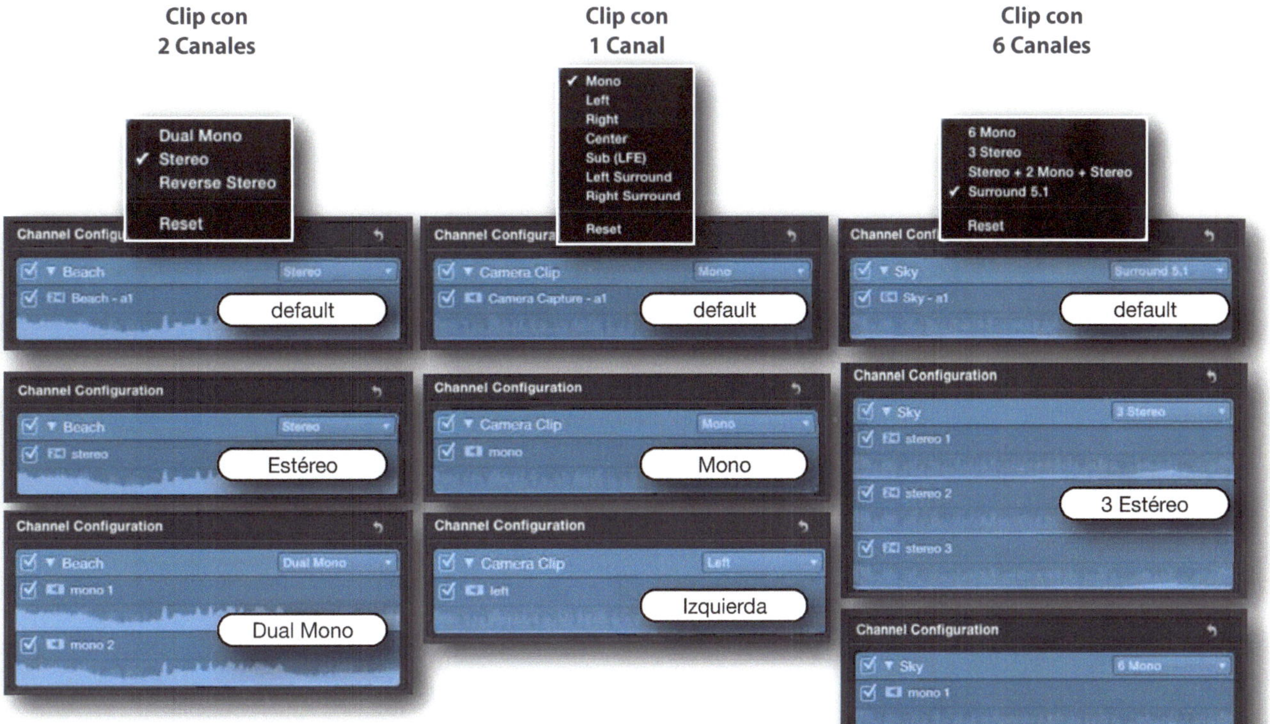

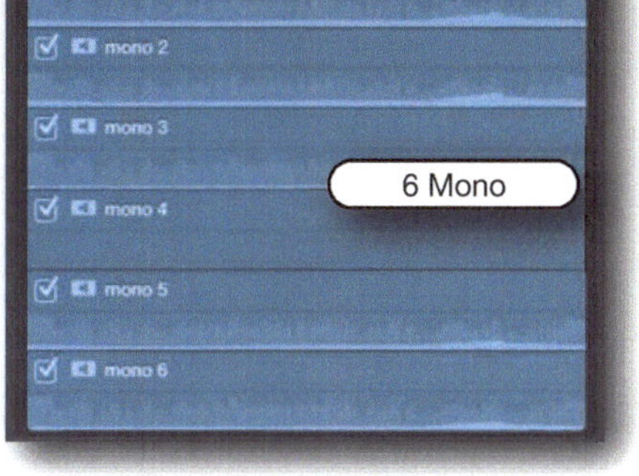

Clip con 2 Canales | **Clip con 1 Canal** | **Clip con 6 Canales**

default | default | default

Estéreo | Mono | 3 Estéreo

Dual Mono | Izquierda | 6 Mono

Tengan en cuenta que la Configuración de Canal no sólo determina cómo agrupar los canales de entrada disponibles, sino que también determina la ruta de salida. Por ejemplo, vean el menú contextual del Clip al centro. Sólo tiene un canal, pero el menú contextual lista más opciones que sólo "Mono". Lista todos los canales ambientales de una configuración surround 5.1. Esto significa que con los valores adecuados, dirigirá ese canal directamente uno de los 6 Canales de Salida (si se estableció que el Proyecto sería Surround).

Analyze and Fix

Hay un elemento más que tiene que tomarse en cuenta con respecto a la Configuración de Canales. Recuerden que en el capítulo acerca de Importar Media. FCPx tiene una función que analiza automáticamente la parte de audio de un Clip. Esto se puede hacer al importar del Media File Original o en cualquier momento posterior con un comando del Menú Contextual. Puede remover cualquier canal que no tenga señal de audio y también establecer la Configuración de Canal a "Dual Mono" o "Stereo" dependiendo del análisis.

Hay tres tipos de Configuración de Canal:

Default

Esta es la Configuración de Canal de audio default como está guardada en el Media File Original. Pulsen *Reset* en el menú contextual para cambiarlo a ese.

Analyzed and Fixed

Esta es la Configuración de Canal determinada por el análisis automático.

Custom

Estas son las Configuraciones de Canal que están disponibles en el menú contextual en Channel Configuration Module.

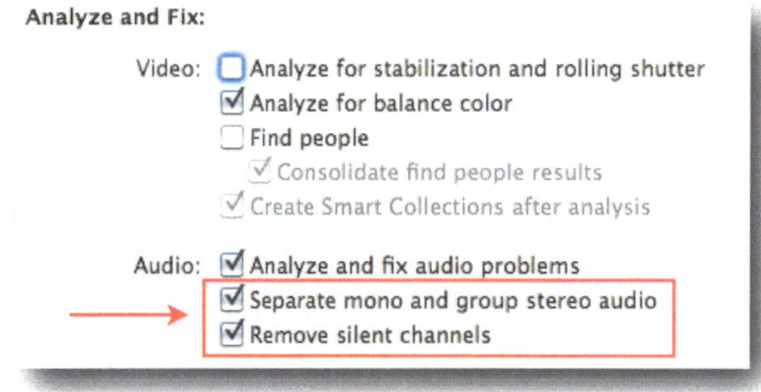

➡ *Ruteo de Salida - Matching de Canal*

Ya vimos en el diagrama grande que aun después de la Configuración de Canal, hay dos etapas más que afectan el ruteo del canal.

- Configuración del Canal de Audio del Proyecto (Surround / Estéreo)
- Configuración del Canal de Salida de su hardware (Bocinas)

Tomen en cuenta que los Clips de Evento y Clips de Timeline son diferentes respecto a esos pasos de ruteo.

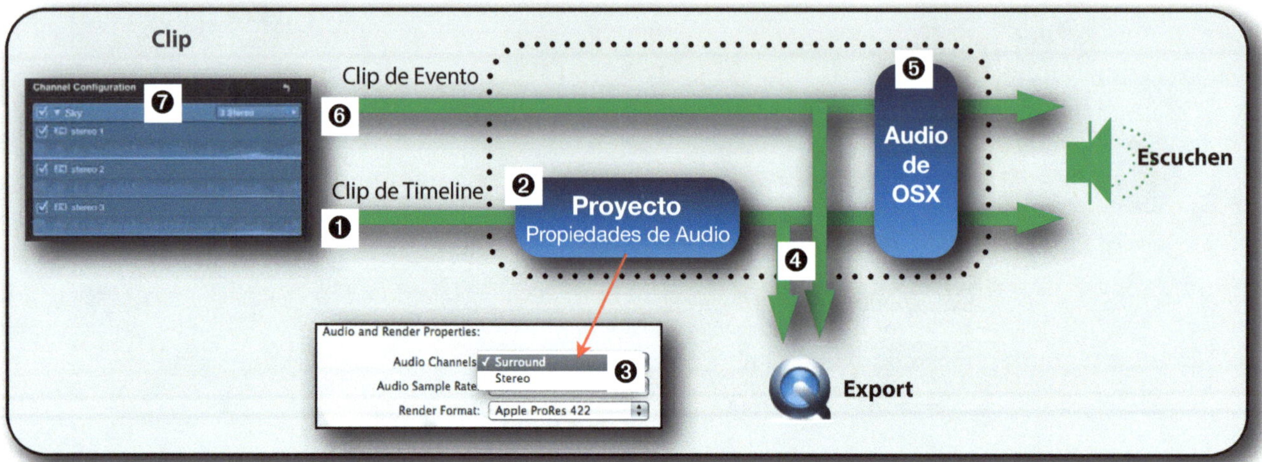

- Los **Clips de Timeline** ❶ del Proyecto tienen que coincidir primero con la configuración de Canal de Audio en las Propiedades del Proyecto ❷. Tienen que establecer un Proyecto para estéreo o surround ❸ cuando crean un Proyecto por primera vez (puede cambiarse después). Estas propiedades determinan el archivo exportado ❹.
Sin embargo, cuando seleccionan surround y reproducen un clip sorround, aun no lo escucharán si están conectados a bocinas estéreo. Los settings de canales de salida de OSX ❺ (bocinas disponibles) requiere un segundo paso para igualar los canales.
- Los **Clips de Evento** ❻ no son afectados por las Propiedades del Proyecto ❸. Esto significa que si exportan ❹ un Clip de Evento, el formato de salida de su archivo sólo se determina por la configuración de Channel Configuration del Clip ❼. Sin embargo monitorear el Clip a través sus bocinas, aun requiere de un paso extra para que coincidan los canales con los settings de salida del sistema ❺.

Estas son las reglas para la conversión (matching):

- **Estéreo --> surround**: Los canales izquierdo y derecho se hacen coincidir con los canales izquierdo y derecho de los canales surround.
- **Surround --> Estéreo**: Los canales surround se mezclan a estéreo (canal izquierdo y derecho).
- **Estéreo o surround --> mono**: Ambos se mezclan a mono (un canal).

Edición de Componentes de Audio

Ya discutimos la característica poderosa de la aplicación de procesamiento de señales de Componentes de Audio individuales. En lugar de seleccionar el Clip en sí y ajustar los settings en el Inspector, pueden Expandir los Componentes de Audio en e Clip de Timeline, seleccionar cualquiera de los componentes que quieran y ajustar los settings en el Inspector sólo para ese Componente de Audio.

Si un Componente de Audio se selecciona en un Clip de

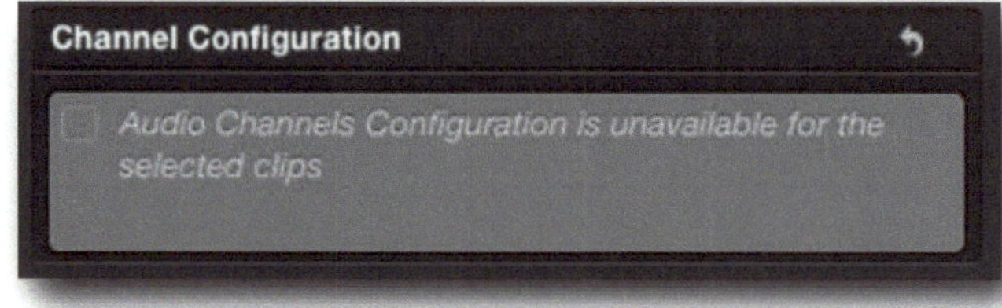

Ahora ya entendemos que el Módulo de Configuración de Canal en el Inspector de Audio aplica para el Clip completo. Aquí es donde determinan la estructura de los canales de audio para ese Clip. Por lo tanto no tiene sentido seleccionar un Componente de Audio en el Clip de Timeline y modificar el Módulo de Configuración de Canal. El Inspector también se da cuenta de esto y manda un mensaje si se selecciona un Componente de Audio.

Volume and Pan

El Módulos de Volume and Pan controla sólo dos settings , Volumen y Paneo.

➡ *Volumen*

El Parámetro de Volumen solo tiene una corredera y un cuadro de vista/ingreso de valor. Para Clips de Timeline, la corredera corresponde a la linea de volumen en el carril de volumen en el Clip. El Módulo muestra Keyframes si están programados para ese Clip. La forma de onda mostrada en el Clip es el resultado "después" de los ajustes de volumen, para que puedan observar si su nivel está demasiado bajo o alto (indicación azul-amarillo-rojo).

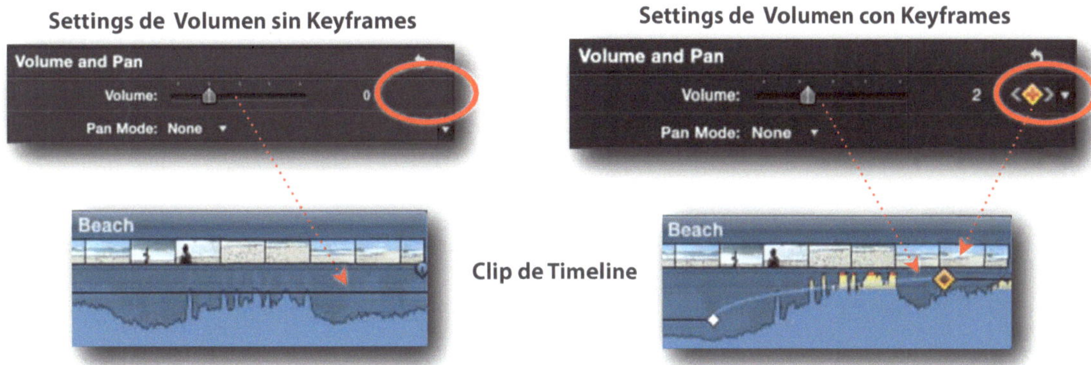

Ajuste de Volumen

Hay varias formas de ajustar el Volumen a un Clip de Timline seleccionado (sólo los tres primeros están disponibles para Clips de Evento):

- Mover la corredera de volumen en el Inspector.
- introducir un valor en dB en el cuadro junto al la corredera en el Inspector.
- *Arrastrar* el valor en dB arriba o abajo cuando aparezcan unas flechas hacia arriba y abajo mientras mueven el mouse sobre el cuadro.
- *Arrastrar* la linea de Volumen la piste de forma de onda del Clip de Timeline. El cursor cambia a una flecha doble cuando el mouse está sobre la linea. Una pequeña ventana muestra el valor de dB de la linea de Volumen.
- Usar el Menú Principal *Modify ➤ Volume ➤ Up* o *Modify ➤ Volume ➤ Down*. Esto cambia el volumen en incrementos de 1dB y puede usarse para varios Clips seleccionados.
- Usen el Comando de Teclado *ctr+=* o *ctr+-*. Esto cambia el volumen en incrementos de 1dB y puede usarse para varios Clips seleccionados.
- Asideros de Fade: Técnicamente, esto también pertenece al ajuste de volumen. Recuerden, la forma de onda no responde a los valores de fade. Discutiré los detalles de los Asideros de Fade en el capítulo de Automatización.

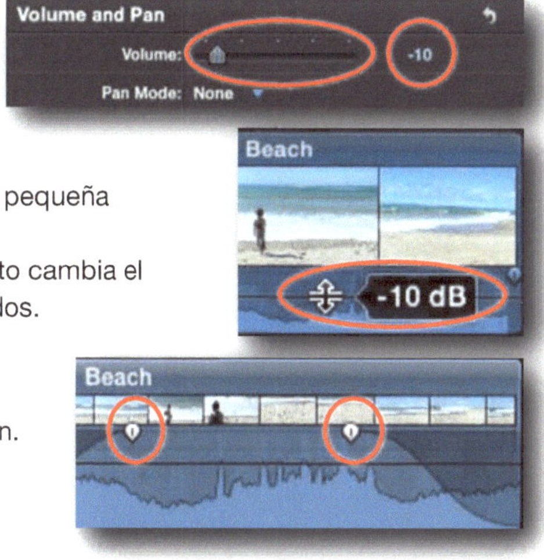

Tipo Crossfade

Un crossfade es otro elemento que ajusta el volumen de su Clip. En FCP7 un clip de audio es un clip separado y cualquier crossfade deberá ser creado separadamente de los Clips de video y audio. En FCPx un clip de video también contiene su contenido de audio, así que si aplican un crossfade un clip de video, en el audio también se hará el crossfade. Sin embargo, pueden ajustar el crossfade separadamente seleccionando la Transition. Esto les permite accesar los Settings en el Inspector.

Pueden establecer el tipo de crossfade del menú contextual en forma separada para el Fade In y Fade Out.

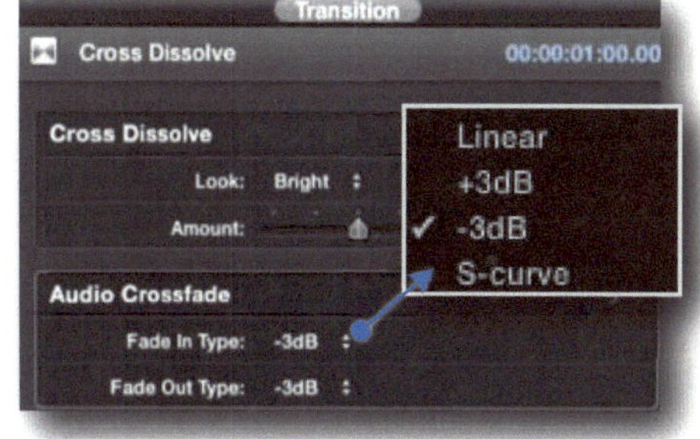

➡ *Paneo*

La segunda sección en el Módulo, la configuración de Paneo, sólo tiene un menú contextual. Uno muy poderoso:

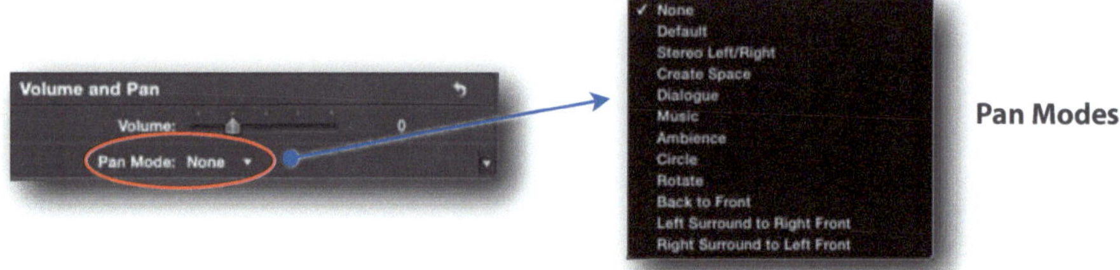

El menú contextual se vuelve muy complejo por que el efecto de cada sección depende en los settings en el Módulo de Configuración de Canal que discutimos antes. Además de eso, el Módulo de Paneo funciona diferente dependiendo de las Propiedades de Audio del Proyecto. Como pueden ver, puse el Módulo de Configuración de Canal antes que el Módulo de Paneo.

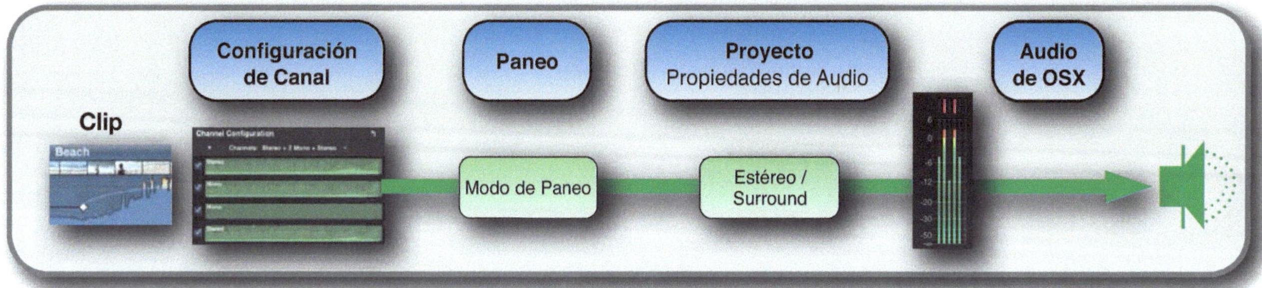

Cada vez que los canales de los distintos componentes no coinciden (p.e. la salida tiene 2 canales, la entrada tiene 6 canales) FCPx tiene que hacer una re asignación de canales inteligente para igualar los canales.

Ejemplo:

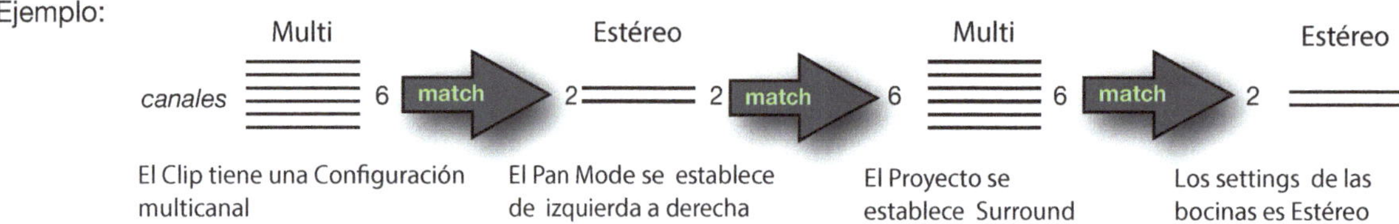

Todos los pre ajustes del Modo de Paneo en el menú pueden ser agrupados en tres tipos. Pueden distinguir el tipo por los controles que provee :

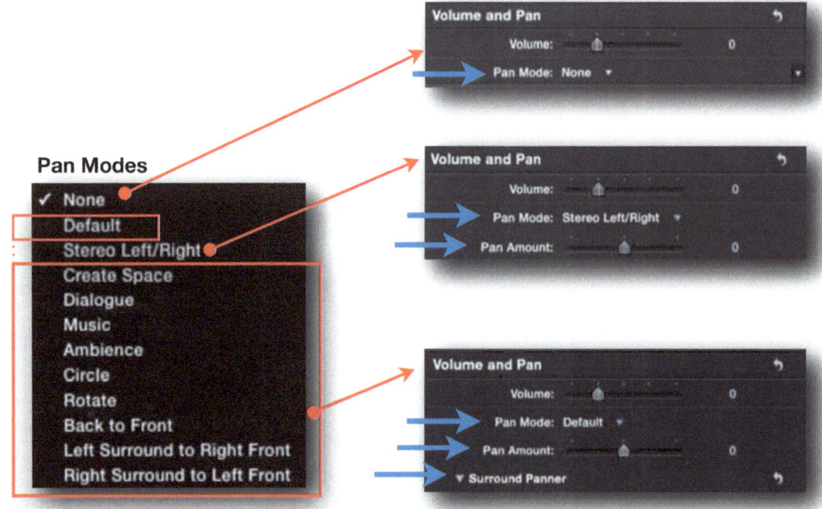

None: No hay controles de paneo. El Módulo de de Paneo se omite y los canales se enrutan 1:1 entre la salida y la entrada.

Stereo Left/Right: Este modo solo una corredera de *"Cantidad de Paneo"* que funciona como un balance típico de Estéreo. Si la Configuración del Canal del Clip es multicanal, entonces sólo los canales frontales izquierdo y derecho son ruteados.

otros: Cualquier otro Modo de de Paneo en el menú contextual proporciona la corredera de *Cantidad de Paneo* más triángulo desplegable para el Paneo de Surround.

Mejoras al Audio

Después de que han establecido la Configuración del Canal, panearlo correctamente y establecido el nivel básico, es posible que desee hacer algunos ajustes menores a su Clip de audio sin tener que cargar aún módulos de efectos. FCPx provee Módulos de "Audio Enhancements" precisamente para ese propósito. Incluye 4 módulos:

- **Graphic Equalizer:** Establece un ecualizador para ajustar la respuesta de frecuencia.
- **Loudness:** Ajusta el volumen general (esto es básicamente una función de compresor).
- **Background Noise Removal:** Quita un poco de ruido de fondo (esto es básicamente una función Expansor / Gate).
- **Hum Removal:** Quita zumbidos de 50Hz o 60Hz causados por conexiones a tierra (esto es similar a un filtro notch).

El Módulo *Audio Enhancements* tiene tres secciones:

❶ **Header**: con el botón de mostrar/ocultar, el botón de Reset y el botón de menú de Keyframe.

❷ **Equalization**: con el menú contextual Predefinido mas el botón del EQ que abre el Ecualizador en una ventana flotante aparte.

❸ **Audio Analysis:** Muestra el estado de Audio Analysis (ver abajo) y un botón (flecha a la derecha) que cambia la ventana del inspectora la de *Audio Enhancements* que muestra los otros tres módulos. La ventana de Audio Enhancements tiene un botón de flecha a la izquierda en la esquina superior izquierda para cambiar la ventana de regreso al la del Inspector.

Pueden cambiar la ventana de Audio Enhancements por el Clip de audio electo directamente con los siguientes comandos:

Desde el menú contextual Enhancements (varita mágica) activan el comando **Show/Hide Audio Enhancements**.

Usen el Comando de Teclado **cmd+8**

Enhancements popup menu

➡ *Ecualizador*

La sección del Ecualizador sólo tiene dos elementos, el menú contextual Equalization y el botón para abrir la ventana de EQ. El menú contextual lista varios elementos:

❶ **Flat**: Esto significa que el EQ se omite.

❷ **"EQ Presets"**: Hay 8 Presets para situaciones específicas que pueden probar. Si tienen la ventana de EQ abierta pueden ver cuales son los ajustes.

❸ **Custom**: Este elemento es seleccionado si hicieron sus propios ajustes en la ventana de EQ.

❹ **Match**: Ésta es una función especial si quieren que coincidan las características de sonido (EQ) específicas que quieran de un Clip de Audio a otro Clip.

❶ Flat
❷ Voice Enhance
Music Enhance
Loudness
Hum Reduction
Bass Boost
Bass Reduce
Treble Boost
Treble Reduce
❸ ✓ Custom
❹ Match

La ventana EQ puede conmutarse entre una de 10 bandas EQ (default) y una de 31 bandas EQ ❺. Arrastren las correderas individuales hacia arriba o abajo para establecer el nivel de una banda ❻ o introduzcan el número del nivel en el cuadro de la esquina inferior derecha ❼ para la banda de frecuencia seleccionada.

El botón *"Flatten EQ"* ❽ restablece todas las correderas a 0dB.

Pueden dejar abiertas varias ventanas EQ para hacer ajustes a dos o más Clips mientras los reproducen. El encabezado de la ventana muestra el nombre del Clip al que pertenece ❾. Una excepción al concepto de ventana única del GUI.

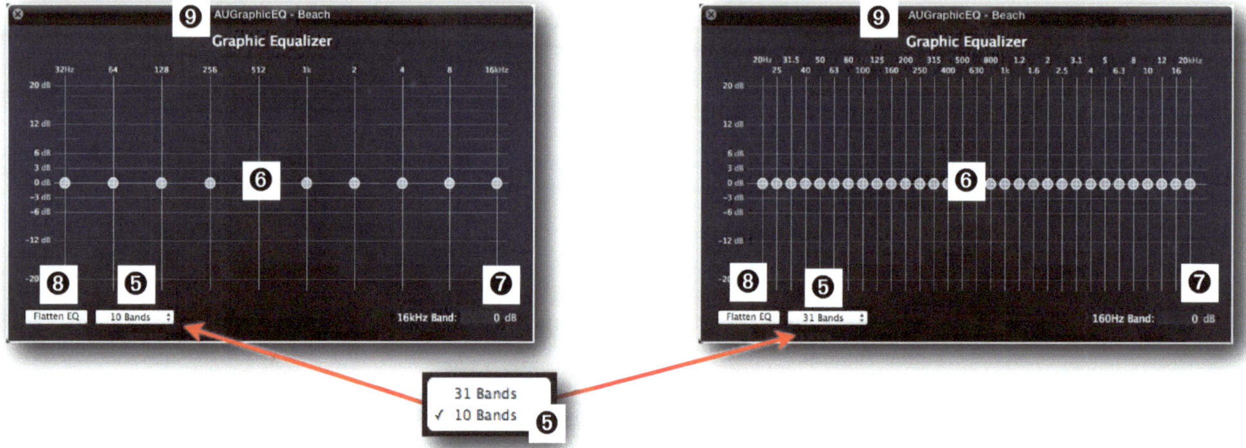

Match EQ

En ocasiones querrán que un clip de Audio suene como otro clip de Audio. Por ejemplo, tienen un cue de música con un sonido pobre que quieren que suene como un gran cue de música. O tienen dos Clips de video que fueron tomados en diferentes días y suenan diferente por que el micrófono no estaba colocado correctamente o era un micrófono totalmente diferente. En esos casos tienen dos opciones. O tienen mucha experiencia y saben que bandas de frecuencia modificar o lo hacen por prueba y error. FCPx les da una tercera opción: Igualar EQ.

Estos son los pasos seguros (procedimiento basado en análisis por computadora, así que su experiencia puede variar):

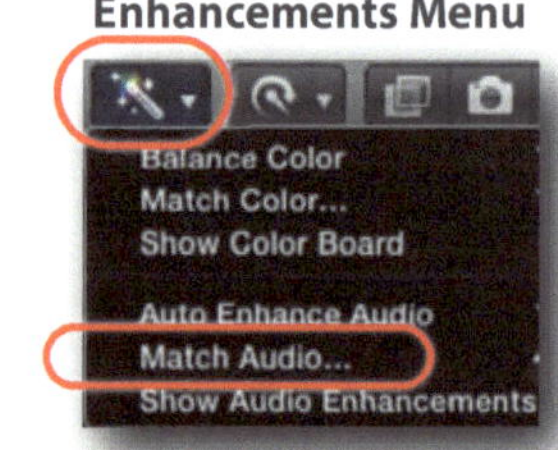

- ☑ Seleccionen el Clip que quieren ajustar.
- ☑ Pueden iniciar Match Audio en diferentes formas:
  - Seleccionen Match del menú EQ Preset.
  - Seleccionen *Match Audio* del botón del Enhancements Menu
  - Seleccionen del Menú Principal ***Modify ➤ Match Audio...***
  - Usen el Comando de Teclado ***sh+cmd+M***

- El Viewer cambia a una pantalla partida y muestra un mensaje con un botón de Cancel: *"Choose a clip that has the audio you want to match"*

  ("Escoja el clip que tiene el audio que quiere igualar")

- Muevan el mouse sobre el Clip de audio fuente que quieren usar como modelo.
  - El cursor del mouse agrega un ícono EQ pequeño y la barra de Skimming.
- Pulse el audio fuente.
  - El texto bajo el Viewer muestra ahora el botón azul "*Apply Match*".
- Pulse el botón *Apply Match*.
  - El EQ igualado ha sido aplicado al Clip de audio de destino.
  - El encabezado del Modulo cambia para mostrar el botón activo "*Choose*". Púlsenlo si quieren repetir el proceso del paso 3.
  - El encabezado del Modulo ahora muestra el botón EQ de nuevo. Esta vez sin embargo abre el plug-in en lugar del de Graphics EQ. Pueden jugar con esos settings más tarde si quieren.

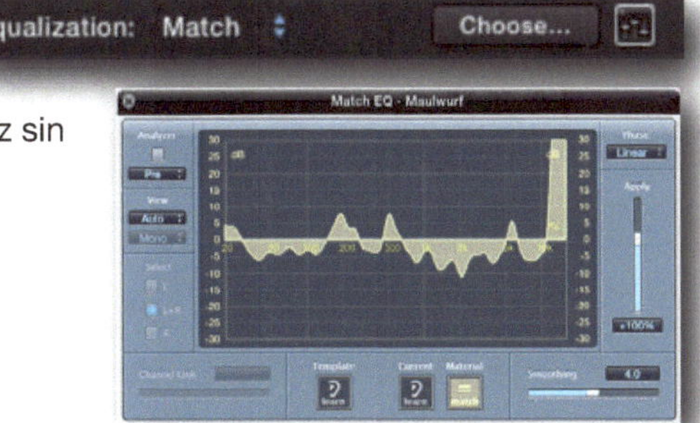

➡ *Mejoras de audio*

Antes de meternos en los detalles de las otras tres secciones del Modulo de Audio Enhancements, Resumamos una característica llamada "*Analyze and fix audio problems*". Esta es una casilla de verificación que es parte del proceso de importación, ya sea en la ventana Import File o en la ventana de Preference para las importaciones del tipo drag-and-drop. El proceso puede iniciarse más tarde eligiendo el comando "**Analyze and Fix..**" del Menú Contextual del Clip de Evento.

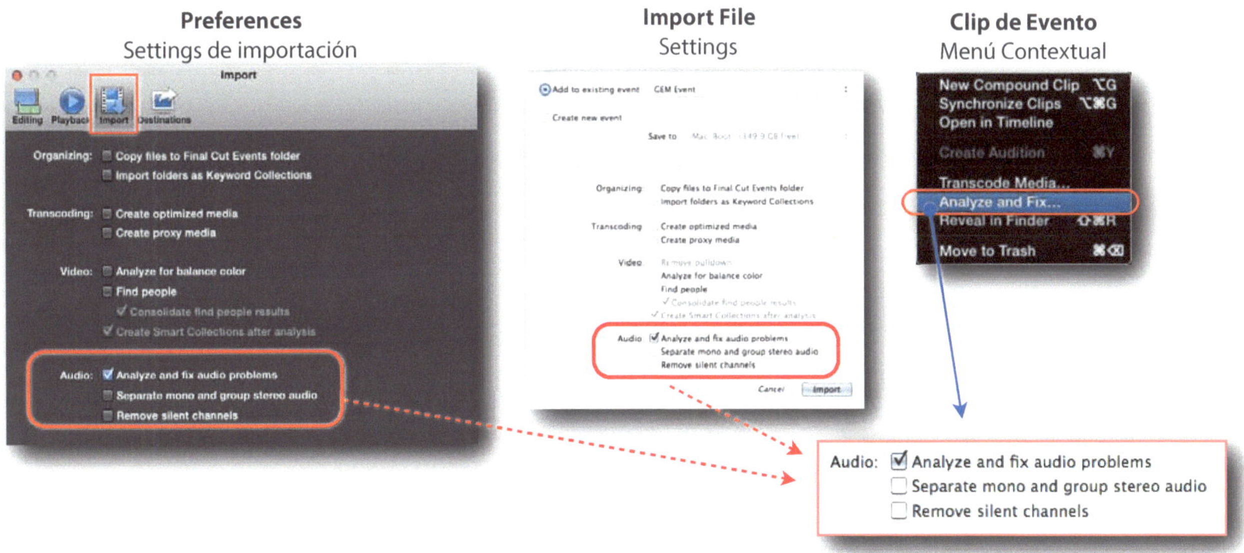

Qué problemas busca FCPx? Busca 3 problemas específicos, representados por las tres secciones restantes del módulo de Audio Enhancements:

- **Loudness:** ¿El nivel de audio en general está a un nivel adecuado o hay demasiados picos o niveles muy bajos?
- **Background Noise Removal:** ¿Hay algún ruido de fondo constante detrás del diálogo?
- **Hum Removal:** ¿Hay un hum notable de 50Hz o 60Hz ciclos presente en la señal de audio?

Éste es el procedimiento de análisis de audio:

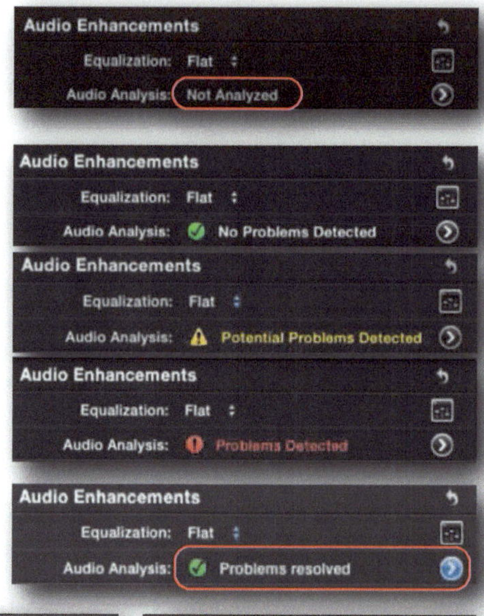

☑ Si un Clip seleccionado no ha sido analizado, la sección de Audio Analysis muestra "*Not Analyzed*".

☑ Si los Clips seleccionados han sido analizados entonces la sección de Audio Analyze Muestra tres posibilidades:

- **Verde**: Ninguna de las tres secciones tuvieron problema alguno.
- **Amarillo**: Por lo menos una sección tuvo problemas potenciales.
- **Rojo**: Por lo menos una de las secciones definitivamente tiene problemas.

☑ Si hubo un problema (amarillo o rojo) y el Módulo ha sido activado con los valores adecuados, la sección mostrará una marca verde con el texto "*Problems resolved*". El botón de flecha a la derecha será azul para indicar que al menos uno de los Módulos está prendido.

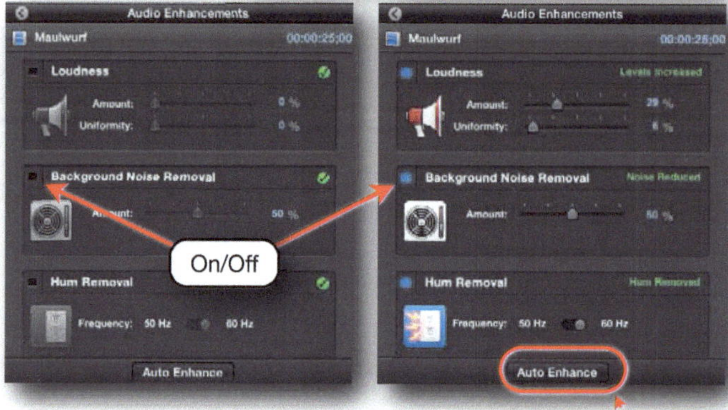

☑ Pulse el botón de la flecha a la derecha para cambiar a la ventana "Audio Enhancements". Esto cambia la ventana Inspector. Para regresar, pulse la flecha a la izquierda en la esquina superior izquierda.

- Si no hay problemas, todos los Módulos tienen una marca verde y los Módulos individuales están apagados. Pueden prenderlos manualmente y usarlos para tratar de mejorar la calidad del audio
- Si se detectaron problemas, entonces los Módulos individuales tendrán una marca amarilla o roja y el Módulo se prenderá con los valores que FCPx piensa que arreglará o reducirá el problema. Podrán ajustar esos valores o apagar el Módulo más tarde.
- Pulsando el botón "*Auto Enhance*" en la parte inferior de la ventana de Auto Enhancements prendera amarillo y rojo los Módulos que estén prendidos. También pueden seleccionar ese comando del Enhancements Menu **Auto Enhance Audio.**

Cada Módulo indica su estado con el ícono de color.

no hay problemas | **problemas potenciales** | **problemas definitivos** | **"problemas resueltos"**

Tenga en cuenta que los cambios realizados en esos Módulos se reflejarán al instante en la forma de onda de audio del Clip de Timeline.

Clip Original

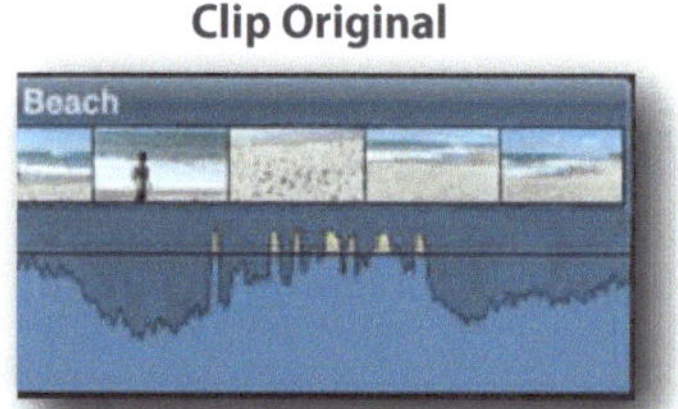

Ruido de fondo Removido

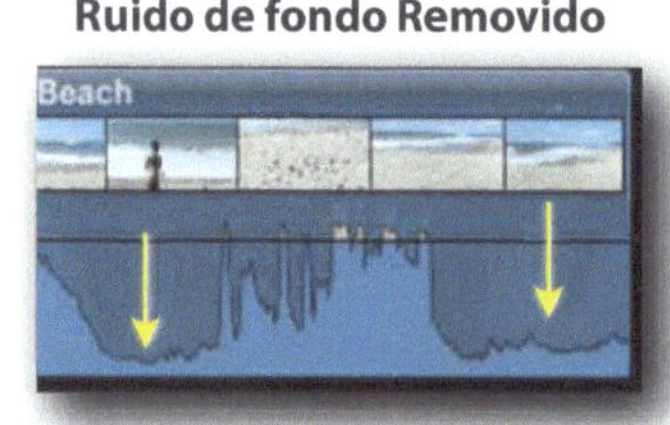

Volumen Aumentado

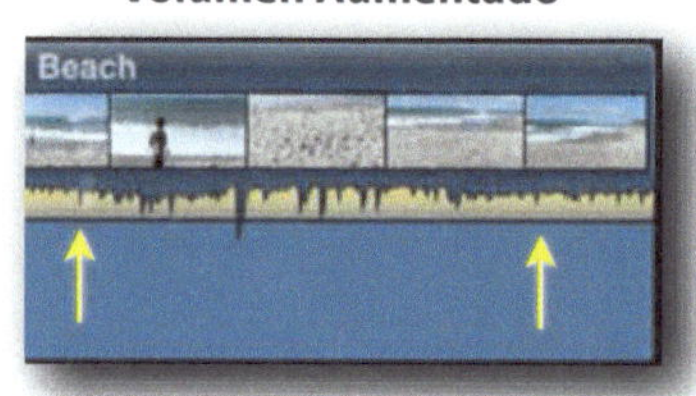

Agregando Audio

Media Browser

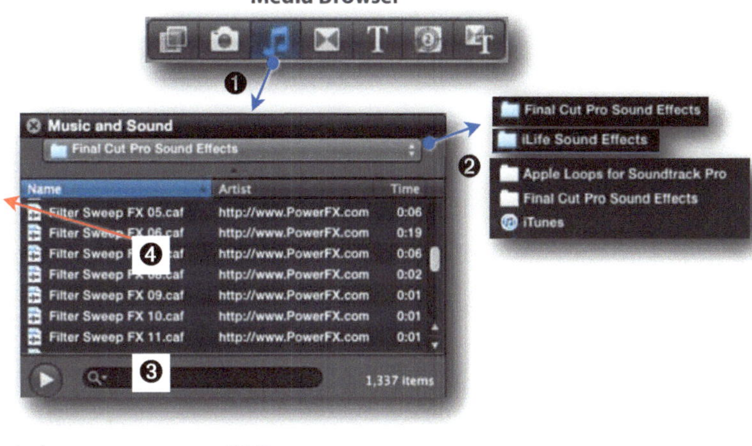

Pueden importar Media Files (sólo audio o archivos de video que contengan audio) a través de la importación estándar o arrastrando esos archivos directamente del Finder a la ventana de FCPx.

Sin embargo hay un procedimiento específico para importar que es para Clips de audio únicamente: Arrastrando archivos del Media Browser, al navegador de “Music and Sound” específicamente. El proceso es sencillo:

❶ Seleccionen la pestaña “Music and Sound” de la Barra de Herramientas. Eso abrirá la ventana de Media Browser.

❷ El menú contextual muestra la biblioteca de iTunes además de cualquier biblioteca de sonido instalada que reconozca FCPx.

❸ Usted puede buscar los archivos y previsualizarlos con el botón de reproducción antes de importarlos.

❹ Arrastren los archivos seleccionados ya sea a un Evento en la Biblioteca de Eventos o directamente al Timeline actual.

Grabación de Audio

Otra forma de obtener audio en su Proyecto es grabarlo directamente a FCPx. Esto es muy útil cuando se desea grabar rápidamente una voz para voice-over en su proyecto durante la edición. El procedimiento es muy simple:

Abran la ventana de Record Audio del Menú Principal ***Window ➤ Record Audio*** (También pueden asignar un Comando de Teclado para eso).

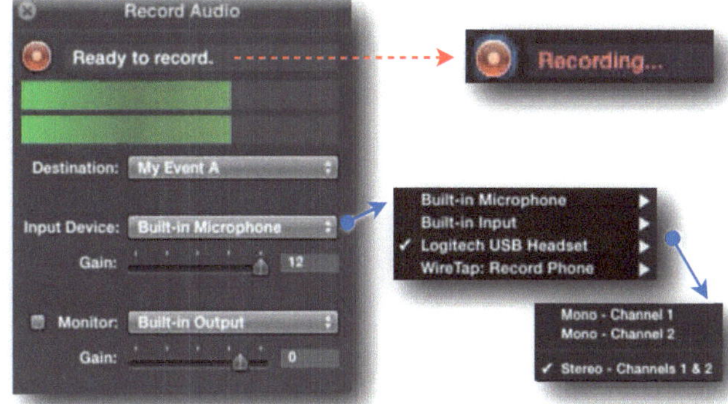

Seleccione las opciones y graben:

Botón Record. Púlselo o pulse la tecla de ***espacio*** para cambiar Recording on/off (o pulse el botón Play en el Viewer).

Los medidores permiten controlar el nivel de entrada para evitar la saturación.

Destination: El menú contextual muestra todos los Eventos posibles. Escojan el Evento al que quieren asignar el audio nuevo.

Input Device: El menú contextual muestra todos las Fuentes de Entrada conectadas a su computadora. El menú provee un submenú pare seleccionar un canal específico de ese dispositivo de entrada.

Gain: La corredera les permite ajustar la sensibilidad del dispositivo de entrada.

Monitor: El menú contextual muestra todos los Destinos de Salida conectados a sus computadoras. El menú también ofrece un submenú para seleccionar un canal específico para ese dispositivo de salida. Deje la casilla sin marcar para silenciar el dispositivo de salida y evitar la posible retroalimentación de audio.

Gain: Ajusta el nivel de salida del monitor.

Lo siguiente ocurrirá cuando pulsen récord:

- ☑ La reproducción se inicia en la posición del cursor de reproducción.
- ☑ El audio desde el dispositivo de entrada seleccionado se grabará como aiff en el folder de *Original Media* del Evento seleccionado. El nombre del archivo empezará con “*VoiceOver-0*” e irá aumentará el número con cada nueva grabación.
- ☑ Se creará un Clip de Evento en el Evento seleccionado para ese archivo de audio con el nombre “*Voiceover 1*”. Interesante que ese Clip de Evento empiece a contar desde 1 pero que el Media File Original empiece de 0.
- ☑ El Clip de Evento se colocará en el Clip de Timeline siempre como un Clip Conectado empezando en la posición de la Cabeza reproductora. Si no hay Clip en el Argumento Primario, se creará un Placeholder Clip al que se conectará el Clip de Voiceover.
- ☑ Al clip se le asignará el Rol de "Diálogo".

9 - Transportación - Navegación

Lector de SMPTE

La pantalla de nivel de audio tiene 2 o 6 pistas dependiendo de las propiedades del Proyecto.

Pulsen para activar la ventana de nivel de audio on-off. Se abre a la derecha de el Timeline.

La Pantalla de Background Tasks indica el porcentaje de cuanto de las tareas en segundo plano se ha completado.

Pulsen para activar la ventana de Tareas en segundo plano

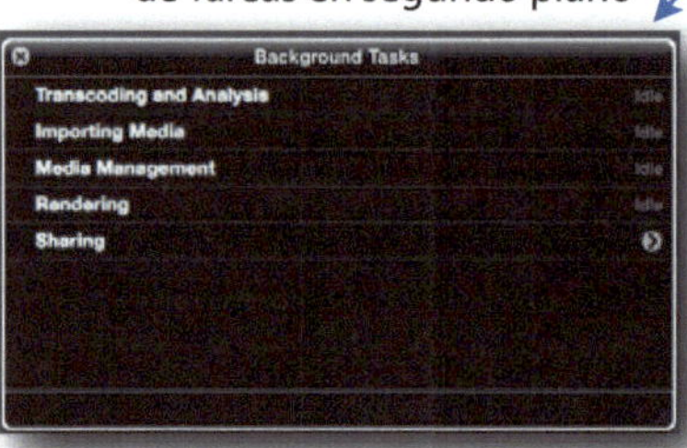

El Reloj SMPTE muestra principalmente la posición de la Cabeza Reproductora o el Skimmer y corresponde con la ventana del Viewer. Esto podría ser desde el Evento o el Proyecto.

Además, tiene una función multi-propósito para mostrar información diversa de valores de tiempo y edición.

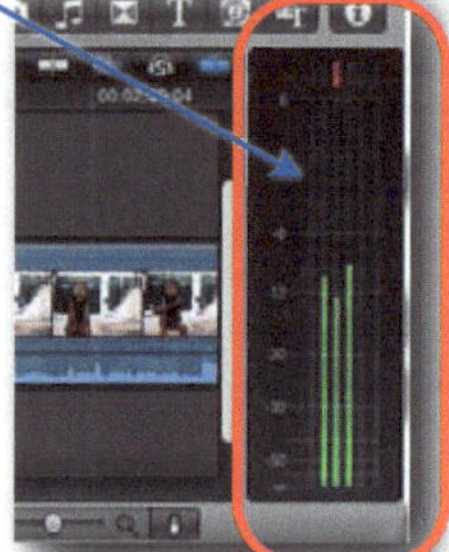

SMPTE gris

- Muestra la Cabeza Reproductora o la posición del Skimmer.
- Muestra la posición de inicio de un Clip Conectado mientras arrastran (no un Primary Storyline Clip).

Dispositivo de entrada numérica

El lector de SMPTE también funciona como un dispositivo de entrada para introducir valores de tiempo positivos o negativos. Usen la tecla de *punto* como separador h.m.f y la de *esc* para cancelar lo introducido.
Hay dos formas de introducir números. O *pulsan* en el Lector de SMPTE o empiezan a pulsar las teclas + or -:

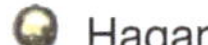 Hagan Clic en el SMPTE

- *Pulsen una vez* en el Display o pulsen *ctr+P* para el comando Move Playhead:
  Reiniciará el tiempo de la pantalla y mostrará una Cabeza Reproductora azul en lugar de Nivel de Audio a la derecha. Ahora teclee + o - y el tiempo al que quieren mover la Cabeza Reproductora hacia la izquierda o derecha.

- *Pulsen dos veces* en el Display para cambiar la duración del Clip elegido.
  Tengan en cuenta que esta segundo clic sólo funciona si se ha seleccionado un clip:
  El Display mostrará la duración del Clip. Ahora tecleen + o - y la cantidad de tiempo en la que quieran cambiar la duración.

 Pulsen + o - y un número

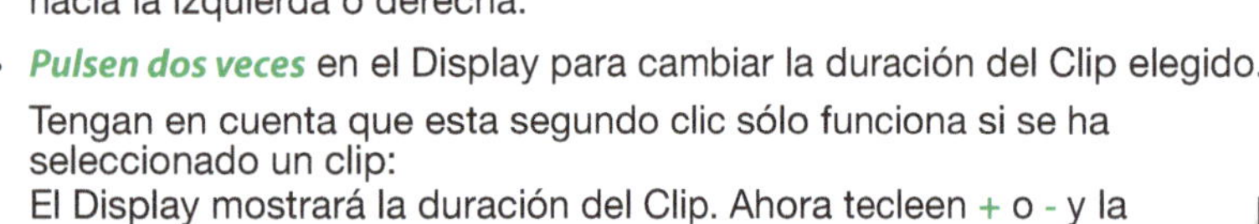

Nada seleccionado: El valor introducido moverá la Cabeza Reproductora.

Clip seleccionado: El valor introducido moverá el Clip seleccionado.

Punto de Edición seleccionado: El valor introducido moverá el Punto de Edición seleccionado.

Transporte

Los botones del Control de Transporte en la ventana del Viewer afectan tanto al Clip en el Browser de Evento o el Timeline del Proyecto, lo que esté enfocado. La esquina superior izquierda del Viewer indica que está "alimentando" al Viewer en ese momento.

Viewer y Viewer de Evento

Si se muestra el segundo Viewer, el Viewer de Evento, sus controles afectarán al Clip de Evento seleccionado y el control del Viewer principal afectará el Timeline independientemente de en que esté enfocado.

Los Controles de Navegación también se pueden accesar desde el Menú ***View ➤ Playback*** o con Comandos de Teclado. El tiempo pre y post roll para el comando "Play Around" se fijan en la ventana ***Preferences ➤ Playback***.

Las teclas estándar "***J K L***" también funcionan ***J*** reproduce hacia atrás ***K*** para, ***L*** reproduce hacia adelante (púlsense varias veces para incrementar la velocidad).

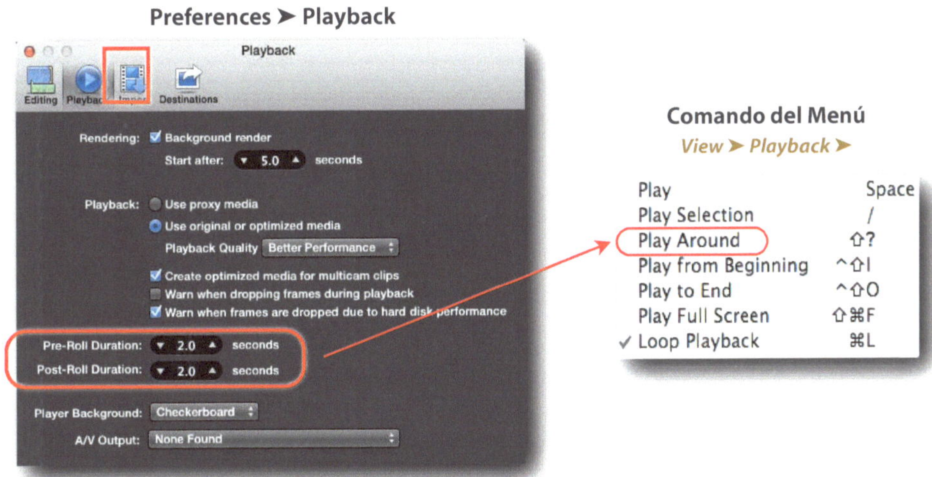

Full Screen

Tenga en cuenta que hay dos comandos "Full Screen".

- **Enter Full Screen** (en el Window Menu): Cambia el Viewer a pantalla completa.
- **Play Full Screen** (en el Menú ***View ➤ Playback***): Cambia el Viewer a pantalla completa y empieza a reproducir automáticamente.

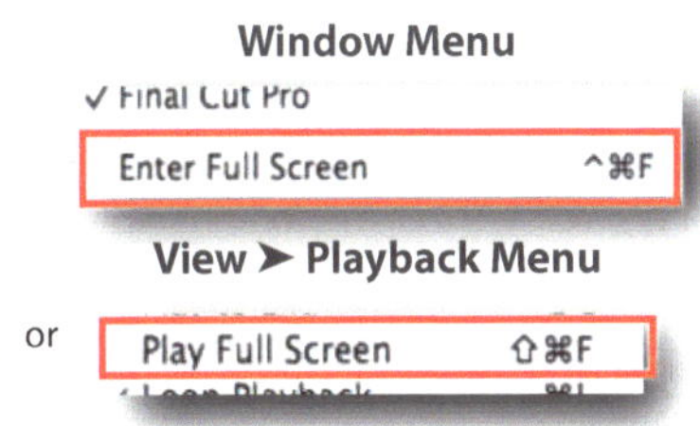

Zoom del Timeline

Al hacer zoom hasta el tope, la posición de la Cabeza Reproductora muestra un área gris en el SMPTE del Timeline para indicar el rango de un cuadro. El Skimmer tendrá esa "sombra" de 1 cuadro alrededor de él para indicar ese rango de 1 cuadro.

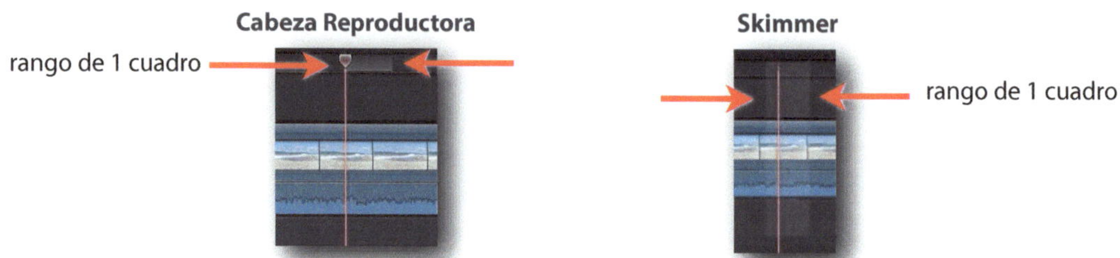

Estos son todos los otros comandos de zoom que también están disponibles en el Menú View

View Menu

Color Channels
Zoom In
Zoom Out
Zoom to Fit
Zoom to Samples

- **Zoom to Fit:** Ver todo: *Sh+Z*
- **Zoom In/Out**: *Cmd+Mas, cmd+Menos*. ¡La Cabeza Reproductora o el Skimmer (tiene prioridad) se queda en "la foto" durante el zoom!
- **Zoom Tool**: *Clic-arrastrar* para seleccionar el rango del zoom o *clic* en el Timeline para hacer zoom paso a paso o *opt+clic* para salir.
- **Corredera del Zoom**: Muevan la corredera de la esquina inferior derecha de la ventana del Timeline o clic en la lupa. Abran la ventana Clip Appearance que incluye una corredera de *Clip Height*.

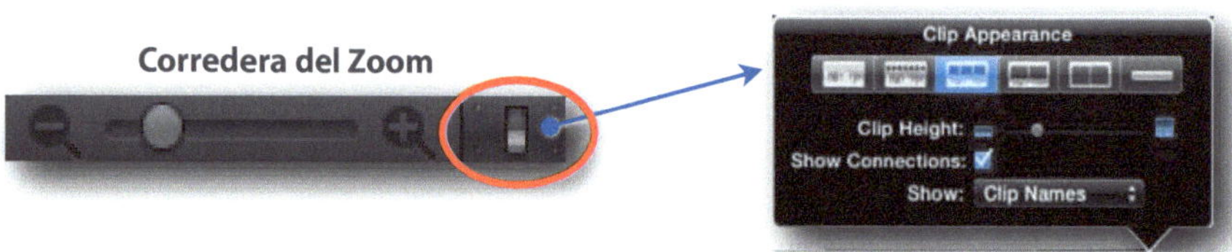

Navigation

Cabeza Reproductora

Esta es la barra que se mueve a través del Timeline en el Proyecto (barra roja) o a través del Clip de Evento en el Browser de Evento (barra blanca). Indica la posición donde se iniciará la reproducción cuando pulsan el botón de play y se mueve durante la reproducción. Tengan en cuenta que una cabeza de reproducción "estacionada" en el Timeline es de color blanco cuando se activa Skimming.

- *Arrastrando* a lo largo de la parte superior del Time Ruler del Timeline se desliza la Cabeza Reproductora. Esto correrá la porción de vídeo pero no la de audio.
- *Haciendo Clic* en la parte superior del Time Ruler del Timeline forzará a la Cabeza Reproductora a brincar a esa posición (puede ser usado con cualquier herramienta de cursor)
- *Haciendo Clic* en el área del Timeline (no en un Clip) también colocará la Cabeza Reproductora allí pero podrá tener diferentes "efectos secundarios" con herramientas de cursor que no sean la herramienta Select.
  - *Clic* en un Clip seleccionará el Clip (deseleccionando también cualquier Clip que esté seleccionado) pero no moverá la Cabeza Reproductora.
  - *Opt+clic* en un Clip seleccionará el Clip y moverá la Cabeza Reproductora a esa posición.
- Pulsando las teclas + o - cambiará el Lector SMPTE para indicar que pueden introducir un valor de tiempo numérico para mover la Cabeza Reproductora en ese valor o *clic* en el Lector SMPTE antes de pulsar las teclas de mas o menos. Asegúrense de que ningún Clip está seleccionado porque eso movería el Clip y no la Cabeza Reproductora. Pulsar *ctr+P* también habilitará el método de entrada.
- *Clic* en un Clip de Evento colocará el cursor allí y mantendrá cualquier Rango que se tenga seleccionado. *Opt+Clic* en un Clip de Evento colocará la Cabeza Reproductora allí pero deseleccionará cualquier Rango que se tenga seleccionado.

➡ *Skimmer (Skimming o Clip Skimming)*

Cuando es activado (Comando de Teclado *S*), la barra roja de Skimming se mostrará en la posición del cursor y rastreara el video y audio a lo largo de los Clips cuando muevan el mouse sobre ellos. La porción del audio puede ser desactivada por separado en Menú de View (Comando de Teclado *sh+S*).

- Moviendo el Skimmer rastreará el Timeline del Proyecto, el filmstrip en la Biblioteca de Proyecto o cualquier Clip en el Browser de Evento.
- El Browser de Evento puede mostrar una ventana de información del Skimmer para mostrar Keywords, Marker e información de tiempos (*View ➤ Show Skimmer Info*).
- *Haciendo Clic* mientras están en modo de Skimming moverá la Cabeza Reproductora a la posición en que se hizo el clic.
- Iniciar la reproducción (Comando de Teclado *espacio*) cuando el Skimmer está visible moverá la Cabeza Reproductora a esa posición y empezará la reproducción.

➡ *Comandos de Teclado*

Los siguientes comandos están disponibles en el Menú *Mark*.

Menú Mark

- Ir al **Principio** del Timeline: Comando de Teclado *home* o Comando de Menú *Mark ➤ Go To ➤ Beginning.*
- Ir al **Fin** del Timeline: Comando de Teclado *end* o Comando de Menú *Mark ➤ Go To ➤ End.*
- Ir al siguiente **Límite del Clip**: Comando de Teclado *flecha arriba* y *flecha abajo* o Comando de Teclado *;* y *'* (también disponible como botones en la ventana del Viewer).
- Ir al siguiente **Cuadro**: Comando de Teclado *flecha izquierda* y *flecha derecha*.
- Saltar 10 **Cuadros**: Comando de Teclado *sh+flecha Izquierda* y *sh+flecha derecha*.
- Ir al siguiente **Sub Cuadro:** Comando de Teclado *cmd+flecha izquierda* y *cmd+flecha derecha.*
- Ir al siguiente **Marker**: Comando de Teclado *ctr+;* y *ctr+'*

Indice del Timeline

Otra herramienta de navegación es el Indice del Timeline del Proyecto. Ábranlo con su botón en la parte baja de la Barra de Herramientas o usen el comando de Teclado *sh+cmd+2*.

Esta ventana muestra la lista cronológica de todos los Clips de Timeline (etiqueta de Clips), todos los Tags (etiqueta de Tags) que son usados en el Timeline o los Roles existentes (etiqueta de Roles). Proporciona botones de Filtros en la parte baja de la ventana para reducir el número de elementos y un cuadro de búsqueda para buscar Clips o Tags específicos usados en el Timeline.

- Una Cabeza Reproductora blanca se mueve verticalmente correspondiendo con la posición de la Cabeza Lectora en el Timelne.
- El seleccionar cualquier elemento en la lista moverá la Cabeza Lectora en el Timeline y seleccionará el Clip o su Rango con un borde gris.

También entraré a mas detalles acerca del Indice del Timeline en el manuall *"Final Cut Pro X - Los Detalles"*.

Timeline Index - Clips　　Timeline Index - Tags　　Timeline Index - Roles

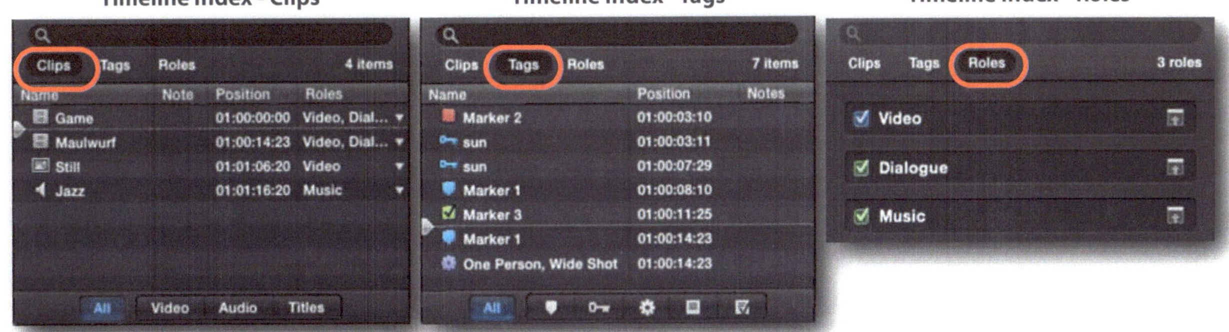

10 - Export (Share)

Conceptos básicos

Una vez que terminaron de editar su proyecto, tienen que hacer el último paso y "exportarlo". Este es el proceso de salvar el proyecto a un archivo de formato diferente para un propósito específico.

- Reproducir el archivo con una app específica distinta a FCPx. Por ejemplo, QuickTime Player, iTunes, en la web, etc.
- Reproducir el archivo en un dispositivo específico. Por ejemplo, iPad, Apple TV, etc.
- Usar el archivo en una aplicación específica para seguirlo trabajando. Por ejemplo Compressor, Web Design, etc.

Export vs Share

El proceso de Export es común en la mayoría de las aplicaciones de contenido-creación donde trabajan un proyecto en un formato propio (video, canción, gráficas, etc) y al final lo exportan a un formato de archivo que puede ser abierto (leído, reproducido) por otra aplicación. Aunque este paso es similar en varias aplicaciones, la terminología varía. Estos son los comandos que se utilizan con mayor frecuencia.

 Save as...
 Export...
 Share...
Bounce...

Parece que Apple ha tratado de establecer el término de Share en todas sus apps, e incluso tiene un Botón de Share a través del sistema que ahora se encuentra en sus aplicaciones de escritorio (OSX) e incluso en sus iDispositivos (iOS). Muchas apps de Mac incluso tienen un Menú Share dedicado, que muestra todas las diferentes opciones de "exportación". Versiones anteriores de FCPx también tenían este Menú pero desde la versión 10.0.6 los comandos se regresaron al Menú File con una interfaz muy mejorada. Después de todo, este es un procedimiento de manejo de archivos.

Tres Procedimientos de Exportación

FCPx ofrece tres diferentes procedimientos de exportación. Todos ellos se encuentran en el Menú File.

File Menu

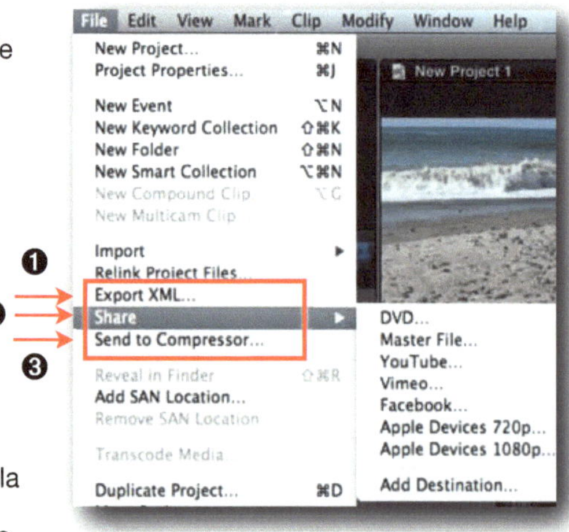

❶ Export XML

Este procedimiento se llama en realidad un "Export". Genera un archivo XML de su Proyecto o Evento que puede ser usado por aplicaciones para tareas específicas.

❷ Share

Este es el principal procedimiento de exportación que crea un media file de su Proyecto (o Clip de Evento) en una gran cantidad de formatos.

Este comando tiene un submenú dinámico que lista todos Destinos (pre configurados).

❸ Send to Compressor

Este es un "saludo de mano". El Proyecto actual será pasado internamente en la computadora a la app Compressor de Apple (si está instalado) y abierto ahí automáticamente, listo para usarse en esa app. Compressor 4 proporciona más ajustes detallados y opciones de formato para crear media files específicos.
Para aprender más al respecto de esta app "navaja del ejercito suizo", vean mi libro "Compressor 4 - How It Works"

Ahora, concentrémonos en el el proceso principal, *Share*.

Concepto

El concepto de exportar un Proyecto o incluso un Clip de Evento en FCPx es muy elegante y simple pero extremadamente poderoso. Usa *Destinations*.

Destinations = Export Presets

- FCPx Proporciona 12 Tipos de Destination ❶ mas un Tipo de Destination especial, el "Bundle" ❷.
- Estos Tipos de Destination están disponibles en la ventana de Preferences bajo la etiqueta Destinations ❸ mediante la selección del elemento "Add Destination" en la Barra Lateral de la Izquierda ❽.
- Cada uno de los 12 Tipos de Destination, representando un tipo específico de procedimiento de exportación, proporciona un conjunto de settings para ese procedimiento. Los valores default para esos settings pueden modificarse más tarde.
- La Barra Lateral ❹ a la izquierda representa la lista de los Destination reales (Valores preestablecidos que contiene la instrucción de exportar) que son usados para exportar su Proyecto (o Clip de Evento). Una lista de selección de Destinations ya está en la lista.
- Pueden agregar Destinations nuevos a la Barra Lateral ***arrastrando*** cualquier Destination Type dentro de la Barra ❾ o mediante ***doble-clic*** en un Destination Type. Pueden mover los elementos en la Barra Lateral para acomodarlos en el orden preferido y también renombrarlos. Tengan en cuenta que pueden arrastrar un Destination Type específico varias veces a la Barra Lateral. Entonces se convierten en Destinations individuales del mismo tipo que ustedes pueden configurar de forma diferente.
- Se muestra el contenido de la Barra Lateral (espejo) en dos lugares de FCPx representando los comandos Share: El Menú Share ❺ en el Menú File y en el Botón de Menú de Share ❻ cuando pulsan el Botón de Share en la Barra de Herramientas. Más tarde, inician una exportación seleccionando cualquiera de esos Destinations en ese menú.
- El botón Mas (+) ❼, abajo de la Barra Lateral selecciona el elemento "*Add Destination*" ❽ que muestra todos los 12 Destination Types más el Bundle Destination ❷ así que pueden agregar Destinations nuevos a la Barra Lateral.
- Eliminen cualquier Destination de la Barra Lateral seleccionandolo y pulsando el botón menos ❼ o simplemente pulsen la tecla ***delete***.
- Configure cualquier Destination en la Barra Lateral seleccionandolo. Se muestran sus settings en el panel derecho.

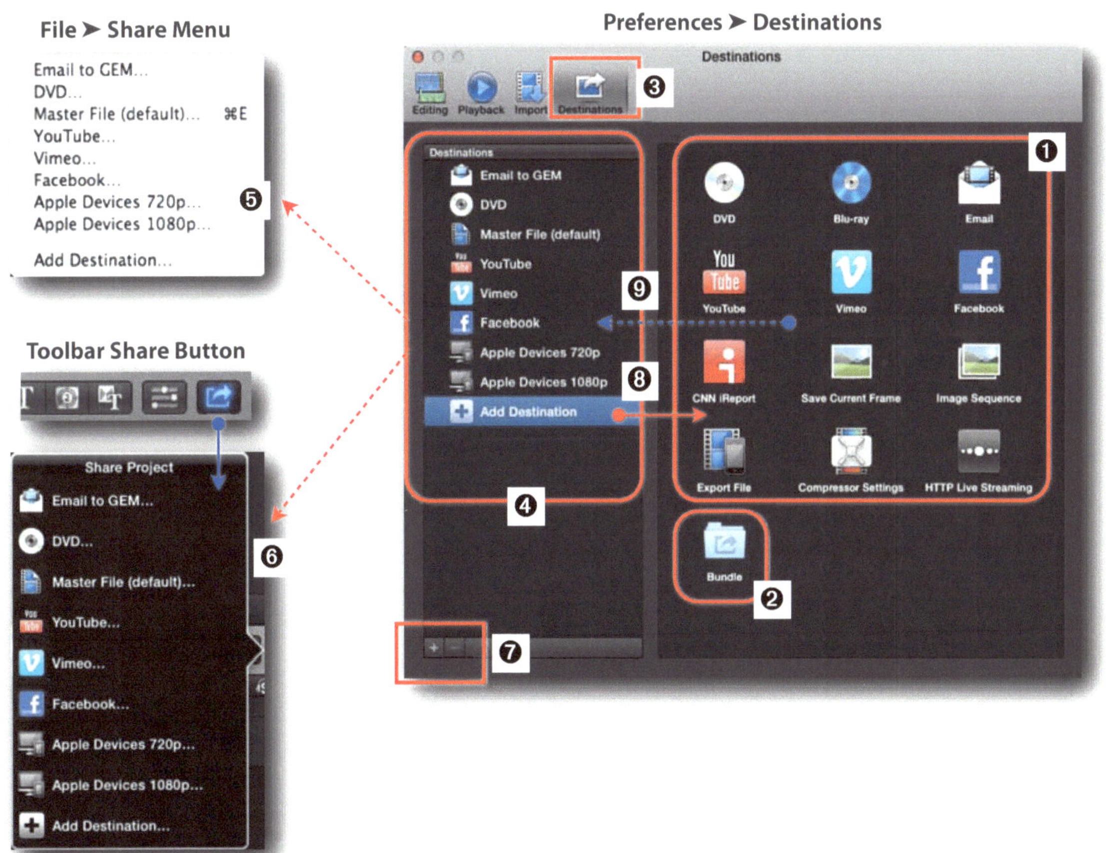

Configuren un Destination

La configuración de un Destination se configura en tres niveles.

- **Nivel 1**: Cada uno de los 12 Tipos de Destination tiene una configuración default para sus settings disponibles.
- **Nivel 2**: Una vez que arrastran un Destination Type a la Barra Lateral, lo hacen disponible como un Destination único, mostrado en el Menú Share. Seleccionar cualquiera de esos Destinations en la Barra Lateral ❷ muestra sus settings en el panel de la derecha ❸. En la ventana de configuración, pueden cambiar los valores default de ese Destination para satisfacer sus propias necesidades.
- **Nivel 3**: Mas tarde, cuando usen un Destination específico del Menú Share para exportar un Proyecto, tienen la oportunidad de ajustar el valor de los settings nuevamente antes de empezar a exportar.

Configurar los Destinations es muy fácil:

❶ Vayan a ***Preferences ➤ Destinations***. Pueden seleccionar también "*Add Destination...*" de cualquiera de los dos Menús Share, que abren la ventana de Preferences.

❷ En la Barra Lateral, seleccionen el Destination que deseen configurar

❸ El panel derecho ahora muestra todos los settings disponibles y sus valores actuales para ese Destination.

- Hagan los cambios necesarios. No se requiere del comando Save.

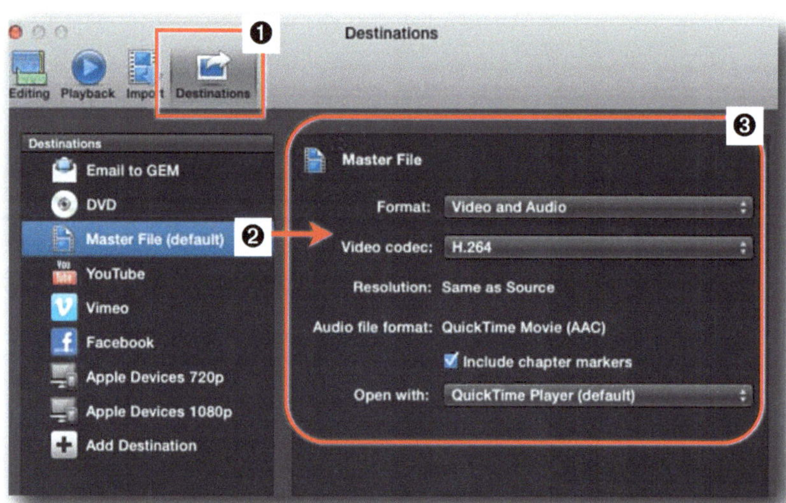

Configurando un Bundle (Paquete)

Un Bundle es un Destination especial, como una macro. Se muestra como un folder que puede incluir varios Destinations. El concepto es bastante simple. Cuando exportan un Proyecto a un Bundle, ese Proyecto será exportado a todos los Destinations en ese Bundle simultáneamente. Por ejemplo, pueden publicar un Proyecto a varios sitios de medios sociales (incluso diferentes cuentas en el mismo sitio) o exportar un Proyecto con diferentes resoluciones (baja, media, alta).

La configuración no podía ser más simple:

❶ Vayan a ***Preferences ➤ Destinations*** o seleccionen "*Add Destination...*" de cualquiera de los dos Menús Share.

❹ Seleccionen "Add Destination" de la Barra Lateral.

❺ ***Arrastren*** el Bundle Type default a la Barra Lateral. El Bundle en la Barra Lateral es realmente un folder con un triángulo de despliegue.

❻ ***Arrastren*** cualquier Destination Type a ese folder.

❼ Incluso pueden ***Arrastrar*** Destinations existentes de la Barra Lateral a ese folder de Bundle.

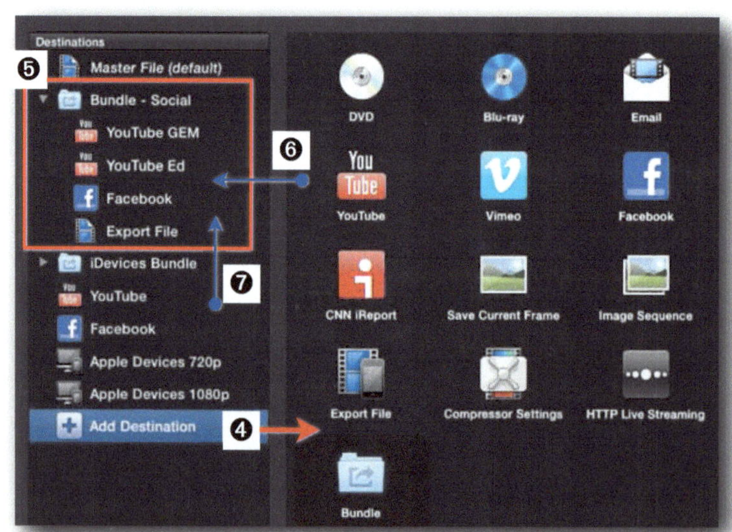

- Los comandos estándar están disponibles como se esperaba: reordénenlos ***arrastrando*** Destination arriba y abajo, ***opt+ arrastrando*** para duplicarlos. Seleccionen y eliminen o hagan ***clic*** y renombren. Todo es sencillo y muy lógico.
- Por supuesto, pueden configurar cada Destination en un Bundle seleccionándolo y configurándolo de la misma forma.

Ventana de Configuración

Veamos ahora los settings de cada Destination Type que se muestran en el panel derecho.

➡ *Save Current Frame* 

Este es el Destination más sencillo. Les permite exportar el cuadro actual, en el que está parada la Cabeza Reproductora. Escojan un formato de archivo gráfico específico del menú contextual.

➡ *Export File* 

Este podría ser el Destination de exportación más usado. Exporta el Proyecto como un Media File nuevo. El panel de configuración tiene seis settings con menús contextuales donde escoger sus valores. Los valores mostrados varían dependiendo de la configuración del primer parámetro, *Format*. El valor de los elementos en el menú contextual de Format están divididos en dos grupos:

- **Format**

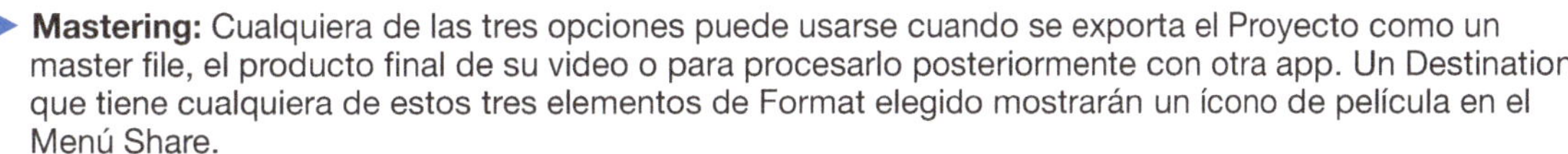

  - **Mastering:** Cualquiera de las tres opciones puede usarse cuando se exporta el Proyecto como un master file, el producto final de su video o para procesarlo posteriormente con otra app. Un Destination que tiene cualquiera de estos tres elementos de Format elegido mostrarán un ícono de película en el Menú Share.

  - **Publishing:** Cualquiera de esas tres opciones también crearán un media file.Están optimizados para reproducir el media file en dispositivos específicos (Dispositivos de Apple, Computadora, Alojamiento de Web). Destinations que tienen cualquiera de estos elementos de Format elegido mostrarán un ícono de una pantalla de computadora en el Menú Share.

- **Video codec**, **Resolution** y **Audio file format** determinan el del media file nuevo.
- **Include chapter marker** Esta casilla incorpora cualquier Marcador de Capítulo que esté disponible en el Proyecto. Pueden usarse para navegar mejor más tarde en el video.
- **Open with** determina que le pasa al archivo de salida una vez que se crea. Ademas de "Do Nothing" (“No hacer Nada”), las opciones son:
  - Abre con una app específica. Por ejemplo, abre el archivo con QuickTime Player cuando termines de exportar.
  - Agrégalo automáticamente a una lista de reproducción de iTunes de su biblioteca de iTunes. Todos están listados en el menú contextual.
  - Publish it to the Media Browser en FCPx para que puedan reimportar el media file nuevo mediante drag-and-drop desde dentro de FCPx.

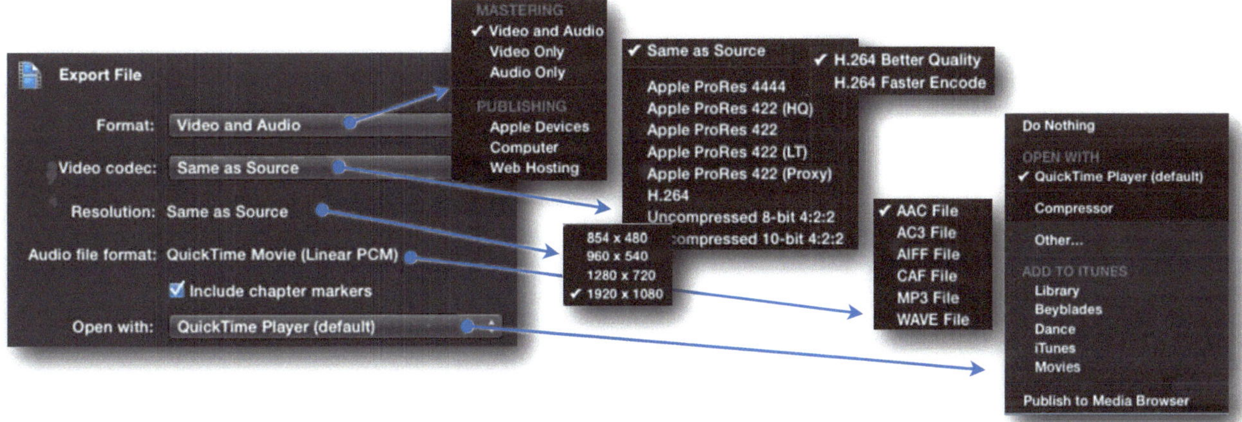

➡ You Tube  Facebook  Vimeo   CNN iReport 

Estos cuatro tipos de Destination les permiten exportar sus proyectos y publicarlos directamente en uno de los sitios de medios sociales. No se necesitan pasos extra para hacer la publicación después de exportar. Los settings del Destination también pueden incluir su información de acceso. La página de settings para los cuatro sitios de medios sociales son similares.

- Cuando arrastran el Destination Type a la Barra Lateral por primera vez, aparecerá una ventana de acceso. Aquí pueden teclear su nombre y contraseña para la cuenta a la que quieren subir el video. Con la casilla "Remember this password in my keychain" pueden guardar la información de acceso para que no tengan que introducirla cada vez que exporten a ese Destination.
- **Sign In**: Este botón abre la misma ventana de acceso, en caso de que quieran cambiarlo luego.
- **Resolution**: Los elementos disponibles en este menú contextual son los mismos para los cuatro Destinations.
- **Compressor**: Escojan entre *Better quality* y *Faster encode*. Es el mismo menú para los cuatro.
- ***Site Specific***: Los últimos valores de settings son específicos para el sitio de medio social.

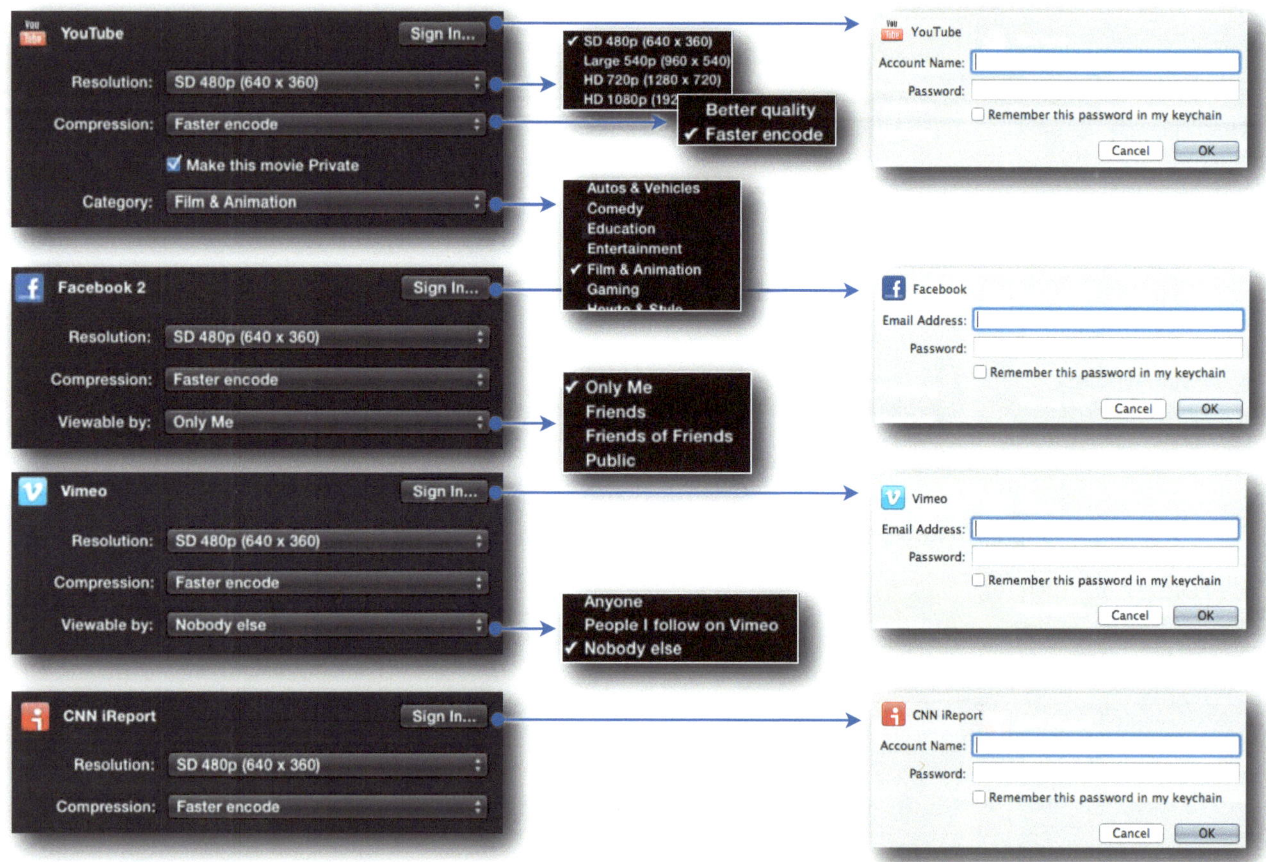

➡ Email  

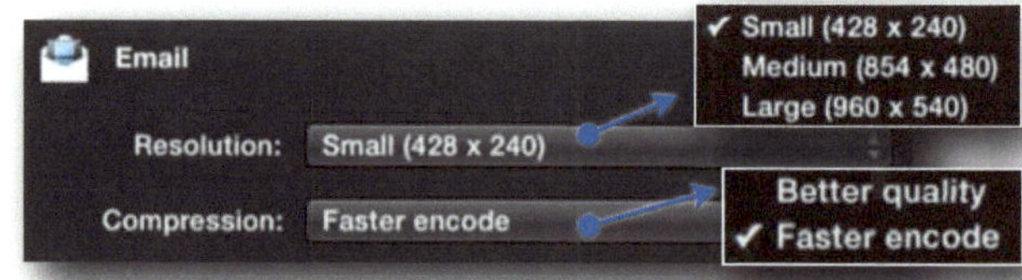

El Destination Email es muy conveniente cuando quieren anexar rápidamente su archivo de video exportado a un correo. La página de configuración proporciona sólo dos settings:

- Resolution: Selecciónenla del menú contextual.
- Compression: Better quality vs Faster encoding.

Una vez que la codificación termina, se abrirá un correo nuevo en la app Mail con el media file anexo y el nombre del Proyecto en la linea de Asunto.

➡ DVD / Blue-ray

Estos dos Destinations les permite crear un DVD o un Blue-ray de video de su Proyecto. Incluso proporciona herramientas básicas de edición directo de Configuration con algunas plantillas animadas. Tenga en cuenta que puede utilizar los marcadores de capítulo como subtítulos.

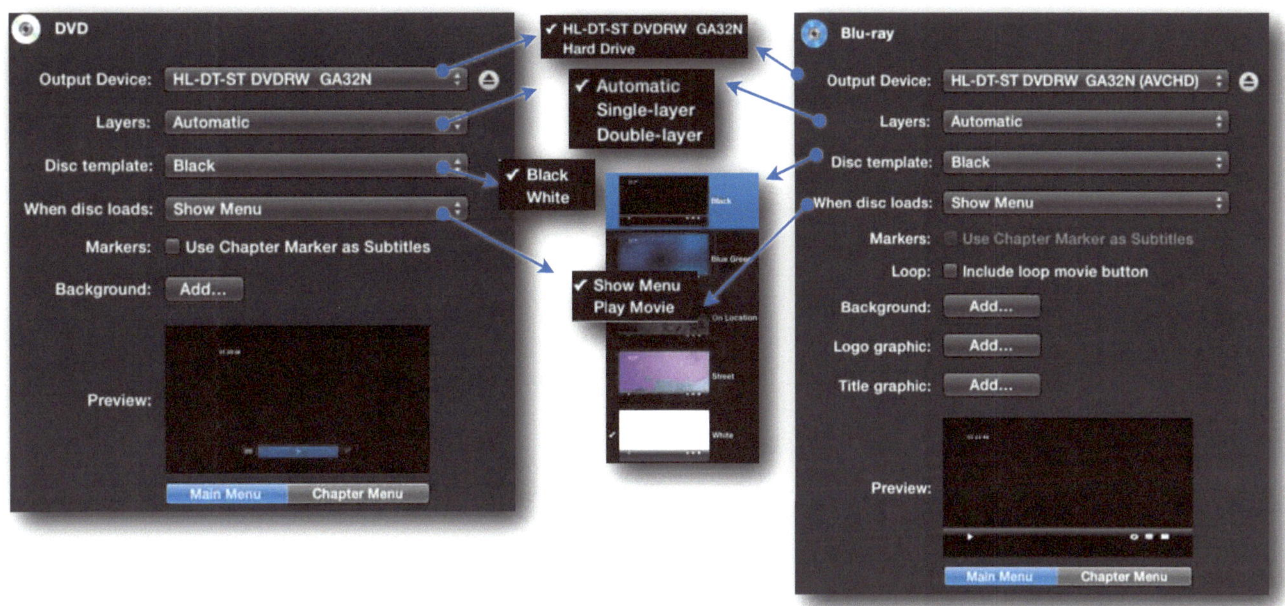

➡ Image Sequence

Este Destination se usa para crear una serie de imágenes (cuadros individuales) de su proyecto de video para usarse en una escena animada de video. El menú contextual les permite escoger el formato de la imagen.

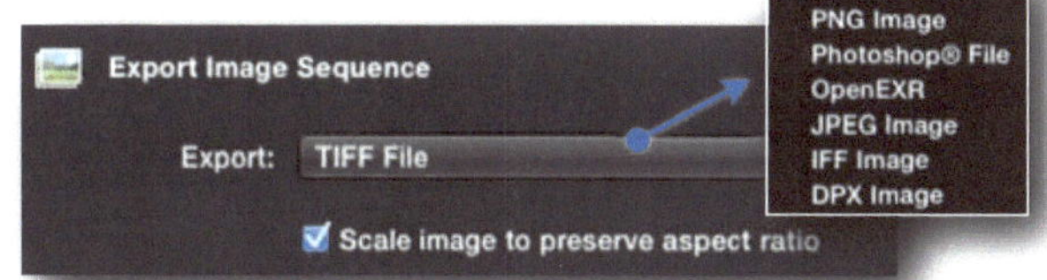

➡ HTTP Live Streaming

Este Destination se usa para crear los archivos de media y html necesarios para hacer su video disponible en la red a través de HTTP Live Streaming.

La exportación puede crear hasta tres archivos, optimizados para la transmisión por Celular - WiFi o Banda Ancha.

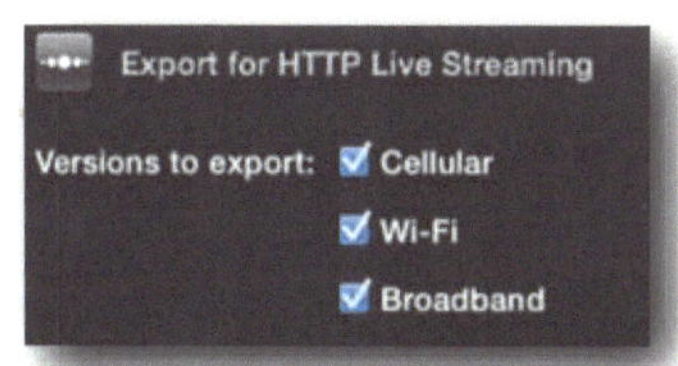

➡ *Compressor Settings*

Mencioné antes que el Menú File proporciona un comando Export aparte, "Send to Compressor". Esto les permite abrir su proyecto en Compressor y realizar la exportación final desde la app Compressor, que proporciona opciones de configuraciones más detalladas.

El Destination "Compressor Settings" por otro lado utiliza el poder de Compressor sin abrir la app. Compressor tiene sus propias configuraciones de exportación preconfigurados llamados "*Settings*". FCPx les permite usar esos settings específicos para un *Compressor Settings* Destination. Y ese es el único parámetro disponible en la página de configuración. Abre la ventana de Settings donde pueden elegir que Setting de Compressor quieren asignar a su Destination.

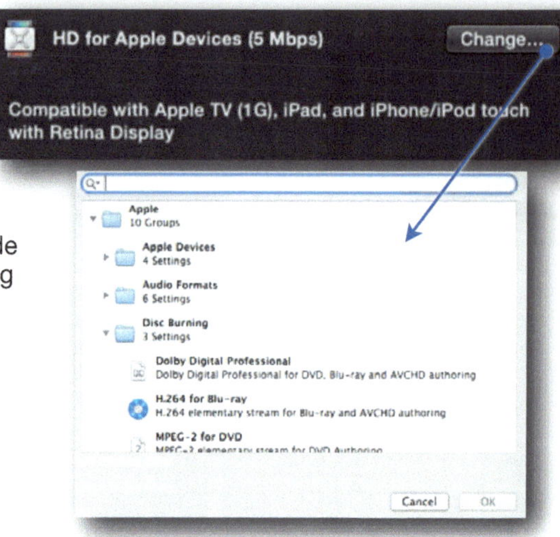

Por supuesto que si no tienen Compressor instalado en su computadora, recibirán un recordatorio amigable.

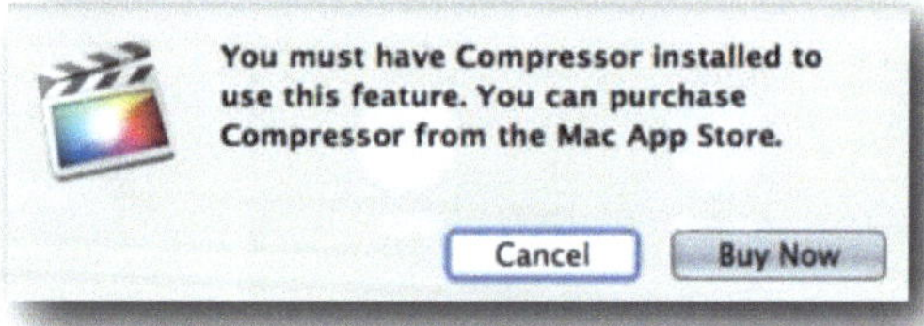

➡ *Bundle*

La página de configuración para un Bundle es diferente porqué, como lo hemos visto antes un Bundle técnicamente no es un Destination, sino un conjunto de Destinations individuales..

Por lo tanto, la página de configuración muestra todas los settings de todas las páginas de configuración de los Destinations incluidos . Esto les permite hacer ajustes en una lista larga. También pueden seleccionar un Destination dentro de un Bundle para mostrar sólo esa página de configuración..

Atención

Tengan en cuenta que todos los settings que configuren para los distintos Destinations pueden ser modificados durante la exportación en sí cuando usen cualquiera de los Destinations. Esto tiene sentido, porque no tienen que ir de regreso a la ventana de Preferencias para ello. Sin embargo, como veremos en la siguiente sección, cualquier cambio hecho a un Destination durante la exportación se salvará a ese Destination.

Así que tengan cuidado, el Destination que configuren en la ventana de Preferences puede ser cambiada en la Ventana de Share.

Menú Cotextual

Ctr+clic en cualquier Destination en la Barra Lateral para abrir el Menú Contextual con comandos extra.

Destination: Shortcut Menu

Revert to Original Settings
Make Default
Duplicate ⌘D
Delete ⌘⌫
New Bundle From Selection
Restore Default Destinations

- **Revert to Original Settings**: Esto cambia los valores de los settings de los Destinations seleccionados a los valores originales del Destination Type.
- **Make Default**: El Destination que está marcado el "Default" puede ser abierto en FCPx con el comando de Teclado ***cmd+E*** sin la necesidad de accesar el Menú Share.
- **Duplicate**: Duplica los Destination seleccionados.
- **Delete**: Borra los Destination seleccionados.
- **New Bundle From Selection**: Selecciona cualquier Destination (estándar ***cmd+clic***) para moverlo a un Bundle nuevo.
- **Restore Default Destinations**: Esto remueve todos sus Destinations personalizados en la Barra Lateral y restaura la lista original de Destinations que estaban ahí después de una instalación de FCPx nueva. Se les advertirá de esas "consecuencias".

➡ *Destination Default*

Pueden hacer de cualquier Destination la Destination default, incluso una Bundle. La Destination default será marcada por la palabra"*(default)*" al final de su nombre.

Esta será el Destination que se usará cuando inicien el proceso de exportación con el Comando de Teclas ***cmd+E*.**

Destinations: Import - Export

Los Destinations pueden intercambiarse fácilmente con otros usuarios de FCPx o entre diferentes computadoras. es tan simple, no necesita de un comando aparte.

- **Export**: Sólo ***arrastren*** un Destination de la Barra Lateral a la ventana del Finder o el Desktop. Se creará un Destination de FCPx que incluirá todos los settings. El archivo tendrá la extensión *.fcpxdest*. Pueden mover ese archivo a cualquier ubicación e importarlo a cualquier aplicación de FCPx.
- **Import**: Sólo ***arrastren*** un archivo Destination de FCPx del Finder a la Barra Lateral de la ventana de Preferencias que creará un Destination nuevo basado en la configuración del archivo.

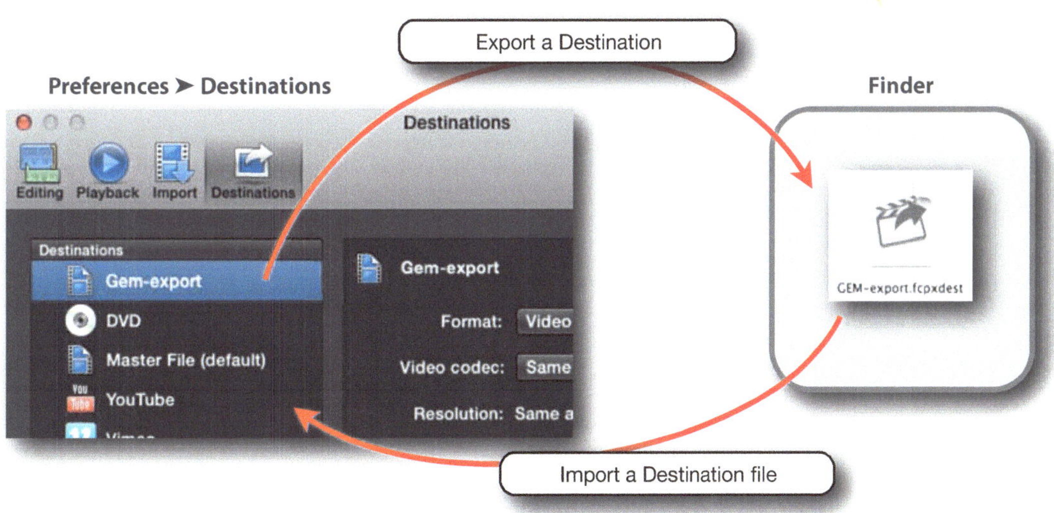

Compartir un Proyecto

Ahora veamos el proceso para exportar al utilizar cualquiera de esos Destinations.

➡ *Pasos para Exportar*

- ☑ Escojan **que** van exportar.
- ☑ Escojan **cómo** exportarlo seleccionando un Destination del Menú Share o usen el Comando de Teclado *cmd+E*.
- ☑ Ajusten el "**cómo** exportarlo" en la Ventana Share.
- ☑ Inicien el proceso de exportación.

Qué Exportar

Primero, veamos las opciones de origen, qué exportar.

El Proyecto Completo

Esto les permite exportar el proyecto completo. Pueden empezar el proceso de exportar desde el Timeline presente ❶ o mediante la selección de un Proyecto (su tira de película) ❷ desde la Biblioteca del Proyecto. asegúrense de que es la Ventana Señalada (que significa, que está seleccionada).

Sección del Proyecto

Pueden seleccionar sólo una sección del Proyecto presente que quieran exportar. Sólo establezcan el Rango ❸ en el Argumento Primario con la herramienta de Rango o definiendo los puntos de entrada y salida con los Comandos de Teclado *I* y *O* . Ahora se exportará del Proyecto sólo desde el punto de entrada hasta el punto de salida del Rango definido.

Clip de Evento

También pueden exportar cualquier Clip de Evento ❹ del Browser de Evento. Especialmente con Clips Compuestos, esto es muy útil.

Sección de un Clip de Evento

También con un Clip de Evento, pueden limitar lo que exportan a un Rango definido ❺ del Clip de Evento.

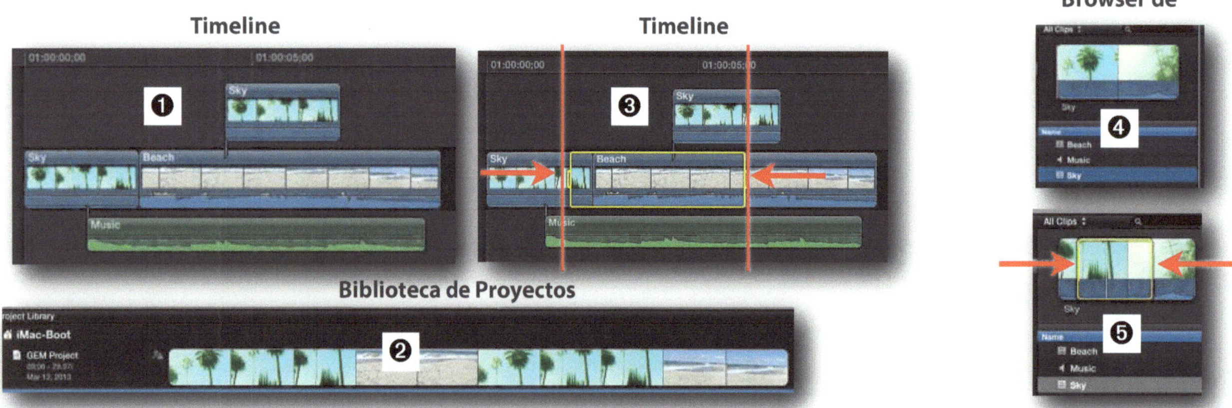

Roles

Además de la duración de la fuente exportada (Proyecto o Clip), pueden definir Roles específicos que quieran exportar. Esto es muy útil y poderoso para exportar Stems que explicaré en el segundo libro "Final Cut Pro X - Los Detalles".

Ventana Share

Una vez seleccionada la fuente (lo que quieren exportar) y seleccionado el Destination del Menú Share, aparecerá la siguiente Pantalla, la Ventana Share. Aquí es donde hacen los ajustes finales antes de iniciar el proceso de exportar.

El título de la ventana muestra el nombre del Destination elegido para exportar. Aquí están los otros elementos de esta ventana.

➊ Información del Archivo

La banda en la parte inferior muestra qué formato tendrá el archivo exportado El tamaño del cuadro y cuadros por segundo, canales de audio y frecuencia, duración, tipo de archivo de salida y el tamaño estimado del archivo. Si exportan un Rango de su Proyecto o Clip, el ícono junto a la duración mostrada es un ícono de Rango ➑ en lugar del ícono de reloj.

Algunos Destinations mostrarán el ícono de Compatibilidad ➏: Abre una lista con todos los dispositivos que pueden reproducir el archivo exportado.

➋ Video

Muevan el mouse sobre la imagen para rastrear el video que están a punto de exportar. El Skimming de Video siempre está habilitado pero el de audio tiene que activarse en el Menú View (Comando de Teclado *sh+S*).

➌ Pestaña Info

Bajo esta pestaña, pueden ver y modificar los Atributos de Share. Esta es metadata que se integra con el archivo exportado. Discutiré esta función, la configuración y la metadata en el capítulo de metadata en el libro 2.

- Titulo: Este será el nombre del archivo exportado.
- Description: La descripción que hayan dado al archivo a exportar.
- Creator: El nombre de quien crea el archivo
- Tags: Etiquetas que se hayan agregado al archivo.

➍ Pestaña Info Settings

Bajo esta pestaña, pueden ver y modificar los mismos settings como en la página de configuración que ya vimos cuando configuramos los Destinations en la ventana Preferences. Tomen en cuenta que cualquier cambio hecho aquí también cambiará en la configuración del Destination en Preferences.
Si el Destination es un Bundle (con varios Destinations), entonces la parte baja de la Ventana Share muestra dos flechas que nos permiten desplazarnos por los Destinations individualmente ➐. La Pestaña de Settings mostrará el Destination seleccionado.

➎ Botón Share o Next

El botón que que inicia el proceso final de exportar está etiquetado con *Next* o *Share* dependiendo en el Destination actual. Una ventana adicional puede pedirles que seleccionen la localidad para el archivo en el Finder.

Monitoreo

Pueden pensar en el proceso de exportar competo como tres pasos: antes - durante - después.

Antes de exportar

Seleccionan **Qué** exportar y escogiendo el Destination deciden **Cómo** exportarlo.

Durante la exportación

Una vez que comienza la exportación, se ejecuta en segundo plano y pueden seguir trabajando en su proyecto. Cambiar el proyecto durante la exportación no afectará al archivo de salida.

Después de exportar

FCPx mantiene la historia de las exportaciones y donde se encuentran los archivos exportados.

Durante la Exportación

Una de las mejoras más grandes a las versiones anteriores de FCPx es que toda las tareas de exportación se hacen actualmente en segundo plano y que son aceleradas por la GPU (Unidad de Proceso Gráfico en Inglés). Una vez que lanzan el proceso de exportar, pueden continuar su trabajo en FCPx y no tienen que esperar a que la exportación termine.

Durante el proceso de exportación, pueden monitorear su progreso en dos lugares:

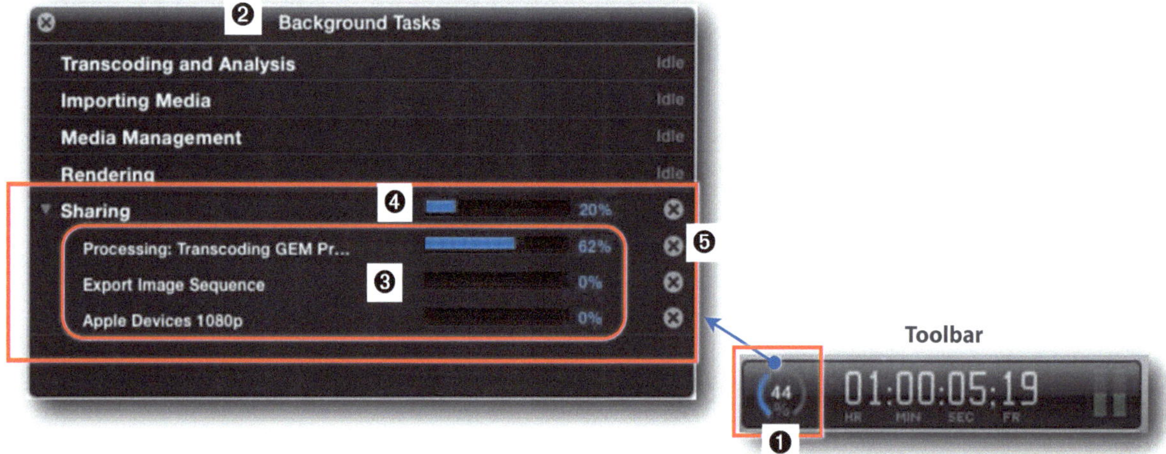

El Medidor de Porcentaje

A la izquierda del despliegue de SMPTE en la Barra de Herramientas hay un medidor de porcentaje ❶ que muestra la actividad ejecutándose en segundo plano. El número indica que porcentaje de todas las tareas en segundo plano se ha completado. Si sólo tienen procesos de Sharing en segundo plano, este número indicará que porcentaje de esas exportaciones se ha realizado.

Ventana Background Tasks

Pulsen en el número de porcentaje en la Barra de Herramientas o usen el Comando de Teclado *cmd+9* para cambiar a la ventana Background Task ❷. Muestra individualmente todas las tareas en segundo plano con una barra de progreso si se está ejecutando algún proceso. .

Si tienen varios procesos ejecutándose simultáneamente, cada uno aparecerá con su barra de progreso y porcentaje numérico ❸ además del total del proceso Share ❹. Este es el lugar en donde pueden cancelar un proceso de exportación específico con el botón de cancelación ❺ una vez lanzado en FCPx.

Después de Exportar

Una vez que termina la exportación, podrán creer que FCPx también termino con ella. Sin embargo hay algunas características útiles dentro FCPx.

➡ *Ícono de Share* 

Una vez que el Proyecto es exportado, será marcado con con un Ícono de Share, un haz de transmisión pequeño. Este ícono aparece en el Timeline junto al nombre del Proyecto ❶ y también en la Biblioteca de Proyectos junto a la tira de película ❷. Hagan *Clic* en el ícono en la Biblioteca de Proyectos para abrir el Inspector de Share para ese Proyecto.

Si el Proyecto fue modificado después de la última exportación, entonces el ícono de Share cambiará a un haz de transmisión con una señal de advertencia ❹.

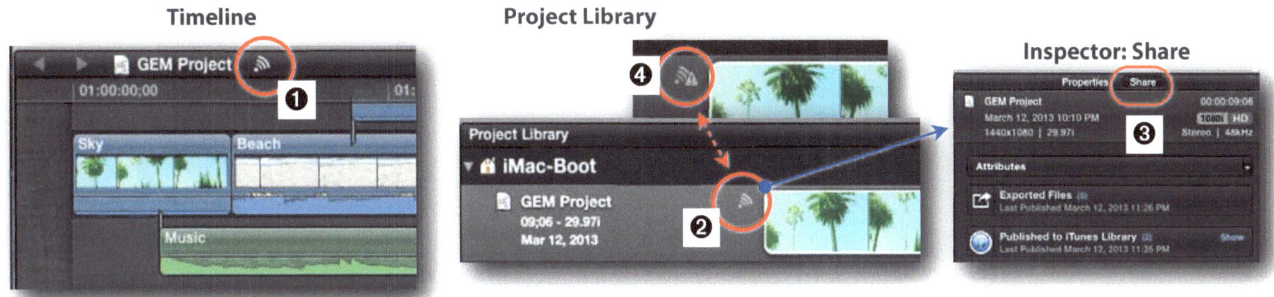

➡ *Inspector de Share*

Todo media file que cree FCPx durante la exportación se guardará en una ubicación por defaul (a menos que definan una diferente cuando exporten). La ubicación es dentro de un folder dedicado llamado *Shared Items* folder ❺ que FCPx crea en su disco dentro del folder Project (cuando exportan un Proyecto) o dentro del folder Event (cuando exportan un Clip de Evento).

Ese folder de Shared Items también contiene un archivo XML pequeño, *ShareStatus.plist* ❻, este registra todas las exportaciones y ubicación del archivo exportado. Esa información se muestra (sólo para exportación de Proyectos) en el Inspector ❼ bajo la etiqueta de Share. Las exportaciones están agrupadas por tipo de Destination con un número, que indica cuantas exportaciones se han hecho. Hagan clic en el número (o el botón Show) para mostrar la lista ❽. Cada exportación se muestra como un elemento independiente con la fecha de exportaciòn y el ícono de una lupa 🔍 para mostrar el archivo exportado en el Finder ❾.

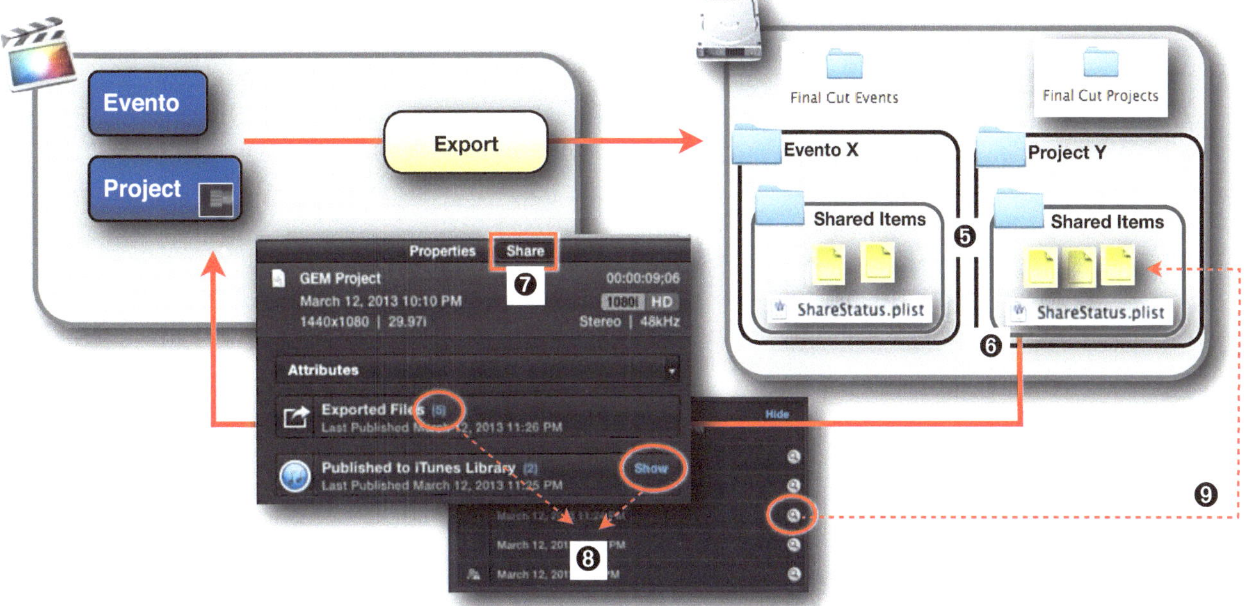

11 - Comandos de Teclado 

Command Set

La lista de todos los Comandos de Teclado asignados (atajos por teclado) en FCPX es llamada *Command Set.*

- FCPx tiene un Command Set Default.
- Pueden modificar ese Command Set Default para crear sus propios Custom Command Sets.
- Esto se hace en la ventana *Command Editor*.

Command Editor

El Command Editor es una ventana flotante donde manejan y modifican los Command Sets, la lista de todos Atajos por Teclado usados en FCPx. Abran la ventana con cualquiera de los siguientes dos comandos:

 Menú Principal ***Final Cut Pro ➤ Commands ➤ Customize ...***

Comando de Teclado ***opt+cmd+K***

Esto mostrará un teclado virtual y otros controles. La ventana reconoce y muestra exactamente el tipo de teclado que esté conectado a su computadora.

Commands Menu

❹ Customize... ⌥⌘K
Import...
Export... ❺
Command Sets ❶
Default
Custom Command Sets
❸ ✓ Bob's Commands ❷
My Commands

Veamos el Menú Principal ***Final Cut Pro ➤ Commands*** para entender la lógica tras ello:

- El Menú lista el Command Set default como *Default* bajo "**Command Sets**" ❶ y los conjuntos creado de comandos personalizados bajo "**Custom Command Sets**" ❷.
- Hagan ***Clic*** en cualquier Command Set para activarlo. El Command Set activo tiene una marca ❸ junto a él.
- Hagan ***Clic*** en ***Customize...*** ❹ para abrir la ventana Command Editor. El Editor muestra el Command Set activo.
- ***Import...*** y ***Export...*** ❺ en el menú les permite importar y exportar Command Sets. Se guardan como archivos XML con la extensión de archivo *.commandsets*. Un Diálogo de Guardar les permite salvar el archivo a cualquier ubicación en su disco y no están restringidos por FCPx a políticas estrictas de ubicación de archivos. Esto hace fácil intercambiar Command Sets entre usuarios o estaciones de trabajo.

El diseño y la funcionalidad del Command Editor es bastante sofisticado:

➡ **Panel Command List**: Esta sección lista los Comandos de Teclado. Tiene una Barra Lateral a la izquierda y un navegados a la derecha.

❶ **Command Groups**: Esta área les permite restringir qué se muestra en el navegador anexo. Pueden mostrar todos los Comandos de Teclado, sólo aquellos comandos asignados en varios Menús Principales o mostrar los Comandos de Teclado agrupados por funciones (Edición, Efectos, etc). Estos grupos tienen un código de color que también se aplica a las teclas asignadas en el teclado virtual.

❷ **Navegador de Comandos**: Esta es el área del navegador que muestra una lista de todos los Comandos de Teclado basados en la selección en la Barra Lateral. Esta lista tiene tres columnas (Command, Modifiers, Key). Pueden usar su encabezado para establecer un orden específico.
Pueden restringir aun más allá la lista aplicando una frase de búsqueda en el cajón de búsqueda ❸. El ícono de lupa ❹ hace aparecer un menú contextual donde pueden seleccionar el campo que están buscando (Key Equivalent es la tecla real pulsada, p.e. *sh+cmd+S*)

Pulsen el botón del Teclado resaltado ❺ [⌨] para resaltar las teclas en el teclado virtual para remarcar las teclas en el teclado virtual que se muestran en el Navegador de Comandos.

➡ **Panel de Detalle**: Esta área abajo a la derecha cambia entre dos diferentes vistas dependiendo lo que se seleccione.

❻ **Command Detail:** Si seleccionan cualquier Comando en el Navegador de Comandos Browser, esta área mostrará una descripción corta, explicando la función de ese Comando de Teclado.

❼ **Key Detail**: Si seleccionan cualquier tecla en el Teclado virtual, esta área mostrará todas las combinaciones posibles de Modifier Key ("Tecla Equivalente") para esa tecla y los comandos que están asignados a cualquier combinación.

➡ **Teclado Virtual**: El punto en el teclado indica que tiene una asignación. Seleccionen cualquier combinación de botones de Modifier Key en la parte superior ❽ para mostrar las asignaciones con esas teclas modificadoras. El color indica el Grupo de Comandos (Efectos, Edición, etc) al que pertenece. Una tecla sombreada significa que está fuera de límites por una asignación del sistema. Un Texto de Ayuda amarillo muestra la descripción del comando asignado cuando mueven el mouse sobre la tecla.

💡 **Agregar Comando de Teclado**: Simplemente seleccionen un Command del Navegador de Comandos y pulsen la combinación de teclas en su teclado real. Recibirán una ventana de alerta si la asignación de teclas ya está usada.

💡 **Reasignar/borrar Comando de Teclado**: Pueden arrastrar una tecla desde el Teclado Virtual o el Simbólico (la etiqueta de color que representa al Comando) en la Key Detail List a una tecla nueva en el Teclado Virtual para reasignar ese Comando de Teclado o arrastrarla fuera de la ventana para eliminar esa asignación (en una nube de humo).

El menú contextual ❾ en la esquina superior izquierda es similar al Command Menu con los comandos adicionales para Delete y Duplicate un Command Set. Tomen en cuenta que sólo pueden nombrar un Command Set cuando lo duplican.

12 - Glosario

Nota del traductor

La intensión de este Glosario es incluir los diferentes vocablos que aparecen en Inglés en esta obra y no traducirlos tal cual, sino explicar su significado, así como términos en Español que pueden no ser comunes en el lenguaje de los editores.

Add .... Sumar, agregar.

Angle Viewer .... Pantalla de ángulos en el uso de varias cámaras en una toma.

app .... Aplicación, programa para computadora, en este caso FCPx.

Append .... Añadir

Audio Enhancement .... Ajustes de Audio.

Audio Meters .... Medidores gráficos de Audio.

Auto Save .... Proceso automático de guardado de archivos en dispositivos externos

bin .... Carpeta para guardar archivos en FCP de versiones anteriores.

Browser de Evento .... Navegador de Eventos, es la ventana que aparece normalmente en la esquina superior izquierda de la pantalla de trabajo de FCPx.

Biblioteca de Eventos .... Biblioteca de Eventos.

Clips de Evento o Clips .... Los archivos capturados en un Evento.

Close .... Cerrar

codec .... Programa de computadora capaz de **co**dificar o **dec**odificar una cadena de datos digitales o señal. También se interpreta como **co**mpresor-**desc**ompresor

Color Adjustment .... Ajustes de Color.

Create .... Crear

Crop .... Cortar

Dashboard .... Tablero de control.

Delete .... Eliminar, borrar.

Distort .... Distorsionar

Download .... Descargar o bajar información a la computadora desde un disco, una cámara, Internet, etc

Drag-and-drop .... Señalar un objeto con el pointer, y manteniendo el botón oprimido arrastrar el objeto hasta donde se desea llevar y soltarlo.

Event .... Evento, los archivos importados a FCPx.

File .... Archivo

Filmstrip .... Segmento de película.

Full Screen .... Pantalla completa, que la imagen ocupa la pantalla por completo.

GUI...**G**raphical **U**ser **I**nterface en Inglés, es la pantalla de comunicación entre el usuario y el programa, en este caso, la pantalla en donde están las ventanas de FCPx.

Hide...Ocultar.

Import...Importar

Key Window...Pantalla que está siendo enfocada por el teclado en ese momento.

Keyword...Palabra clave.

Marker...Marcador que nos sirve como guía en la edición, hacer anotaciones o para señalar donde empieza un capítulo del video.

Media Browser...Navegador de Media.

Media Files...Archivos de media, los archivos de audio y video que se van a usar para la edición del proyecto.

Merge...Intercalar

Menu contextual...Menú que se despliega al hacer clic sobre alguna parte de la pantalla al mismo tiempo que se oprime la tecla control en el teclado, o en caso de usar mouse de dos botones, al oprimir el botón derecho.

Metadata o Metadatos Datos sobre las características y atributos de los elementos usados en un archivo.

Move...Mover

Open...Abrir.

Overwrite Sobre escribir, sobreponer

Properties...Propiedades.

Projects...Proyectos

Project Library...Biblioteca de Proyectos

Render...Proceso de unir varias imágenes sobrepuestas en una sola o transformar imágenes por ser de diferente tipo del que se está manejando el Timeline del proyecto.

Reveal...Revelar, mostrar

Save...Salvar a un dispositivo externo (disco, cinta, dispositivo USB, etc) la información de un programa o archivo.

Secondary Display...Monitor secundario.

Share...Compartir

Skim...Es el barrer manualmente el puntero sobre la imagen o el audio para verlo o escucharlo.

Skimmer...Barra sobre la imagen que indica en donde estamos haciendo el Skim.

Settings...Configuración

Show...Mostrar.

Shortcut...Atajo

Source Media File...Es el archivo original de una imagen que se encuentra en disco.

Timeline de Proyecto..................Linea de Tiempo del proyecto, ventana en que se organizan los Clips de Evento para ir editando el proyecto.

Tags..Etiquetas, o pestañas.

Transcoding.................................transcodificación.

Transform ....Transformar

Window..Ventana

Workflow......................................Flujo de trabajo.

Video Scope ....Visor de amplitud.

Viewer ....Visor o Pantalla para ver.

Acerca del Traductor

Nacido en la ciudad de La Plata, B.A. Argentina, de padres mexicanos. Se educó en la ciudad de México D. F., México. Estudió parte de la carrera de Ingeniería en Electrónica y Comunicaciones en la Escuela de Ingeniería Mecánica y Eléctrica (ESIME) del Instituto Politécnico Nacional (IPN), donde empezó a aprender programación de computadoras a finales de los años 60s. Continúa los estudios de programación en ICM de México.

En 1971 empezó a trabajar en el área de desarrollo de Software para diversas empresas. En 1974 ingresar a trabajar en Burroughs, S. A. de C. V. subsidiaria de Burroughs Corporation de los Estados Unidos, fabricante de grandes computadoras, dando servicio de soporte técnico de Software y capacitación a usuarios en México, Panamá, Jamaica, Brasil y Estados Unidos. Posteriormente desarrolló el mismo trabajo en Hewlett Packard.

De 1980 a 1990 aprende el arte de la edición en video con Pola Weiss (1947-1990), pionera del videoarte en México, usando equipos de tres máquinas en videos de 3/4".

Después de muchos años de hacer fotografía fija y su pasión por el cine, en 2002 decide dedicarse a él y toma un curso teórico/práctico para conocer este arte y en forma autodidacta seguir el camino que lo llevaría a trabajar en este medio a partir de 2003, en el que ha participado en varios proyectos ejerciendo diferentes funciones para seguir aprendiendo, pero manteniéndose principalmente en el área de edición y cinefotografía.

Agradecimientos del Traductor

Antes que nada un agradecimiento especia a Edgar Rothermich, con quien he establecido una relación basada en la confianza y el honor. Pero sobre todo, uno muy especial para Ingrid De Hert, quien ha tenido la paciencia y soportado mi ausencia por momentos dedicados a esta traducción.

Cualquier sugerencia para mejorar esta obra, pueden enviarla a fernando@cuadrocompleto.com

Conclusiones

Esto concluye mi manual "*Final Cut Pro X - Como Funciona*". En el siguiente manual "*Final Cut Pro X - Los Detalles*", entraré más a fondo en detalles de los tópicos restantes y cubriré las funciones más avanzadas.

Pueden encontrar más de mis manuales "Graphically Enhanced Manuals" en mi sitio webt: www.DingDingMusic.com/Manuals

Todos los títulos están disponibles como pdf descargables de mi sitio web y como libros físicos en Amazon.com

Los títulos se encuentran como Multi-Touch eBooks en iBookstore de Apple.

(Idiomas: Inglés, Alemán, Español, 简体中文).

Si encuentran mi enfoque visual de temas que explican los conceptos útiles, recomienden por favor mis libros a otros, o quizá, escriban un comentario a Amazon o la iBookstore. Esto me ayudará continuar esta serie.

Un agradecimiento especial a Li, mi bella esposa, por su amor y comprensión durante las largas horas de trabajo en los libros. Y no olvidar a mi hijo Winston. Esperarlo durante las prácticas de fútbol siempre me da tiempo extra para trabajar en algunos capítulos.

Mas información acerca de mi trabajo cotidiano como compositor y enlaces a mis sitios de redes sociales: www.DingDingMusic.com

Escuchen mi música en SoundCloud

Para contactarme directamente, mándenme un correo a: GEM@DingDingMusic.com

Gracias por su interés y soporte,

Edgar Rothermich

www.ingramcontent.com/pod-product-compliance
Lightning Source LLC
LaVergne TN
LVHW071522070326
832902LV00002B/42
* 9 7 8 1 4 9 1 0 4 7 4 3 9 *